Anne Buscha • Gisela Linthout

Das Mittelstufenbuch

DEUTSCH ALS FREMDSPRACHE

TEIL 2

GOETHE-INSTITUT

Deutsch lesen – Kultur erleben

Lehrmittelspende

www.goethe.de

Das Mittelstufenbuch

DEUTSCH ALS FREMDSPRACHE

Ein Lehr- und Übungsbuch

TEIL 2

von

Anne Buscha
Gisela Linthout

SCHUBERT-Verlag

Leipzig

Die Autorinnen des *Mittelstufenbuches Deutsch als Fremdsprache* sind Lehrerinnen an den Goethe-Instituten in Rotterdam bzw. Amsterdam und verfügen über langjährige Erfahrung in Deutschkursen für fremdsprachige Lerner.

Das *Mittelstufenbuch Deutsch als Fremdsprache* eignet sich sowohl für den Kursunterricht als auch für Selbstlerner.

Bitte beachten Sie unser Internet-Angebot mit zusätzlichen Aufgaben und Übungen zum Lehrwerk unter:

www.aufgaben.schubert-verlag.de

Mit herzlichem Dank an Heidrun Tremp Soares und besonderem Dank an Andreas Buscha.

© SCHUBERT-Verlag, Leipzig
1. Auflage 2003
Alle Rechte vorbehalten
Printed in Germany
ISBN 3-929526-75-1

Inhaltsübersicht

Kapitel 1: Gute und schlechte Aussichten

Kapitel 2: Erfolge und Niederlagen

Kapitel 3: Ganze und halbe Wahrheiten

Kapitel 4: Kopf und Bauch

Kapitel 5: Wort und Ton

Kapitel 6: Fortschritt und Stagnation

Schwerpunkt mündlicher Ausdruck	Schwerpunkt schriftlicher Ausdruck	Ihre Grammatik
Berichten über: – Wetter/Wetterfühligkeit – Einfluss des Englischen – Sprachen lernen Argumentieren: – Englisch für alle? Vorschläge unterbreiten: – Schutz der Sprachen – Sprachen auf einer Konferenz – Gesund und fit altern Bildbeschreibung Ratschläge erteilen: Lebensweisheiten Redemittel: – Bildbeschreibung und Interpretation – Ratschläge erteilen	Stellungnahme: Stellenwert des Wetters in den Medien Leserbrief an eine Zeitung: Wer rastet der rostet Persönlicher Brief: Erwartungen an das eigene Leben	Vergangenheitsformen der Verben (Wiederholung) Zeit- und Ortsangaben (Wiederholung) Modalverben in Vermutungsbedeutung
Berichten über: – Sport und Sportler – Wahlen – Aufstieg im Beruf Kurzvortrag: – Sport und Geld – Sport und Doping Beschreiben: Politiker Diskussionsrunde: Wahlkampfthemen Redemittel und Hinweise zum Kurzvortrag Redemittel: – Wahlen – Diskussion	Stellungnahme: – Politik ist Privatsache – Erfolgsdruck – Ratgeber für erfolgreiche Menschen Bewerbungsanschreiben Redemittel und Hinweise zum Bewerbungsanschreiben	Satzverbindungen (Wiederholung) Feste Verbindungen (Nomen-Verb-Verbindungen)

Kapitel	Themenbereiche Wortschatz	Lesetexte
Kapitel 3 **Ganze und halbe Wahrheiten**	A Ein gewöhnlicher Fernsehtag	Fernsehprogramm Punktsieg für reale Gräuel Wüteriche glotzen länger Das Fernsehen der Zukunft
	B Reale Gräuel: Nachrichten	Nachrichten
	C Neues über Frauen und Männer	Die Folgen der Evolution Klasse statt Masse Sprüche von gestern
Kapitel 4 **Kopf und Bauch**	A Glücks- und andere Gefühle	Inhaltsangaben von Büchern über das Thema „Glück" Weisheiten zum Thema „Glück" Täglicher Ansporn aus dem Altpapier
	B Das Reich der Sinne	Studie: Angriff auf die Sinne Beschreibung der Sinne
	C Essen	Braten vor Gericht Wer erfand die Currywurst? Dialog: Bestellung einer Currywurst

Schwerpunkt mündlicher Ausdruck	Schwerpunkt schriftlicher Ausdruck	Ihre Grammatik
Berichten über: – Fernsehen – Nachrichten – Unterschiede zwischen Männern und Frauen – Frauen im Berufsleben Eine Wahl treffen und begründen: Fernsehen Stellung nehmen: Gewaltszenen im Fernsehen Vorschläge unterbreiten: Konzept für einen Fernsehsender Nachrichten sprechen ――――――――― Redemittel: eine Entscheidung treffen	Leserbrief: Macht Fernsehen gewalttätig? Stellungnahme: Zusammenleben von Männern und Frauen	Weitergabe von Informationen: – Die indirekte Rede – *wollen* und *sollen* Adversativangaben Kopulative Konjunktionen
Berichten über: – Glück – Essgewohnheiten Beschreiben einer Statistik: Die Sorgen der Bundesbürger Beschreiben einer Karikatur: Esssitten Vorschläge unterbreiten: Sprüche zum Mutmachen	Stellungnahme: – Sinnsprüche zum Verringern der Alltagssorgen – Training der Sinne im täglichen Leben – Manipulationen der Sinne – Überfütterte Kinder ――――――――― Hinweise zur Gliederung eines Aufsatzes oder Vortrags	Verben und Adjektive mit präpositionalem Kasus Deklination der Adjektive

Kapitel	Themenbereiche Wortschatz	Lesetexte
Kapitel 5 **Wort und Ton**	A Lachen und lachen lassen	Die Deutschen finden praktisch alles lustig
		Witze
		Gedichte von Gernhardt, Ringelnatz, Heine, Morgenstern und Busch
	B Kritiker und Kritiken	Rezensionen zum Buch „Johannisnacht" von Uwe Timm
		Sehnsucht nach Streit
	C Musik	Bach in Leipzig
		Gedicht: Fisches Nachtgesang (Morgenstern)
Kapitel 6 **Fortschritt und Stagnation**	A Was heißt Fortschritt?	Vom Mythos, dass alles immer besser wird
	B Umwelt	Wer löscht den Durst?
	C Neues aus der Medizin	Umfrageergebnis: Menschliche Organe als Ersatzteil
		Wissenschaftler züchten Gewebe und Organe
		Die Leiden des Marcel Proust
		Stress

Schwerpunkt mündlicher Ausdruck	Schwerpunkt schriftlicher Ausdruck	Ihre Grammatik
Berichten über: – Lachen in Ihrem Heimatland – Witze – Auswirkungen des Lachens – Informationen über Bücher – Kultursendungen im Fernsehen – Berühmte Kritiker – Musik in Ihrem Leben – Musik im Internet	Stellungsnahme: – Auswirkungen des Lachens – Die Deutschen und der Humor Rezension eines Buches oder Filmes ――――――――― Redemittel/Hinweise: – Gefallen und Missfallen ausdrücken – Rezensionen	Nachgestellte Attribute im Genitiv Plural Verschiedene Präpositionen Nominalisierung
Diskutieren über: – Was ist Fortschritt? – Organ- und Gewebezüchtung Beschreiben einer Statistik: – Investitionen in die Zukunft – Was die Deutschen für die Umwelt tun – Die ärztliche Versorgung Berichten über: – Bedeutung der Forschung – Umweltverhalten – ärztliche Versorgung – alternative Heilmethoden Erstellen einer Prognose Präsentation einer Gliederung für einen Vortrag	Stellungnahme: – In welcher Zeit würden Sie gern leben? – Wasser als Quelle des Lebens – Mittel gegen Stress	Attribute: – einfache und erweiterte Partizipien – Relativsätze

Vorbemerkungen

Das *Mittelstufenbuch 2* ist ein Lehrbuch für erwachsene Lerner mit fortgeschrittenen Deutschkenntnissen auf dem Niveau B2 des Europäischen Referenzrahmens.

Lehrern und Lernern, die mit dem *Mittelstufenbuch 1* gearbeitet haben, ist der Aufbau des *Mittelstufenbuchs 2* bereits vertraut. Es besteht aus sechs Kapiteln, jedem einzelnen Kapitel sind drei Themenbereiche und zwei bis drei grammatische Schwerpunkte zugeordnet. Verweise innerhalb der Themenbereiche auf grammatische Strukturen ermöglichen sowohl in die Themen integrierte als auch ausgegliederte Grammatikarbeit. Man kann nach Belieben oder Erfordernissen Themen, Texte, Wortschatz- und Grammatikübungen weglassen oder ergänzen, ohne die zu Grunde liegende Struktur zu verändern. Das reichhaltige Angebot sichert einen zielgruppenorientierten Einsatz des Materials.

Die drei Themenbereiche jedes Kapitels (Teil A, B und C) enthalten interessante Lesetexte verschiedener Textsorten und unterschiedlicher Schwierigkeitsstufen, Aufgaben zum Leseverstehen, zahlreiche Wortschatzübungen und Übungen zum mündlichen und schriftlichen Ausdruck mit ausführlichen Hinweisen und Redemitteln. Teil D vertieft die Grammatikkenntnisse mit Übersichten, kurzen Erläuterungen und Übungen. Im Anhang des Buches befindet sich der Lösungsschlüssel.

Das *Mittelstufenbuch 2* ist für Kurse der oberen Mittelstufe und der beginnenden Oberstufe geeignet. Es führt zum Niveau C1 des Europäischen Referenzrahmens, das bedeutet, dass der Lerner sich „spontan und fließend ausdrücken kann, ohne öfter deutlich erkennbar nach Worten suchen zu müssen. Er kann die Sprache im gesellschaftlichen und beruflichen Leben wirksam und flexibel gebrauchen und sich zu komplexen Sachverhalten klar, strukturiert und ausführlich äußern". Diesem Anspruch wird im Buch sowohl durch die Akzente Textverknüpfung und Strukturierung als auch durch zahlreiche Übungen zum mündlichen und schriftlichen Ausdruck Rechnung getragen.

Das vorliegende Lehrwerk eignet sich zur Prüfungsvorbereitung auf die *Zentrale Mittelstufenprüfung*, *Test DaF* und darüber hinaus für die beginnende Vorbereitung auf die *Zentrale Oberstufenprüfung*.

Besonders hinweisen möchten wir auf das unter *www.aufgaben.schubert-verlag.de* kostenlos im Internet bereitstehende zusätzliche Übungsangebot, bestehend aus Online-Aufgaben zur Grammatik und zahlreichen Aufträgen und Links zu den Themen. Auf diese Weise kann das Internet direkt in den Unterricht integriert werden. Neben unserem Übungsangebot finden Sie dort auch Hinweise für Lehrer und Tests zu jedem Kapitel.

Eine CD plus Extraheft mit Hörübungen ist in Vorbereitung.

Wir wünschen Ihnen beim Lernen viel Vergnügen.

Anne Buscha und Gisela Linthout

Einführung   Sich kennen lernen

1. Stellen Sie Ihrer Nachbarin/Ihrem Nachbarn Fragen zu allem, was Sie von ihr/ihm wissen möchten. Fassen Sie die wichtigsten Informationen, die Sie erhalten haben, zusammen und stellen Sie Ihre Nachbarin/Ihren Nachbarn der Klasse vor.

2. Beantworten Sie die Fragen mit einem Satz nach dem folgenden Beispiel:

    Hat Ihre Nachbarin/Ihr Nachbar Sie gefragt, wie Sie heißen?
    Ja, sie/er hat mich <u>nach meinem Namen</u> gefragt.
    Nein, sie/er hat mich nicht <u>nach meinem Namen</u> gefragt.

    Hat Ihre Nachbarin/Ihr Nachbar Sie gefragt, ...
    1. wo Sie geboren sind?
    2. wo Sie arbeiten?
    3. wie alt Sie sind?
    4. wo Sie wohnen?
    5. wie viel Sie wiegen?
    6. was Sie in Ihrer Freizeit tun?
    7. wie viele Kinder Sie haben?
    8. ob Sie verheiratet sind?
    9. was sie am liebsten essen?
    10. warum Sie an dem Kurs teilnehmen?
    11. was Sie vom Kurs erwarten?
    12. bis wann der Kurs geht?
    13. der Wievielte heute ist?
    14. wie er/sie am schnellsten nach dem Kurs zum Bahnhof kommt?
    15. wie weit der Bahnhof vom Unterrichtsgebäude entfernt ist?

3. Ratespiel: Nennen Sie eine Jahreszahl, die für Sie eine besondere Bedeutung hat (z. B. das Jahr, in dem Sie geheiratet haben, die Fahrprüfung bestanden haben, den ersten Schritt gelaufen sind, das erste Bier getrunken haben o. ä.). Nennen Sie nur die Jahreszahl. Was passiert ist, müssen die anderen Kursteilnehmer erraten.

⇨ IHRE GRAMMATIK: Wiederholungsübungen zu den **Vergangenheits-
    formen der Verben** finden Sie auf Seite 36.

Kapitel 1   **Gute und schlechte Aussichten**

A. Alle reden vom Wetter – wir auch

1.   Was fällt Ihnen ein, wenn Sie das Wort *Wetter* hören?

Regen! Und wieder keinen Schirm dabei!

....

....

....

....

Wetter

....

....

....

....

....

....

2.   Berichten Sie.

Wie wichtig ist das Wetter für Sie bzw. für Ihren Beruf?
Welche Stimmungen erzeugen bei Ihnen (vorausgesetzt es kommt in Ihrem Heimatland vor):

– strahlend blauer Himmel
– Sonnenschein
– Hitze/Kälte
– Sturm
– ein regnerischer Herbsttag
– dicke weiße Schneeflocken?

Beschreiben Sie das typische Wetter Ihres Heimatlandes.

3. Lesen Sie den folgenden Wetterbericht.

Unser Wetterbericht

Wetterlage:
Das Tief über Polen beeinflusst den Osten Deutschlands. Im Westen macht sich schon das Hoch über der Bretagne bemerkbar.

Vorhersage für heute (Di., 6.8.):
■ Von Vorpommern bis zum Erzgebirge regnet es zum Teil kräftig, gebietsweise lockern die Wolken auf und es gibt nur vereinzelte Schauer. Die Tageshöchstwerte liegen bei 16 bis 20 Grad.
■ Im Norden ist es wolkig und nur mäßig warm bei etwa 19 Grad, mit vom Westen zunehmenden Aufheiterungen. Es weht ein frischer Nordwestwind, an den Küsten ist mit Sturmböen zu rechnen.
■ Im Westen ist es anfangs noch wolkig, nachmittags jedoch zunehmend sonnig. Die Temperaturen steigen bis auf 22 Grad. Es geht ein mäßiger, von West auf Südwest drehender Wind.
■ Im Süden gibt es besonders am Alpenrand noch einige Schauer, sonst zwischen den Wolken einzelne Aufheiterungen. Die Höchsttemperaturen steigen bis auf 23 Grad.

Vorhersage für morgen (Mi., 7.8.):
■ In den Frühstunden bilden sich einige Nebelfelder. Ansonsten erwarten wir vielerorts zunächst einen sonnigen Tagesbeginn.
■ Im Tagesverlauf ist jedoch immer wieder mit dem Durchzug dichter

Wolkenfelder zu rechnen. Niederschläge gibt es nicht.
■ Die Temperaturen erreichen in der Frühe etwa 10 bis 15 Grad. Im Laufe des Tages steigen sie auf 22 bis 26 Grad an.

Trend:
■ Für den Donnerstag erwarten wir nach Auflösung örtlicher Frühnebelfelder von früh bis spät überwiegend Sonnenschein. Es bleibt niederschlagsfrei. Die Temperaturen werden auf 22 bis 29 Grad ansteigen.
■ Am Freitag scheint zunächst die Sonne. Im Tagesverlauf kommt es zur Ausbildung einiger Quellwolken. Vor allem im Osten sind vereinzelte Gewitter möglich. Die Tageshöchsttemperaturen liegen zwischen 24 Grad an der Oder und 31 Grad am Rhein.

4. Erstellen Sie eine ABC-Liste mit Wörtern, die sich auf das Wetter beziehen
    (Substantive/Verben/Adjektive). Sie brauchen nicht zu jedem Buchstaben
    ein Wort zu finden. Vergleichen Sie dann Ihre Liste mit Ihrer Nachbarin/
    Ihrem Nachbarn.

A	....	**N**	der Nebel, neblig, der Nieselregen, es nieselt, niederschlagsfrei ....
B	....	**O**	....
C	....	**P**	....
D	....	**Q**	....
E	....	**R**	....
F	....	**S**	....
G	....	**T**	....
H	....	**U**	....
I	....	**V**	....
J	....	**W**	....
K	....	**X**	....
L	....	**Y**	....
M	....	**Z**	....

5. Wie ist/war das Wetter heute? Beschreiben Sie es.

    ....

    ....

    ....

    ....

6. Wie wird das Wetter in der nächsten Woche? Geben Sie eine Prognose.

    ....

    ....

    ....

    ....

7. Vergleichen Sie das momentane Wetter in Ihrem Heimatland mit dem Wetter
    in Deutschland (zu finden unter *www.dwd.de*; *www.wetter.de*).

8. Redewendungen rund um *Wetter und Wind*
    Ordnen Sie die richtigen Erklärungen zu.

0. um gut(es) Wetter bitten *(umg.*)*	a. jmdn. günstig stimmen
1. der Wind hat sich gedreht	b. die Ursache von Ereignissen kennen
2. dort weht ein anderer/schärferer Wind	c. dem Gegner zuvorkommen
3. wissen, woher der Wind weht	d. dort geht es strenger/unfreundlicher zu
4. viel Wind um etwas machen	e. großes Aufheben von etwas machen
5. von etwas Wind bekommen	f. von etwas, das geheim bleiben sollte, erfahren
6. bei jmdm. gut Wetter machen *(umg.)*	g. die Verhältnisse haben sich geändert
7. Wer Wind sät, wird Sturm ernten.	h. Wer angreift, muss mit Gegenwehr rechnen.
8. sein/das Mäntelchen nach dem Wind hängen	i. um Verzeihung bitten
9. jmdm. den Wind aus den Segeln nehmen	j. sich stets der herrschenden Meinung anpassen

*umg. = umgangssprachlich

9. Ergänzen Sie die fehlenden Präpositionen (und eventuell auch die Artikel).

1. Von Vorpommern bis .... Erzgebirge regnet es .... Teil kräftig.
    Die Tageshöchstwerte liegen .... 16 Grad. .... Küsten sind Sturmböen zu erwarten. .... Westen steigen die Temperaturen .... 22 Grad.

2. .... Frühstunden gibt es einige Nebelfelder. .... Tagesverlauf ist jedoch immer wieder .... Durchzug dichter Wolkenfelder zu rechnen. Die Temperaturen erreichen .... Frühe etwa 10 .... 15 Grad. .... Laufe des Abends sinken die Temperaturen .... 5 Grad.

3. .... Donnerstag erwarten wir .... früh .... spät überwiegend Sonnenschein. .... Freitag kommt es .... Ausbildung einiger Quellwolken. Die Tageshöchsttemperaturen liegen .... 24 Grad .... Elbe und 31 Grad .... Rhein.

⇨ IHRE GRAMMATIK: Wiederholungsübungen zu **Orts- und Richtungsangaben** finden Sie auf Seite 39.

---

10. Berichten Sie.
   - Hat das Wetter Einfluss auf Ihr Wohlbefinden oder auf Ihre Gesundheit? Wenn ja, wie äußert sich das?
   - Jeder zweite Deutsche ist *wetterfühlig*. Was stellen Sie sich darunter vor?

11. Lesen Sie den folgenden Bericht.

Das Zwicken der Narbe vor dem Sturm

Jeder zweite Deutsche ist wetterfühlig

Bis vor kurzem wusste niemand, wie viele Menschen ihre Krankheitssymptome dem Wetter zuschreiben.

2001 hat das Institut für Arbeits- und Umweltmedizin der Universität München einen Fragenkatalog entwickelt und mit dem Demoskopischen Institut Allensbach in einer repräsentativen Stichprobe 1064 Bundesbürger interviewt.

Nun haben wir es Schwarz auf Weiß, dass 54 Prozent der Befragten dem Wetter Einfluss auf ihre Gesundheit zutrauen – 19 Prozent viel, 35 Prozent immerhin etwas. Im Jahr 2000 war ein Drittel der Wetterfühligen wegen der auftretenden Symptome einmal, ein Fünftel sogar mehrmals außerstande, seiner normalen Tätigkeit nachzugehen.

Die vom Wetter verursachte Arbeitsunfähigkeit dauerte ungefähr 10 Tage.

Die Mehrzahl der Interviewten klagte über Kopfschmerzen, ein Viertel über Narbenschmerzen. Im wetterunbeständigen Norddeutschland ist der Anteil der Wetterfühligen am höchsten. Hier führt der Einbruch von Kaltluft zu den stärksten Beschwerden – Bayern leiden mehr unter Warmluftzufuhr. Nur 41 Prozent der Männer, aber 66 Prozent der Frauen glauben an einen Zusammenhang zwischen dem Luftdruck und ihren Beschwerden.

Wie lässt sich dieser Unterschied erklären? Die Entwickler des Fragenkatalogs halten psychologische Ursachen für möglich: Männer, vermuten sie, sind vielleicht weniger bereit, sich wetterbedingte Leiden einzugestehen. Demnach wäre der Anteil der wetterfühligen Deutschen sogar noch größer.

Kopfschmerzen		
Erschöpfung		
Müdigkeit		
Gelenkschmerzen		
Gereiztheit		Wetterfühligkeit
Depression		bei 30-44 Jahre alten
Schwindel		Bundesbürgern
Narbenschmerzen		in Prozent

0   10   20   30   40   50   60   70

GEO

---

12. Was benennen die folgenden Angaben im Text?

   0. 2001   2001 wurde vom Institut für Arbeits- und Umweltmedizin ein Fragenkatalog zum Thema: Krankheits-
symptome und Wetter entwickelt.

   1. 1064   ....

                           ....

   2. 54 Prozent   ....

                           ....

   3. ein Drittel   ....

                           ....

   4. die Mehrzahl   ....

                           ....

   5. ungefähr 10 Tage ....

                           ....

   6. 66 Prozent   ....

                           ....

13. Suchen Sie im Text für die unterstrichenen Ausdrücke Synonyme.

   1. Viele Menschen <u>machen</u> das Wetter für Ihre Kramkheitssymptome <u>verantwortlich</u>.
     ⇒ Viele Menschen .... ihre Krankheitssymptome dem Wetter ....

   2. Ein Fünftel der Befragten war <u>nicht in der Lage</u>, seine normale Tätigkeit <u>auszuüben.</u>
     ⇒ Ein Fünftel der Befragten war ...., seiner normalen Tätigkeit ....

   3. Das Wetter <u>war der Grund für</u> die Arbeitsunfähigkeit, die ungefähr zehn Tage dauerte.
     ⇒ Die vom Wetter .... Arbeitsunfähigkeit dauerte ungefähr zehn Tage.

   4. Die Bayern <u>haben gesundheitliche Probleme mit</u> der Warmluftzufuhr.
     ⇒ Die Bayern .... Warmluftzufuhr.

   5. Vielleicht sind Männer weniger bereit, wetterbedingte Leiden <u>zuzugeben</u>.
     ⇒ Vielleicht sind Männer weniger bereit, ... wetterbedingte Leiden ....

14. Ergänzen Sie die fehlenden Verben in der richtigen Form.

fühlen – nachgehen – dauern – stattfinden – wissen – zutrauen – verzeichnen – führen – leiden – klagen – sein – sehen

Bis vor kurzem .... (1) niemandem klar, wie viele Menschen die Ursachen für ihre Krankheitssymptome im Wetter .... (2). 2001 .... (3) eine Umfrage unter 1064 Bundesbürger .... (3). Jetzt .... (4) wir genau, dass 54 Prozent der Befragten dem Wetter Einfluss auf ihre Gesundheit .... (5). Im Jahr 2000 .... (6) sich ein Drittel der Wetterfühligen wegen der auftretenden Symptome nicht in der Lage, seiner normalen Tätigkeit .... (7). Bei einigen .... (8) die Arbeitsunfähigkeit ungefähr 10 Tage. Die Mehrzahl der Interviewten .... (9) über Kopfschmerzen. Norddeutschland kann den höchsten Anteil der Wetterfühligen .... (10). In Norddeutschland .... (11) der Einbruch von Kaltluft zu den stärksten Beschwerden, im Gegensatz dazu .... (12) die Bayern mehr unter Warmluftzufuhr.

15. Schriftlicher Ausdruck: Stellungnahme

Die Präsentation des Wetters nimmt in den Fernsehprogrammen einen immer größeren Raum ein und wird oft von Werbeblöcken umrahmt oder von großen Firmen gesponsert.

Welchen Stellenwert sollte Ihrer Meinung nach das Wetter in den Medien, (z. B. in den Fernsehprogrammen) einnehmen?

Begründen Sie Ihre Meinung.

B. Weltsprachen

1.　Lesen Sie den folgenden Text.

Weltsprachen

Schon kurz nach dem Aufstehen beginnt der Sprachenkampf. Im Coffeeshop eines Münchner Großbäckers duftet zum Frühstück der „Happy Happen". Auf dem Weg zur Arbeit fällt einem aus dem BMW-Showroom wieder mal das Plakat mit der Aufschrift „Protected Drive" ins Auge, ohne dass sich dessen Sinn enträtseln ließe. Vom Büro aus geht man noch in die Post, um einen Auslandsbrief aufzugeben. „Premium oder Economy", lautet die selbstverständliche Frage des Schalterbeamten. Und dann wird im Office den lieben langen Tag designt und gecancelt, gelayouted und downgeloaded und mit Genehmigung des neuen Duden sogar gehighlighted.

Die Welle der Anglo-Amerikanisierung schlägt über uns zusammen und droht das deutsche Sprachschiff auf den Grund zu schicken. Mag sein, dass der Hang zum Englischen in Großstädten besonders ausgeprägt ist, doch die Provinz holt auf. So wurde zum Beispiel Westmittelfranken vom Bayerischen Umweltminister zur Shooting-Tourismus-Region erklärt. Die Bewohner nahmen es mit Gleichmut, denn

die Entwicklung lässt sich anscheinend nicht aufhalten.

Noch zur Zeit Shakespeares war Englisch mit vielleicht vier Millionen Sprechern eine vergleichsweise unbedeutende europäische Sprache. Heute sprechen anderthalb Milliarden Menschen wenigstens einigermaßen Englisch, etwa ein Drittel davon als Erstsprache. Englisch ist als Verkehrssprache aus verschiedenen Gründen attraktiv: es hat einen flexionsarmen Aufbau*, phonosymbolische Kraft (boom, splash, zoom)

Werbung der Berliner Stadtreinigung

und es steht für Fortschritt, unkompliziertes Denken und amerikanische Lebensart.

Vor einer Generation waren Experten noch der Meinung, die Anglisierung finde hauptsächlich auf der

Wortschatzebene statt, Satzbau und Wortbildung blieben weitgehend verschont. Diese Einschätzung muss heute korrigiert werden. Die englische Grammatik fasst im Deutschen Fuß, es vollziehen sich auch Veränderungen im Bereich der Struktur. Fremde Ausdrucksweisen beeinflussen die deutsche Sprache: Es ist ein Unterschied, ob man Geld macht (to make money) oder es verdient.

Die Linguisten sind sich mit ihren Vermutungen über die Verbreitung des Englischen uneinig. Manchen Prognosen zufolge wird nur jede zehnte aller lebenden Sprachen dieses Jahrhunderts überleben. Englisch ist zur Welthilfssprache herangewachsen. Kunstsprachen wie Esperanto konnten sich nicht durchsetzen. Und es wurde zur Sprache der Forschung. 98 Prozent der deutschen Physiker und Chemiker publizieren ihre Forschungsergebnisse auf Englisch. Sogar französische Naturwissenschaftler veröffentlichen ihre Arbeiten in der Sprache des geographischen Nachbarn.

Aber es regt sich überall auf der Welt Widerstand. Es soll Leute geben, die bei Begriffen wie Corporate Identity oder Global Player aufstöhnen, Leute, die das Lokal verlassen, wenn ihnen auf der Speisekarte der Spruch „positive eating, positive thinking" entgegen springt.

Neuere Autoren der Dritten Welt betrachten die englische Sprache als kulturelle Bombe, die über kurz oder lang die Eigenheiten einer Landessprache vernichtet und die Entfremdung von der eigenen Kultur herbeiführen werde. Aus ähnlichen Überlegungen heraus wollen Franzosen, Frankokanadier und Polen mit Gesetzen gegen eine sprachliche Überfremdung vorgehen. Im Internet ist das Englische bereits auf dem Rückmarsch. Textverarbeitungsprogramme und Betriebssysteme können schon lange mit nichtenglischen Sprachen umgehen. Momentan sind noch achtzig Prozent aller Texte im Internet auf Englisch verfasst, mit sinkender Tendenz. Im nächsten Jahrzehnt sollen es nur noch vierzig sein.

Der SPIEGEL

*flexionsarmer Aufbau = *Die englische Sprache hat wenig Flexion/Beugung.*

2. Beantworten Sie die folgenden Fragen zum Text.

    1. Wo begegnet der Autor der englischen Sprache im Alltag? Nennen Sie einige Beispiele.

        ....

        ....

    2. Wie hoch war der Anteil der englischsprachigen Menschen früher? Wie hoch ist er heute?

        ....

        ....

3. Welche Gründe gibt es für diese Entwicklung?

   ....

   ....

4. Welche Einschätzungen von Experten/Linguisten über den Einfluss und die Verbreitung der englischen Sprache nennt der Text?

   ....

   ....

5. Von wem und wo gibt es Widerstand gegen die Anglisierung?

   ....

   ....

3. Finden Sie Synonyme bzw. die deutsche Übersetzung.

   1. der Sinn lässt sich <u>enträtseln</u>   ....

      es wird den lieben langen Tag:
   2. ... <u>designt</u>   ....
   3. ... <u>gecancelt</u>   ....
   4. ... <u>gelayouted</u>   ....
   5. ... <u>downgeloaded</u>   ....
   6. ... <u>gehighlighted</u>   ....
   7. die Provinz <u>holt auf</u>   ....
   8. (sie) <u>nahmen es mit Gleichmut</u>   ....
   9. Satzbau und Wortbildung blieben
      <u>weitgehend verschont</u>   ....
   10. <u>publizieren</u>   ....
   11. Texte sind auf Englisch <u>verfasst</u>   ....

4. Ergänzen Sie die Verben in der richtigen Form.

   ausprägen – durchsetzen – veröffentlichen – sich regen – betrachten – aufhalten – stattfinden – vollziehen – beeinflussen – heranwachsen – fassen – vernichten – aufgeben – lauten – herbeiführen – vorgehen

   1. Man geht noch in die Post, um einen Auslandsbrief ....
      „Premium oder Economy", ... die selbstverständliche Frage des Schalterbeamten.

   2. Mag sein, dass der Hang zum Englischen in Großstädten besonders .... ist.

23

3. Die Entwicklung lässt sich anscheinend nicht ....

4. Vor einer Generation waren Experten noch der Meinung, die Anglisierung .... hauptsächlich auf der Wortschatzebene ....

5. Die englische Grammatik .... im Deutschen Fuß.

6. Es .... sich auch Veränderungen im Bereich der Struktur.

7. Fremde Ausdrucksweisen .... die deutsche Sprache.

8. Englisch ist zur Welthilfssprache ....

9. Kunstsprachen wie Esperanto konnten sich nicht ....

10. 98 Prozent der deutschen Physiker und Chemiker ....
    ihre Forschungsergebnisse auf Englisch.

11. Aber es .... überall auf der Welt Widerstand.

12. Neuere Autoren der Dritten Welt .... die englische Spra-
    che als kulturelle Bombe, die über kurz oder lang die Eigenheiten einer
    Landessprache .... und die Entfremdung von der eige-
    nen Kultur .... werde.

13. Franzosen, Frankokanadier und Polen wollen mit Gesetzen gegen eine
    sprachliche Überfremdung ....

5. Berichten Sie.

   – Wenn Ihre Muttersprache nicht Englisch ist: Welche Einflüsse hat das
     Englische auf Ihre Muttersprache?
   – Wenn Ihre Muttersprache Englisch ist: Wie beurteilen Sie die rasante
     Ausbreitung der englischen Sprache und welche Auswirkungen hat diese
     Entwicklung auf das Englische?

6. Was haben diese Wörter gemeinsam? Raten Sie.

   *Abseilen, Achtung, Angst, Blitz, Blitzkrieg, Brezel, Dachshund, Doppelgänger,
   Dummkopf, Ersatz, Fahrvergnügen, Festschrift, gemütlich, Gestalt, Götterdämme-
   rung, Kaffeeklatsch, Kaiser, Kapellmeister, kaputt, Kindergarten, Kitsch, Lebens-
   raum, Leitmotiv, Lied, Lumpenproletariat, Meerschaum, Mittelstand, Ostpolitik,
   Pudel, Ratskeller, Realpolitik, Rinderpest, Rucksack, Sauerkraut, Schadenfreude,
   Schmalz, Schnaps, Schwindler, Selters, Sprachgefühl, Waldsterben, Wanderjahre,
   Wanderlust, Weltschmerz, Wunderkind, Zeitgeist, Zollverein*

7. Kennen Sie Wörter Ihrer Muttersprache, die im Englischen benutzt werden?

8. Ergänzen Sie die fehlenden Substantive in der richtigen Form.
   Achtung: Nicht alle Substantive passen!

   Sprache – Entwicklung – Denken – Lebensart – Wortschatz – Veränderung – Rückschritt – Kampf – Einfluss – Tendenzen – Grammatik – Welthilfssprache – Eigenheiten – Erstsprache – Fortschritt – Rückmarsch – Widerstand – Entfremdung

   Die englische Sprache hat an .... (1) gewonnen, nicht nur in den Großstädten, sondern auch in der Provinz. Den Bürgern in Deutschland scheinen diese .... (2) ziemlich egal zu sein, denn man kann die .... (3) ja doch nicht aufhalten. Bereits jetzt spricht jeder dritte Bürger der Erde Englisch als .... (4) und es symbolisiert .... (5), unkompliziertes .... (6) und amerikanische .... (7). Während früher hauptsächlich der .... (8) der .... (9) unterlag, muss heute festgestellt werden, dass auch die .... (10) nicht unverschont bleibt. Englisch hat sich zur .... (11) herausgebildet.

   Aber es regt sich überall auf der Welt .... (12). Neuere Autoren der Dritten Welt befürchten eine .... (13) von der eigenen Kultur. Sie haben Angst davor, dass über kurz oder lang die .... (14) einer Landessprache vernichtet werden.

   In einem Medium, von dem man es nie erwartet hätte, befindet sich das Englische bereits auf dem .... (15) – im Internet.

9. Pro und Kontra

   a. Sammeln Sie einzeln oder in Gruppen Argumente, die für und/oder gegen „Englisch als Sprache für alle" sprechen.

PRO	KONTRA
....	....
....	....
....	....
....	....
....	....
....	....

   b. Unterbreiten Sie Vorschläge zum Schutz der anderen Sprachen (sofern Sie sie für schützenswert halten). Begründen Sie Ihre Ausführungen und führen Sie einige Beispiele an.

10. Sie sind Organisatorin/Organisator einer internationalen Konferenz mit Wissenschaftlern und Politikern aus aller Welt.

Auf der Tagesordnung stehen: Vorträge im Plenum, Erfahrungsaustausch in kleineren Arbeitsgruppen und informelle Treffen.

Überlegen Sie einzeln oder in Gruppen, wie Sie eine optimale Verständigung zwischen den Teilnehmern ermöglichen wollen.

Unterbreiten Sie Vorschläge.

Redemittel: Sprache

- eine Sprache lernen/erlernen/sprechen/beherrschen/wieder verlernen
- ein Wort im Wörterbuch suchen/nachschlagen
- in/auf Deutsch telefonieren/verhandeln/schreiben/mailen/etwas erklären
- sich auf Deutsch verständigen
- etwas (ein Buch/einen Aufsatz) ins Deutsche übersetzen
- etwas versuchen zu erklären/(mit anderen Worten) umschreiben/mit Händen und Füßen sprechen

---

11. Ordnen Sie den Redewendungen die richtigen Erklärungen zu.

1. Wir sprechen die gleiche Sprache.

2. jemandem verschlägt es die Sprache

3. Rück heraus mit der Sprache!

4. etwas zur Sprache bringen

5. auf jemanden schlecht zu sprechen sein

6. Wir sprechen uns noch!

7. Du sprichst mir aus der Seele!

8. Sein Gesicht spricht Bände.

a. Jemand ist sehr überrascht.

b. Rede jetzt endlich!

c. Die Angelegenheit zwischen uns ist noch nicht erledigt.

d. Seine Mimik sagt vieles.

e. ein Thema ansprechen/besprechen wollen

f. die gleiche Einstellung/das gleiche Niveau haben.

g. sich über jemanden ärgern

h. Du sagst genau das, was ich selbst empfinde.

12. Beantworten Sie die folgenden Fragen.

    1. Welche Sprache, die Sie noch nicht sprechen, würden Sie gern lernen und warum?

    2. Wie viele Sprachen sollte ein Mensch Ihrer Meinung nach sprechen? Welche Sprachen wären das?

    3. Welche Bedeutung hat die Kenntnis von Fremdsprachen Ihrer Meinung nach im Berufsleben? Nennen Sie Beispiele.

    4. Wie würden Sie gern eine weitere Sprache lernen? Erstellen Sie eine Liste Ihrer Wünsche. (Zum Beispiel: ohne/mit Lehrbuch/Lehrer(n)/Computer/ Zeitungen/Bücher(n)/Radio- oder Fernsehsendungen/im Einzelunterricht/in der Klasse/im Internet ...)

C. Lebenswege

1. Sprechen Sie möglichst ausführlich über die Fotos auf den Seiten 27 und 29. Beachten Sie dabei unsere Hinweise auf der nächsten Seite.

    – Schildern Sie die dargestellte Situation und die Personen und Dinge, die Sie auf dem Foto sehen.

    – Sprechen Sie anschließend über das dargestellte Thema. Ziehen Sie Vergleiche zu Ihrem Heimatland und sprechen Sie über persönliche Erfahrungen.

Hinweise und Redemittel

Hinweise	**Redemittel**
Die Bilder: Beschreiben Sie kurz: – Personen – Ort – Tätigkeit	Auf dem linken/rechten/oberen/ unteren Foto ... Im Vordergrund/im Hintergrund ... ... kann man sehen/erkennen ... ist ... abgebildet Das Foto zeigt ...
– Besonderheiten, die Ihnen auffallen – Wirkung der Fotos	Bemerkenswert/Seltsam/Auffällig finde ich ... ... wirkt auf mich ... ... vermittelt den Eindruck, als ob ...
Stellen Sie Vermutungen an: – Wo und wann könnte das Bild aufgenommen worden sein? – Wie fühlen sich/was denken die dargestellten Personen?	Vielleicht/Bestimmt/Sicherlich ... Ich nehme an/ich vermute, dass .... Das Foto ... könnte/dürfte/muss ... aufgenommen worden sein.
Das Thema: Überlegen Sie: – Was verbindet die Fotos miteinander, was unterscheidet sie? – Gibt es ein gemeinsames Thema? – Was sagen die Fotos über das Thema aus? – Wie würden Fotos in Ihrem Heimatland zu dem Thema aussehen und warum? – Was weiß ich über das Thema?	Gemeinsamkeiten/Unterschiede sehe ich in ... Beide Fotos behandeln das Thema ... Den Fotos kann man entnehmen, dass ... Wenn man in meinem Heimatland zu dem Thema ... Fotos machen würde, dann ... Ich habe mich mit ... schon intensiv/eigentlich noch gar nicht beschäftigt ...
– Was ist meine Meinung dazu? – Kann ich persönliche Beispiele anführen?	Meiner Meinung/Meiner Ansicht nach ...

⇨ IHRE GRAMMATIK: Weitere Übungen zu **Vermutungen** finden Sie auf Seite 41.

2. Beantworten Sie die folgenden Fragen.

– Wie stellen Sie sich das Älterwerden vor?

– Erarbeiten Sie alleine oder mit Ihrer Nachbarin/Ihrem Nachbarn eine Liste von Dingen, die Sie beim Älterwerden als positiv oder als negativ empfinden.

POSITIV	NEGATIV
....	....
....	....
....	....
....	....
....	....

– Wie ist das Verhältnis zwischen Jung und Alt in Ihrem Heimatland?

– Welchen Einfluss haben ältere Menschen in der Familie und in anderen Bereichen des gesellschaftlichen Lebens?

3. Lesen Sie den folgenden Text.

Lebenswege

„Achtzig Jahre! Keine Augen mehr, keine Ohren mehr, keine Zähne mehr, keine Beine mehr, kein Atem mehr! Und das Erstaunlichste ist", sinnierte einst der französische Dichter Paul Claudel, „dass man letztlich auch ohne all das auskommt!"

Ist das nun Lebenskunst? Senilität? Oder ein echter Hinweis darauf, wie man sich am Ende eines Weges durch die Welt fühlen kann?

Wissenschaftler haben sich bisher hauptsächlich damit beschäftigt, wie sich der Körper beim Prozess des Älterwerdens verändert. Dabei, so fanden sie heraus, gibt es individuelle Variationen. Die Haut eines Vierzigjährigen zum Beispiel kann der eines Zwanzigjährigen, aber auch der eines Sechzigjährigen entsprechen. Doch jeder Mensch altert, das steht fest. Den meisten gefällt das nicht. Man bemerkt die Probleme beim täglichen Treppensteigen und die Veränderung des eigenen Körpers: Muskel- und Knochensubstanz werden nach und nach durch Fett ersetzt, dadurch wächst im Laufe der Zeit die Taillenweite. Und man kann es nicht als Trost ansehen, dass synchron dazu die Haare dünner werden. Ihr Durchmesser verringert sich bis zum 70. Lebensjahr um 20 %.

Welcher böse Geist hat nur das Älterwerden als Abstieg in die körperliche Unvollkommenheit konstruiert? Nach Meinung der Biologen ist die Evolution dafür verantwortlich: Es kommt darauf an, möglichst viele gesunde Nachkommen zu erzeugen. Ist das geschehen, läuft die Maschinerie des Körpers noch zehn bis zwanzig Jahre relativ störungsarm, bis die Kinder aus dem Gröbsten heraus sind. Danach gibt es keinen Grund mehr, unseren Körper funktionsfähig zu erhalten, denn soll das Leben etwa Energie darauf verschwenden, Gene für eine schöne Seniorenzeit zu erfinden?

Und wie steht es mit der Psyche und den Leistungen des Gehirns? Gibt es auch hier einen Abstieg in die Unvollkommenheit? Nehmen wir z. B. unser Gehirn. Es verliert mit der Zeit an Leistungskraft. Das Arbeitsgedächtnis – also, die Fähigkeit, mehrere Informationen gleichzeitig parat zu haben und miteinander zu verknüpfen – wird schlechter. Auch die Fähigkeit, Reize schnell aufzunehmen und blitzartig zu reagieren, lässt nach. Einige der altersbedingten Abwärtsentwicklungen lassen sich durch Training auffangen, andere nicht.

Ganz anders aber als die „Hardware" verhält sich unsere individuell erworbene „Software". Zur „Software" gehören Fachkompetenz, Ausdrucksvermögen, Wissen um soziale Zusammenhänge und die Gabe, komplexe Probleme zu lösen. Diese Fähigkeiten verbessern sich nach dem Jugendalter noch enorm. Sie können bis ins späte Erwachsenenalter erhalten bleiben und unter Umständen sogar anwachsen.

Viel zu einfach ist also die Vorstellung vom jugendlichen Aufstieg, der Hochebene des Erwachsenseins mit Jogging, Yoga, Schminke und sorgfältiger Kleiderwahl und das Bild vom Alter als traurigem Abstieg. Wir bewältigen unser Leben in jedem Moment mit unserer höchst eigenen Kombination aus langsam sinkender geistiger Schnelligkeit und langsam steigender Erfahrung.

GEO

4. Nennen Sie die im Text beschriebenen negativen und positiven Veränderungen beim Älterwerden.

   Negative Veränderungen: ....

   ....

   Positive Veränderungen: ....

   ....

5. Suchen Sie aus dem Text Wörter, die Zunahme und Abnahme ausdrücken.

ZUNAHME	ABNAHME
(die Taillenweite) wächst	....
....	....
....	....
....	....
....	....

6a. Was ist passiert, wird passieren, muss noch passieren?
    Beschreiben Sie die Veränderungen mit Verben mit *ver-*.

   0. besser werden   Die Lebensbedingungen <u>verbessern</u> sich.

   1. einheitlicher werden   Die Gesetze in Europa müssen .... werden.

   2. feiner werden   Der Geschmack der Suppe muss noch .... werden.

   3. deutlicher werden   Der Politiker muss seine Ziele noch besser ....

   4. dreimal so viel werden   Der Trinkwasserverbrauch der Bevölkerung .... sich.

   5. mehr werden   Das Geld hat sich auf dem Sparbuch ....

   6. einfacher werden   Die Grammatikregeln müssen .... werden.

   7. blöder werden   Leute, die nur fernsehen, ... langsam.

   8. kürzer werden   Die Arbeitszeit wird ....

6b. Ergänzen Sie die Verben in der richtigen Form.

vervollständigen – verteilen – verschieben – verstaatlichen – veröffentlichen – verringern – verdünnen – verlängern – versetzen

0. Unser Urlaub muss um drei Tage <u>verlängert</u> werden.

1. Der Inhalt des Dokuments muss unbedingt .... werden.

2. Die Adressenliste der Kunden muss .... werden.

3. Die Arbeit muss besser .... werden.

4. Die hohen Kosten müssen .... werden.

5. Unser Chef sollte endlich nach München .... werden.

6. Der Termin sollte um eine Woche .... werden.

7. Die dicke Soße muss noch etwas .... werden.

8. Nach den vielen Zugunglücken sollte die Bundesbahn wieder .... werden.

7. Ergänzen Sie die fehlenden Verben in der richtigen Form.

gehen – belegen – verzeichnen – feststellen – zurückentwickeln – wachsen – beschäftigen – beschreiben – verringern – erfüllen – verlieren – verbessern – mögen – machen – großziehen

Bisher haben sich die Wissenschaftler hauptsächlich damit .... (1), die Veränderungen des menschlichen Körpers beim Prozess des Älterwerdens zu .... (2). Sie haben .... (3), dass sich die Muskeln .... (4), das Fettpolster .... (5) und sich die Dicke der Haare um 20 % .... (6). Diese Tatsache .... (7) die meisten Menschen nicht.

Für diesen Alterungsprozess .... (8) die Biologen die Evolution verantwortlich: Wenn der Mensch gesunde Nachkommen gezeugt und .... (9) hat, hat er seine Aufgabe .... (10). Danach .... (11) es mit dem körperlichen Befinden nur noch bergab.

Neue Studien haben .... (12), dass wir Menschen neben den Verlusten auch Gewinne .... (13) können. Zwar .... (14) das Gehirn mit der Zeit an Leistungskraft, aber Fähigkeiten wie Fach- und Sozialkompetenz oder das Ausdrucksvermögen können sich mit zunehmendem Alter .... (15).

8. Ergänzen Sie die fehlenden Präpositionen.

Den meisten Menschen gefällt das Älterwerden nicht. Man bemerkt die Probleme .... täglichen Treppensteigen und die Veränderung des eigenen Körpers: Muskel- und Knochensubstanz werden langsam .... Fett ersetzt, dadurch wächst .... Laufe der Zeit die Taillenweite. Der Durchmesser der Haare verringert sich .... 20 Prozent.

.... Meinung der Biologen ist die Evolution .... den körperlichen Abstieg verantwortlich. Es kommt darauf an, möglichst viele Kinder zu erzeugen. Man kann .... Körper nicht erwarten, dass er Energie .... Gene verschwendet, die dem Menschen eine schöne Seniorenzeit ermöglichen.

9. Was kann man Ihrer Meinung nach tun, um gesund und geistig fit alt zu werden? Erarbeiten Sie einzeln oder in der Gruppe Vorschläge und präsentieren Sie diese anschließend der Klasse.

10. Schriftlicher Ausdruck

Sie lesen in der Zeitung folgenden Hinweis:

Kluge Frauen leben länger

Intelligente, an Politik interessierte Frauen leben länger als ihre passiveren Zeitgenossinnen. Die Konzentration auf die Familie hingegen, so berichten Wissenschaftler, wirke sich für Frauen lebensverkürzend aus.

Die Psychologen vom Max-Planck-Institut und vom Zentrum für Alternsforschung hatten in einem gemeinsamen Projekt nach „psychologischen Determinanten von Langlebigkeit" gesucht. „Produktive und konsumtive Aktivitäten", so hat sich gezeigt, steigern offenbar bei Mann und Frau gleichermaßen die Lebenserwartung.

Dagegen können ausgedehnte Ruhepausen und der Drang, sich selbst allzu pfleglich zu behandeln und zu schonen, eher das Gegenteil bewirken – nach der alten Weisheit: „Wer rastet der rostet".

nach: Der SPIEGEL

Schreiben Sie einen Leserbrief von ca. 200 Wörtern Länge zu diesem Thema an die Zeitschrift „Der Spiegel".

11. Bauernregeln als Lebensweis-
    heiten

    Lesen Sie die nebenstehenden
    Bauernregeln und erklären Sie
    ihre Bedeutung.

    Welche Regeln halten Sie für
    Unsinn, welche nicht? Begrün-
    den Sie Ihre Auswahl.

12. Beantworten Sie die folgenden
    Fragen.

    – Gibt es in Ihrem Heimat-
      land/in Ihrem Kulturkreis
      allgemeine Lebensweishei-
      ten, die von Generation zu
      Generation weiter übermit-
      telt werden? Können Sie ei-
      nige davon nennen?

    – Was halten Sie von Bauern-
      regeln, Lebensweisheiten
      und Ratschlägen?

    – Bekommen Sie manchmal
      Ratschläge? Wenn ja, von
      wem? Befolgen Sie diese
      auch?

    – Geben Sie selbst manchmal
      Ratschläge? Wenn ja, wel-
      che?

**Wer deutlich spricht zur rechten Zeit,
spart Kosten sich und Streitigkeit.**

**Mit Fragen kommt man
durch die ganze Welt.**

**Es jedem Recht machen zu wollen, ist der
sichere Weg, es keinem Recht zu machen.**

Wer Wind sät, wird Sturm ernten.

**Höflich und bescheiden sein,
kostet nichts und bringt viel ein.**

Es gelingt, wonach man ringt.

**Wer zwei Wege gehen will,
muss zwei lange Beine haben.**

Beharrlichkeit vermag alles.

**Lust und Liebe zum Ding,
machen Müh' und Arbeit gering.**

**Das Fallen ist keine Schande,
aber das Liegenbleiben.**

---

13. Wortschatz: Ratschläge

    – ratlos sein
    – um Rat/Ratschläge/Tipps/Hinweise bitten
    – Rat suchen/sich Rat (ein)holen bei jmdm.
    – einen Ratgeber lesen
    – einen Rat/Ratschläge/Tipps/Hinweise geben/Ratschläge erteilen
    – auf einen Rat/Ratschläge/Tipps/Hinweise hören
    – einen Rat/Ratschläge bekommen/befolgen
    – einen Rat/Ratschläge/Tipps/Hinweise ausschlagen/ignorieren/
      überhören/nicht befolgen

Wendungen mit *Rat*:
- jmd. weiß (immer) Rat
- sich keinen Rat wissen *(sich in einer schwierigen Situation befinden)*
- jemandem mit Rat und Tat zur Seite stehen/beistehen
- jemanden (einen Fachmann)/etwas (ein Wörterbuch) zu Rate ziehen
- Kommt Zeit, kommt Rat! *(mit etwas Geduld findet man eine Antwort/ einen Ausweg)*

Unser Rat: **Nehmen Sie sich Zeit!**
Redemittel:
- Sie **sollten** sich Zeit nehmen.
- **Es wäre gut, wenn** Sie sich Zeit nehmen würden.
- **Ich empfehle/rate Ihnen**, sich Zeit zu nehmen.
- **Ich an Ihrer Stelle** würde mir Zeit nehmen, .../**Wenn ich an Ihrer Stelle wäre,** würde ich mir Zeit nehmen.

14. Persönlicher Brief: Erwartungen an das eigene Leben

Ein deutscher Freund schreibt Ihnen in einem persönlichen Brief, dass er sich in einer Krise befindet. Er studiert an der Universität in Marburg Geschichte und das Fach gefällt ihm nicht mehr. Er weiß nicht, ob er mit dem Studium ganz aufhören, nur das Fach wechseln oder doch Geschichte zu Ende studieren soll. Darum bittet er Sie jetzt, ihm etwas über Ihre persönlichen Lebenserwartungen zu schreiben.

Antworten Sie Ihrem Freund:
- Gehen Sie kurz auf seine Situation ein.

Berichten Sie
- ... etwas über Ihre eigene Situation,
- ... was Sie von Ihrem Berufsleben erwarten,
- ... wie Sie sich Ihr zukünftiges Privatleben vorstellen,
- ... was Sie an der Stelle Ihres Freundes tun würden.

Schreiben Sie einen Brief von ca. 200 Wörtern. Nehmen Sie sich dafür 60 Minuten Zeit.

D. Ihre Grammatik

Wiederholung:
Vergangenheitsformen der Verben

Siehe auch Teil 1, Kapitel 1.

1. Ergänzen Sie die fehlenden starken Verben im Präteritum. Setzen Sie den Satz anschließend ins Perfekt.

eindringen – gelingen – gelten – genießen – halten – steigen – liegen – zerreißen – schmeißen – brennen – schieben – zerbrechen – verbinden – beißen – gefallen – erklingen – anbraten

0. Die Scheune <u>brannte</u> lichterloh.
   Die Scheune <u>hat</u> lichterloh <u>gebrannt</u>.

1. Die Köchin .... das Fleisch auf beiden Seiten ...., dann .... sie den Braten in den Ofen.

   ....

2. Ein Glas .... in der Spülmaschine.

   ....

3. Die Künstler Pablo Picasso und Henry Matisse .... eine lebenslange Freundschaft.

   ....

4. Der Hund .... den Jungen in die Hand.

   ....

5. Das Konzert .... mir sehr gut.

   ....

6. Der Dieb .... über die Decke in das Gebäude ein.

   ....

7. Der Versuch .... beim ersten Mal.

   ....

8. Das Sonderangebot .... nur bis 31. Dezember.

   ....

9. Wir .... die Sonne und das wunderbare Essen in Italien sehr.

   ....

10. Zur Eröffnung der Festspiele .... die Nationalhymne des Gastlandes.

   ....

11. Der Zug .... unterwegs nur in Brüssel.

   ....

12. Die Lebenserwartung bei Frauen .... durchschnittlich um drei Jahre.

   ....

13. Der Student .... mittags um 12 Uhr noch immer in seinem Bett.

   ....

14. Er .... den Bußgeldbescheid für Falschparken und .... ihn einfach in den Papierkorb.

   ....

2.   Bilden Sie Sätze im Präteritum und im Perfekt.

    0. drei, deutsch, Journalisten – fliegen – Sudan
    Drei deutsche Journalisten <u>flogen</u> in den Sudan.
    Drei deutsche Journalisten <u>sind</u> in den Sudan <u>geflogen</u>.

    1. Firma – zusenden – Kunde – Ware – nach Hause

   ....

   ....

    2. Paket – nie – ankommen – Empfänger

   ....

   ....

    3. Andreas – bitten – Freund – Rat

   ....

   ....

    4. Sonne – scheinen – gestern – ganz, Tag

   ....

   ....

5. er – sich befinden – schwierig, Lage

....

....

6. Frau Menzig – anrufen – zweimal – Woche – Tochter

....

....

7. Maria – verlassen – Freund – Streit

....

....

8. Frau Kleist – aufheben – Briefe, verstorben, Mann

....

....

9. Künstler – verbringen – Kindheit – Moskau

....

....

10. Wind – blasen – Blätter – Bäume

....

....

11. wir – fahren – letztes Jahr – nicht – Urlaub

....

....

12. Universität – anbieten – sehr gut, Schülern – Stipendium

....

....

13. unser Nachbar – gewinnen – Lotto – zwei Millionen Euro

....

....

14. Wissenschaftler – beweisen – sein, Theorie

....

....

Wiederholung:
Lokale und temporale Präpositionen

Siehe auch Teil 1, Kapitel 2 und 3.

3. Ergänzen Sie die fehlenden Präpositionen und Artikel bzw. Artikelendungen, wenn nötig.

In Deutschland ist das Wetter so schlecht! Lass uns

0. <u>nach</u> Griechenland,

1. .... Türkei,

2. .... Vereinigten Staaten,

3. .... Antillen,

4. .... Kanarischen Inseln,

5. .... Südpol,

6. .... Australien,

7. .... Libanon,

8. .... die Schwarzmeerküste .... Bulgarien,

9. .... Äquator,

10. .... Schweiz,

11. .... unser........ Bekannten .... Madrid oder

12. .... dein........ Familie .... Brasilien fliegen.

Aber wenn du nicht mit mir verreisen willst, können wir auch

13. .... Sonnenstudio,

14. .... Kino,

15. .... Klaus und Anna,

16. .... Fitnesszentrum ,

17. .... Heimatmuseum,

18. .... Einkaufen .... Innenstadt,

19. .... Restaurant .... Fernsehturm gehen oder

20. uns .... Fernseher setzen.

4. Ergänzen Sie die fehlenden Präpositionen und Artikel bzw. Artikelendungen, wenn nötig.

Wann fahrt ihr in den Urlaub? Wir fahren

0. <u>im</u> Sommer,

1. .... Herbst,

2. .... Mai,

3. .... Anfang September,

4. .... Sonntag,

5. .... 7. Juli,

6. .... Ostern,

7. .... Mitte August,

8. .... schönsten Zeit des Jahres,

9. .... Beendigung des Projektes,

10. .... Schulferien,

11. irgendwann .... April und Oktober,

12. frühestens 2010,

13. .... dies........ Jahr fahren wir gar nicht.

5. Ergänzen Sie bei den folgenden Wettermeldungen die fehlenden Präpositionen und Artikel, wenn nötig.

1. .... Harz .... Schleswig-Holstein wird es regnen.

2. .... morgen kommt es .... ganzen Land zu Schauern und Gewittern.

3. .... vielen Teilen Norddeutschlands erlebten die Menschen bereits Überschwemmungen.

4. .... ganz Mitteleuropa haben wir .... Zeit ähnliche Wetterverhältnisse.

5. Die Temperaturen werden .... Verlauf der nächsten Woche .... 27 Grad ansteigen.

6. Die warme Luft dringt .... Norden her weiter .... Süden.

7. .... höheren Lagen erreichen wir Tageshöchstwerte .... 29 Grad.

8. Frühestens .... Ende des Monats ist mit Abkühlungen zu rechnen.

Vermutungen

Was könnte passiert sein?

– **Vielleicht/Möglicherweise/
  Wahrscheinlich/Sicherlich ...**

  ... hat es in dem Haus gebrannt.

– **Es ist denkbar, dass ...
  Es ist möglich, dass ...
  Ich kann mir vorstellen, dass ...**

  ... es in dem Haus gebrannt hat.

– **Es könnte/dürfte/wird/müsste/muss ...**

  ... in dem Haus gebrannt haben.

Die Modalverben: *können/könnten (K II), dürften (K II)* und *müssen/müssten
(K II)* und das Verb *werden* können auch eine Vermutung ausdrücken.

Der Gebrauch der Modalverben kann dabei einen unterschiedlichen Sicher-
heitsgrad ausdrücken.

Modalverb	**synonyme Wendungen**
*Der Mann **kann/könnte** aus der Türkei <u>kommen</u>.*	möglicherweise/vielleicht/eventuell/es besteht die Möglichkeit/ich halte es für möglich/es ist denkbar
*Der Stein **dürfte/wird** rund 100 000 Euro <u>wert sein</u>.*	vermutlich/wahrscheinlich/es sieht danach aus/ich nehme an/ich glaube/ich schätze
*Das neue Produkt **müsste** sich gut <u>verkaufen</u>.*	höchstwahrscheinlich/sehr wahrscheinlich/es spricht vieles dafür/die Wahrscheinlichkeit ist groß
*Die Frau da drüben **muss** Claudia Schiffer <u>sein</u>!*	zweifellos/sicher/ganz bestimmt/ich bin davon überzeugt/für mich steht fest
*Er **kann** diesen Kampf **nicht** <u>gewinnen</u>.*	sicher nicht/es ist ausgeschlossen/für mich ist unvorstellbar/unmöglich

zunehmende Sicherheit

Zeitformen

Gegenwart

Wo ist Herr Gruber?

*Er **kann/könnte/wird/dürfte/
muss/kann nicht** im Büro <u>sein</u>.*

Vergangenheit

*Wo war Herr Gruber gestern
zwischen 10 und 13 Uhr?*

*Er **kann/könnte/wird/dürfte/
müsste/muss/kann nicht** in seinem
Büro <u>gewesen sein</u>.*

6a. Formen Sie folgende Vermutungen um. Bilden Sie Sätze mit dem Modalverb *können (könnten)*. Achten Sie auf die Zeitformen.

  0. <u>Eventuell</u> gibt es mit der Finanzierung des Hauses Schwierigkeiten.
<u>Es kann/könnte</u> mit der Finanzierung des Hauses Schwierigkeiten
<u>geben</u>. (Gegenwart!)

    <u>Möglicherweise</u> hat er die Prüfung mit GUT bestanden.
Er <u>kann/könnte</u> die Prüfung mit GUT <u>bestanden haben</u>.
(Vergangenheit!)

  1. Möglicherweise kommt sie zwei Stunden später.

    ....

  2. Ich halte es für möglich, dass der Täter ein Mitarbeiter des Sicherheitsdienstes war.

    ....

  3. Vielleicht hat er einen anderen Zug genommen.

    ....

  4. Die Nachbarin hat möglicherweise etwas gehört oder bemerkt.

    ....

  5. Ist es möglich, dass sich der Zeuge geirrt hat?

    ....

6b. Formen Sie folgende Vermutungen um. Bilden Sie Sätze mit *müsste(n)*.

  1. Vieles spricht dafür, dass er sich noch in Brasilien aufhält.

    ....

2. Höchstwahrscheinlich stimmen diese Angaben.

    ....

3. Die Wahrscheinlichkeit ist groß, dass er noch dieses Jahr ins Ausland versetzt wird.

    ....

4. Mit großer Wahrscheinlichkeit hat sie den Brief gestern Abend noch abgeschickt.

    ....

7. Beantworten Sie die folgenden Fragen mit einer Vermutung.
    Bilden Sie Sätze mit *werden* oder *dürften*.

    0. Wo war er? – Sportplatz
        Er <u>wird/dürfte</u> auf dem Sportplatz <u>gewesen sein</u>.

    1. Was hat er mit dem ganzen Geld gemacht? – ausgeben

        ....

    2. Wo ist Klaus im Urlaub hingefahren? – wieder Italien

        ....

    3. Wieso kann sich der Pförtner neuerdings einen Porsche leisten? – Erbschaft

        ....

    4. Es ist 9 Uhr. Wo ist denn Frau Krüger? – Stau

        ....

    5. Was hat wohl die Witwe mit dem Bild von Picasso gemacht? – verkauft

        ....

    6. Warum ist Matthias eigentlich noch nicht da? – noch arbeiten

        ....

    7. Wieso ist Monika gestern nicht zum Zahnarzt gegangen? – Angst

        ....

    8. Warum fährt Wolfgang diesen Sommer nicht zu den Wagner-Festspielen nach Bayreuth? – keine Karte

        ....

8. In der Wohnung von Frau Kleingeld ist ein Einbruch geschehen. Sie sind Assistentin/Assistent des Kriminalkommissars. Ziehen Sie aus den Tatsachen Ihre Schlussfolgerungen über den Täter.
Bilden Sie Sätze mit dem Verb *müssen*.

0. Die Nachbarin hörte gegen 19 Uhr auf der Treppe ein leises Husten. (Zeitpunkt – kommen)
Zu diesem Zeitpunkt <u>muss</u> der Täter <u>gekommen sein</u>.

1. Das Schloss ist nicht gewaltsam geöffnet worden. (Schlüssel – haben)

   ....

2. Die Alarmanlage wurde ausgeschaltet. (Code – kennen)

   ....

3. Die ganze Wohnung wurde durchwühlt. (etwas Bestimmtes – suchen)

   ....

4. Im Tresor lagen Geld, Schmuck und ein wertvolles Gemälde. Jetzt ist er leer. (alle Wertgegenstände – mitnehmen)

   ....

5. Der Hund hat seltsamerweise nicht gebellt. (gutes Verhältnis – haben)

   ....

6. Wer hat einen Wohnungsschlüssel, kennt den Code der Alarmanlage und wieso hat der Hund nicht gebellt? (Frau Müller – Einbruch – vortäuschen)

   .... Sie ist der wahre Täter!

9. Drücken Sie Sachverhalte aus, die unvorstellbar erscheinen und sagen Sie, warum das so ist. Verwenden Sie *nicht* und das Verb *können*.

0. Es ist unmöglich, dass ich die Unterlagen im Büro vergessen habe.
Ich <u>kann</u> die Unterlagen <u>nicht</u> im Büro <u>vergessen haben</u>.
Mein Schreibtisch war doch ganz leer!

1. Es ist ausgeschlossen, dass der Wein schon alle ist.

   ....

   ....

2. Es ist unvorstellbar, dass der Fernseher kaputt ist.

   ....

   ....

3. Es ist unvorstellbar, dass die deutsche Mannschaft ins Finale kommt.

   ....

   ....

4. Es ist unvorstellbar, dass die Zeitung diesen Artikel veröffentlicht.

   ....

   ....

10. Suchen Sie zu den unterstrichenen Modalverben synonyme Ausdrücke.
    Formen Sie dann die Sätze so um, dass Sie kein Modalverb mehr verwenden.
    (Siehe Übersicht S. 41)

    0. Im Jahr 2008 <u>dürfte</u> Sport nur noch im Pay-TV* zu sehen sein.
       Wahrscheinlich ist Sport im Jahr 2008 nur noch im Pay-TV zu sehen.

    1. Diese Rechnung <u>kann</u> nicht stimmen!

       ....

    2. Die Verluste der Firma <u>dürften</u> in Wahrheit viel höher liegen.

       ....

    3. Ihm <u>müssten</u> die Ergebnisse eigentlich bekannt sein.

       ....

    4. Oh Gott! Mein Ring! Ich <u>muss</u> ihn beim Schwimmen verloren haben!

       ....

    5. Er <u>wird</u> heute nicht mehr kommen.

       ....

    6. Das <u>kann</u> Paul nicht gewusst haben.

       ....

    7. Die Polizei hatte so genaue Informationen. Sie <u>muss</u> die Verdächtigen
       abgehört haben.

       ....

    8. Der Firmenchef <u>wird</u> den zuständigen Beamten bestochen haben.

       ....

Pay-TV = Bezahlfernsehen

11. Suchen Sie zu den unterstrichenen Ausdrücken synonyme Modalverben.
Formen Sie dann die Sätze um und verwenden Sie ein Modalverb.
(Siehe Übersicht S. 41)

0. Wahrscheinlich ist Sport im Jahr 2008 nur noch im Pay-TV zu sehen.
    Im Jahr 2008 dürfte Sport nur noch im Pay-TV zu sehen sein.

1. Lies mal dieses Buch, vielleicht gefällt es dir.

    ....

2. Es ist ausgeschlossen, dass er die Tür richtig abgeschlossen hat.

    ....

3. Ich bin davon überzeugt, dass es an der Abendkasse noch Karten gibt.

    ....

4. Ich glaube, das ist eine Lüge.

    ....

5. Ich halte es für möglich, dass der amerikanische Sprinter heute Weltrekord läuft.

    ....

6. Höchstwahrscheinlich gibt es noch einen anderen Eingang in das Gebäude.

    ....

⇨ IHRE GRAMMATIK: Übungen zu **Modalverben in der Grundbedeutung**
finden Sie im Teil 1 Kapitel 1 und im Internet unter
www.aufgaben.schubert-verlag.de.

Kapitel 2   Erfolge und Niederlagen

A. Sport

1. Sprechen Sie möglichst ausführ-
   lich über dieses Foto.
   – Schildern Sie die dargestellte
     Situation und die Personen und
     Dinge, die Sie auf dem Foto
     sehen.
   – Sprechen Sie anschließend über
     das dargestellte Thema. Zie-
     hen Sie Vergleiche zu Ihrem
     Heimatland und sprechen Sie
     über persönliche Erfahrungen.

2. Erstellen Sie eine ABC-Liste mit
   Sportarten. Sie brauchen nicht zu
   jedem Buchstaben ein Wort zu
   finden. Vergleichen Sie dann Ihre
   Liste mit Ihrer Nachbarin/Ihrem
   Nachbarn.

A	....	**N**	....
B	Bogenschießen, Bobfahren, ...	**O**	....
C	....	**P**	....
D	....	**Q**	....
E	....	**R**	....
F	....	**S**	....
G	....	**T**	....
H	....	**U**	....
I	....	**V**	....
J	....	**W**	....
K	....	**X**	....
L	....	**Y**	....
M	....	**Z**	....

3. Beantworten Sie die folgenden Fragen.

    – Welche Rolle spielt der Sport in Ihrem Heimatland und für Sie persönlich?

    – Welche Sportarten sind besonders beliebt und warum?

4. Berichten Sie über berühmte Sportler Ihres Heimatlandes, ihre Erfolge und/oder Niederlagen. Wann ist Ihrer Meinung nach ein Sportler ein Vorbild?

5. Lesen Sie den folgenden Text.

Der Sprung über die Zeit

Sydney, 29. September 2000, Olympiastadion, Siegerehrung im Weitsprung. Die deutsche Nationalhymne wird gespielt. Auf dem Podest ganz oben steht Heike Drechsler, 35 Jahre, die zum zweiten Mal nach 1992 Olympiasiegerin wird.

Heikes Karriere begann 1983 in Helsinki: Als 18-Jährige gewann sie bei den Weltmeisterschaften der Leichtathletik die Goldmedaille.

In den folgenden Jahren wurde sie zu einer der beliebtesten DDR-Sportlerinnen, auch bei den Parteifunktionären, denn sie saß als Abgeordnete in der Volkskammer der DDR. Heike heiratete und bekam einen Sohn. Alles lief wie in einem Märchen. Im Gegensatz zu vielen anderen DDR-Leichtathletinnen war Heike Drechsler auch nach der politischen Wende in Deutschland weiter erfolgreich: 1992 holte sie Olympia-Gold, 1993 wieder einen Weltmeisterschaftstitel, 1994 wurde sie Europameisterin.

Dann kam das Jahr 1995. Heike Drechsler hatte bis dahin 15 Jahre hart trainiert, alles gewonnen, was man gewinnen kann. Sie fand den Weitsprung plötzlich langweilig, konnte sich nicht mehr motivieren und suchte nach neuen Herausforderungen. Heike beschloss, bei der nächsten Weltmeisterschaft auch im Siebenkampf an den Start zu gehen. Sie trainierte noch härter, überforderte sich und ihren Körper. Sie selbst merkte es nicht, auch ihr Trainer und Schwiegervater Erich Drechsler bemerkte nichts. Das war aber noch nicht alles. In Heikes Ehe kriselte es, ihr Ehemann verließ sie und zog zu einer anderen Frau. Seelisch verletzt fand sie Trost bei einem französischen Zehnkämpfer. Dem nervenaufreibenden Scheidungskrieg folgte der Kampf um das Sorgerecht für ihren Sohn, den sie erst vier Jahre später gewann. Bei den Weltmeisterschaften 1995 ging Heike zum ersten Mal leer aus. Sie schied beim Weitspringen als Neunte im Vorkampf aus, beim Siebenkampf musste sie nach dem Hochsprung wegen einer Verletzung aufgeben.

Im April 1996 war Heike wieder hochmotiviert, sie wollte dem Sport noch nicht den Rücken kehren und aufhören. Ihr Ziel war die Goldmedaille bei den Olympischen Spielen in Atlanta. Doch eine Verletzung ließ den Traum von der zweiten olympischen Goldmedaille zerplatzen. Erst jetzt löste sich Heike langsam von ihrem Trainer und Ex-Schwiegervater und zog mit ihrem neuen Lebensgefährten zusammen. Sie begann von

vorn, trainierte bis an den Rand der Erschöpfung und der Erfolg kehrte zurück: bei den Weltmeisterschaften 1997 belegte sie Platz vier, bei den Europameisterschaften 1998 stand sie ganz oben: sie wurde Europameisterin.

Im Jahr darauf ging es gesundheitlich erneut bergab. Heike war bereits 34 Jahre alt, eine Serie von Verletzungen ließen den Zwiespalt zwischen Wollen und Können immer größer werden. Eine Weltmeisterschaftsteilnahme kam 1999 nicht in Frage. Heike schrieb sich ihren Frust von der Seele und setzte sich ein neues Ziel: Olympia 2000. Nur wenige trauten ihr nochmals einen Sieg zu. Dass sie es geschafft hat, weiß inzwischen jeder. Bei der Siegerehrung ist ihr Gesicht ganz groß auf der Leinwand des Stadions und auf den Bildschirmen von Millionen Fernsehzuschauern zu sehen. In diesem Gesicht kann man alles lesen: die Freude, das Glück, ihre Verletzungen und Enttäuschungen, ihre Zweifel und Irrwege.

Heike ist nicht nur die erfolgreichste deutsche Leichtathletin aller Zeiten, sie schwebte mit ihrem Olympiasprung auch über die Zeit hinweg in die Herzen der Zuschauer.

6. Geben Sie den Textinhalt anhand der folgenden Jahreszahlen wieder.

1983   ....

1992   ....

1995   ....

1996   ....

1999   ....

2000   ....

7. Ergänzen Sie in dem folgenden Text die fehlenden Verben in der richtigen Form.

    überfordern – holen – trainieren – bemerken – aufgeben – absagen – entschließen – zerplatzen – beginnen – erzielen – belohnen – gewinnen – geraten – gehen – ausscheiden – finden – motivieren – suchen – teilnehmen

    Heike Drechsler .... (1) als 18-Jährige bei den Weltmeisterschaften der Leichtathletik die Goldmedaille im Weitsprung. Weitere Titel .... (2) sie 1992, 1993 und 1994. Danach .... (3) die erfolgreiche Leichtathletin in eine Krise. Sie hatte 15 Jahre hart .... (4), jetzt .... (5) sie den Weitsprung langweilig. Sie konnte sich nicht mehr .... (6) und .... (7) nach neuen Herausforderungen. Heike .... (8) sich dazu, beim nächsten Wettkampf auch am Siebenkampf .... (9). Sie trainierte noch härter, ... (10) sich und ihren Körper. Sie selbst und ihr Trainer .... (11) davon aber nichts. Nach privaten Veränderungen .... (12) es auch sportlich mit Heike bergab. 1995 .... (13) sie beim Weitspringen als Neunte im Vorkampf .... (13), beim Siebenkampf musste sie nach dem Hochsprung wegen einer Verletzung .... (14). 1996 musste sie ihre Teilnahme an den Olympischen Spielen aus Verletzungsgründen .... (15). Der Traum von der zweiten olympischen Goldmedaille .... (16). 1997 .... (17) sie von vorn, ... (18) einige Erfolge, verletzte sich dann wieder. Aber Heike gab nicht auf und wurde für ihren Mut mit dem Olympiasieg 2000 .... (19).

8. Was assoziieren Sie mit dem Wort *Erfolg* im Sport und im Allgemeinen?

9a. Ergänzen Sie die Verben in der richtigen Form.

besiegen – gewinnen – belegen – wünschen – befördern – erringen (3 x) – krönen – feiern (2 x) – aufsteigen – schreiten – machen

1. einen Erfolg .... / ....

2. das Finale ....

3. bei einem Wettkampf den ersten Platz .... / ....

4. den Gegner ....

5. zum Abteilungsleiter .... werden

6. beruflich ....

7. einen Sieg .... / ....

8. Karriere ....

9. von Erfolg zu Erfolg ....

10. seine Bemühungen waren von Erfolg ....

11. jemandem Erfolg ....

erleiden – verlieren – absteigen – einstecken – bleiben

12. eine Niederlage .... / ....

13. ein Rennen ....

14. beruflich ....

15. seine Bemühungen .... ohne Erfolg

9b. Wie heißt das Gegenteil? Finden Sie Wörter mit antonymer Bedeutung

1. der Gewinner ....

2. siegen ....

3. aufsteigen ....

4. der Erfolg ....

5. erfolglos ....

10. Wählen Sie ein Thema aus und halten Sie darüber einen Kurzvortrag von ca. drei Minuten Länge.

1. Einige erfolgreiche Sportler verdienen sehr viel Geld, z. B. Tennisspieler / Fußball-spieler usw., andere nicht weniger erfolgreiche Sport-ler, z. B. Schwimmer oder Ruderer, verdienen fast gar nichts.
   – Was sind die Gründe dafür?
   – Wie stehen Sie persönlich dazu?

2. Welche Gründe könnte es Ihrer Meinung nach geben, dass manche Sportler zu unerlaubten Mitteln (Doping) greifen? Können nationale und internationale Sportverbände etwas dagegen tun oder sollte man Doping legalisieren?

Hinweise zum Kurzvortrag

- Klären Sie das Thema, grenzen Sie es ein.

- Sammeln Sie Stichpunkte und ordnen Sie sie. Erstellen Sie eine klare Gedankenfolge.

- Lassen Sie Ihre Gliederung „hörbar" werden: Einleitung – Hauptteil – Schluss. Bei einem Kurzvortrag sollten Einleitung und Schluss kurz und knapp sein.

  > – Zunächst werde ich ...
  > – Zu Beginn möchte ich ...
  > – Anschließend ... dann ...
  > – Und zum Schluss ...

- Gestalten Sie Ihren Hauptteil:
  – mit kurzen, anschaulichen Beispielen

  > – Als Beispiel möchte ich ... anführen
  > – Um meine Meinung zu verdeutlichen, möchte ich folgendes Beispiel anführen ...
  > – Wie das Beispiel zeigt ...
  > – An diesem Beispiel kann man erkennen ...

– mit Pro- und Kontra-Argumenten

> – Auf der einen Seite ... auf der anderen Seite ...
> – ... hat Vorteile .../... spricht dafür ...
> – ... hat Nachteile .../... spricht dagegen ...

– mit Vergleichen: früher – heute, in Deutschland – in meinem Heimatland – in der Welt

> – Im Vergleich/Unterschied zu ...
> – Wenn man einen Vergleich zieht zwischen ...

• Bilden Sie kurze Sätze.

• Verwenden Sie so wenig Pronomen wie möglich, wiederholen Sie lieber
die Substantive.

• Vermeiden Sie Umgangssprache.

11. Ergänzen Sie die Konjunktionen, die Nebensätze einleiten.

0. Der Sportler ist sehr bekannt, <u>weil</u> er dreimal Olympiasieger wurde.

1. Bei internationalen Wettkämpfen ist der Druck auf Sportler groß, ...
von ihnen Erfolge erwartet werden.

2. Manche Sportler nehmen unerlaubte Mittel, ... ihre Leistungen
zu verbessern.

3. Internationale Sportverbände sollten Maßnahmen ergreifen, ...
die Verwendung von Doping besser kontrolliert werden kann.

4. Ein Sportverband könnte die Einnahme von Doping erschweren, ...
er regelmäßige Kontrollen durchführt.

5. Das gelingt aber nur, ... für diese Maßnahmen auch finanzielle
Mittel zur Verfügung stehen.

6. Bei manchen Wettkämpfen wurden Sportler wegen Dopingmissbrauchs
disqualifiziert, ... vorher Kontrollen stattgefunden haben.

7. Der Erfolg solcher Kontrollen kann also nur .... garantiert werden,
.... diese Kontrollen unangemeldet stattfinden.

⇨ IHRE GRAMMATIK: Weitere Übungen zu **Satzverbindungen** finden Sie
auf Seite 73.

B. Wahlen und Politik

1a. Wortschatz: Wahlen

vor der Wahl:

- die Meinungsumfrage: Meinungsumfragen zufolge ... liegt der Kandidat XY in der Gunst der Wähler weit/knapp vor ...

- die Wahlprognose: eine Wahlprognose erstellen, das Ergebnis der Wahl vorhersagen

- der Wahlkampf: einen (fairen) Wahlkampf führen

die Wahl, die Wahlen:

- die Bundestagswahl, die Landtagswahl, die Kommunalwahl

- jmdn. wählen (einen Kandidaten, einen Präsidenten, einen Spitzenkandidaten)

- der Spitzenkandidat einer Partei sein

- das Wahlrecht, die Wahlpflicht, wahlberechtigt sein, der Wahlberechtigte

- für/gegen jemanden stimmen/seine Stimmen abgeben/jmdm. geben

- die Stimmen werden (nach Abgabe) ausgezählt

- die 5 %-Klausel/die 5 %-Hürde

nach der Wahl:

- die Wahlbeteiligung betrug ...%/an der Wahl beteiligten sich ...
  erste Hochrechnungen sind gegen 18 Uhr zu erwarten/liegen schon vor
  das Wahlergebnis liegt (erst gegen 20 Uhr/noch nicht) vor

- der Verlierer
  Stimmen verlieren/einbüßen
  die wenigsten Stimmen erhalten

  der Sieger, der Gewinner
  Stimmen gewinnen
  die meisten Stimmen erhalten
  die Mehrheit bekommen/ erhalten/erzielen/erreichen
  eine knappe Mehrheit erhalten: ein Kopf-an-Kopf-Rennen

  Verluste erleiden
  ein schlechtes Ergebnis erzielen

  Gewinne erzielen/verzeichnen
  ein gutes Ergebnis erzielen

- die Prognosen/Vorhersagen haben sich (nicht) bestätigt
  die Ergebnisse auswerten, besprechen, Schlussfolgerungen ziehen, eine neue Regierung bilden

- 29,9 % sind weniger als/nicht ganz/knapp/fast/beinahe 30 %
  30,1 % sind mehr als/gut 30 %
  29,9 % und 30,1 % sind rund/ungefähr 30 %

1b. Ergänzen Sie die fehlenden Verben.

1. Bei den gestrigen Wahlen haben sich die Prognosen nicht ....

2. Die Regierungspartei .... schwere Verluste.

3. Sie .... 10 % der Wählerstimmen.

4. Die Opposition konnte vor allem in den Großstädten Gewinne ....

5. Insgesamt .... 80 % aller Wahlberechtigten ihre Stimme ....

6. Die Opposition .... einen erfolgreichen Wahlkampf.

7. Sie .... eine knappe Mehrheit und wird jetzt die neue Regierung ....

2. Lesen Sie den folgenden Text.

Wahlen in der Bundesrepublik Deutschland
Das Wahlrecht für die Wahlen zum Deutschen Bundestag

Bei einer Bundestagswahl hat jeder Wähler zwei Stimmen.

Mit der **Erststimme** entscheidet er sich für einen der Bewerber, die in seinem Wahlkreis (Wohngebiet) persönlich kandidieren. Insgesamt gibt es 299 solcher Wahlkreise. Gewählt ist in jedem Wahlkreis der Kandidat mit der größten Stimmenzahl. Dieser Kandidat kann **direkt** Abgeordneter im Bundestag werden.

Für das politische Kräfteverhältnis aber ist die **Zweitstimme** ausschlaggebend. Mit ihr unterstützt der Wähler eine politische Partei (die Landesliste einer Partei). Solche Landeslisten gibt es in jedem der 16 Bundesländer.

Nach Abgabe der Stimmen werden zunächst alle 598 Bundestags-

mandate im Verhältnis der **abgegebenen Zweitstimmen** aufgeteilt – also auf die einzelnen Parteien. Eine Partei muss aber über 5 % der gesamten Zweitstimmen erreicht haben, um in den Bundestag zu kommen. (Ausgenommen davon sind nur Parteien nationaler Minderheiten.)

Sind alle Sitze im Bundestag auf die verschiedenen Parteien verteilt worden, zieht man die Direktmandate ab – diese bekommen die Kandidaten der Partei, die mit einer Direktstimme (Erststimme) gewählt wurden. Die restlichen Sitze werden von den Parteien mit den Kandidaten aus der Landesliste besetzt. So gelangen über die Landeslisten ebenfalls 299 Kandidaten in den Bundestag.

Erhält eine Partei in einem Bundesland mehr Direktmandate, als ihr nach dem Zweitstimmenergebnis zusteht, bleiben ihr so genannte *Überhangmandate* erhalten und der Bundestag vergrößert sich entsprechend.

3. Vergleichen Sie das deutsche Wahlrecht mit dem Wahlrecht in Ihrem Heimatland und berichten Sie darüber.

4. Beschreiben Sie die folgende Statistik.

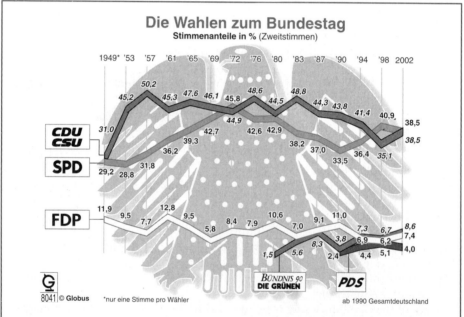

Die Wahlen zum Bundestag
Stimmenanteile in % (Zweitstimmen)

1949* '53 '57 '61 '65 '69 '72 '76 '80 '83 '87 '90 '94 '98 2002

CDU/CSU: 31,0 45,2 50,2 45,3 47,6 46,1 45,8 44,9 48,6 44,5 48,8 44,3 43,8 41,4 40,9 38,5

SPD: 29,2 28,8 31,8 36,2 39,3 42,7 44,9 42,6 42,9 38,2 37,0 33,5 36,4 35,1 38,5

FDP: 11,9 9,5 7,7 12,8 9,5 5,8 8,4 7,9 10,6 7,0 9,1 11,0 7,3 6,7 8,6 / 7,4

BÜNDNIS 90 DIE GRÜNEN: 1,5 5,6 8,3 3,8 6,9 6,2 4,0

PDS: 2,4 4,4 5,1

G 8041 © Globus   *nur eine Stimme pro Wähler

ab 1990 Gesamtdeutschland

CDU: Christlich Demokratische Union
CSU: Christlich Soziale Union (nur in Bayern)
SPD: Sozialdemokratische Partei Deutschlands
Bündnis 90/Die Grünen (Bündnis 90: 1990 auf dem Gebiet der ehemaligen DDR gegründete Partei, vorwiegend aus Bürgerrechtlern und Oppositionellen der ehemaligen DDR)
FDP: Freie Demokratische Partei (die Liberalen)
PDS: Partei des Demokratischen Sozialismus (hervorgegangen aus der ehemaligen SED = Sozialistische Einheitspartei Deutschlands, Regierungspartei der ehemaligen DDR)

5. Die Parteien werden oft mit Farben gleichgesetzt. Ordnen Sie die Farben *rot*, *grün*, *gelb* und *schwarz* den einzelnen Parteien zu.

6. Ergänzen Sie die fehlenden Verben in der richtigen Form.

   hervorgehen – treffen – stellen – geraten – fallen – bestimmen – erleiden – bilden – fassen – üben – liegen – erzielen – halten – nehmen – abgeben

   0. Die Wähler haben ihre Stimme <u>abgegeben</u>.
   1. Sie haben eine Entscheidung ....
   2. Die Entscheidung ist ....
   3. Die Partei X hat Gewinne ....
   4. Kandidat A ist als Sieger aus der Wahl ....
   5. Er hat eine feurige Wahlrede ....
   6. Der Schwerpunkt .... auf der Bekämpfung der Arbeitslosigkeit.
   7. Sie muss jetzt in Angriff .... werden.
   8. Der neue Kanzler wird die Regierung ....
   9. Er wird auch wichtige politische Entschlüsse ....
   10. Er wird den politischen Kurs des Landes ....
   11. Die Partei Y hat Verluste ....
   12. Sie ist in Schwierigkeiten ....
   13. Die Meinungsforscher haben verkehrte Prognosen ....
   14. An ihnen wurde deshalb Kritik ....

⇨ IHRE GRAMMATIK: Weitere Übungen zu **festen Verbindungen** (Nomen-Verb-Verbindungen) finden Sie auf Seite 80.

---

7. Wie heißt das Gegenteil?
   Finden Sie Antonyme (ohne das Präfix *un-*).

   0. die <u>meisten</u> Wähler   die <u>wenigsten</u> Wähler
   1. ein <u>überraschendes</u> Wahlergebnis   ....
   2. ein <u>knappes</u> Wahlergebnis   ....
   3. eine <u>hohe</u> Wahlbeteiligung   ....
   4. ein <u>spannender</u> Wahlkampf   ....
   5. ein <u>bedeutender</u> Unterschied   ....
   6. eine <u>genaue</u> Vorhersage   ....
   7. <u>großes</u> Interesse zeigen   ....
   8. ein <u>unsinniges</u> Argument   ....

8. Was ist für Sie ein guter Politiker?

    Beschreiben Sie die Charaktereigenschaften und Verhaltensweisen, die Sie von einem Politiker erwarten.

    Gibt es eine/einen Politikerin/Politiker in Ihrem Heimatland oder in der Welt, die/der Ihren persönlichen Anforderungen/Erwartungen entspricht oder nahe kommt?

    Wenn ja, stellen Sie sie/ihn bitte vor.

9. Aus dem Wahlkampf

    Sie sind im Wahlkampfteam der größten Oppositionspartei in *Euranien* (oder Ihrem Heimatland) und sollen Ideen für den anstehenden Wahlkampf sammeln.

    – Sammeln Sie zunächst Themen (auf Karteikarten oder an der Tafel), die Sie für „wahlkampfgeeignet" halten (z. B. Bekämpfung der Arbeitslosigkeit, Schulreform, Verbesserung des Gesundheitssystems, Erhöhung der Hundesteuer oder ähnliches).

    – Bilden Sie kleinere Gruppen. Einigen Sie sich in der Kleingruppe auf drei bis fünf Themen, die Sie im Wahlkampf für wichtig halten und überlegen Sie sich Argumente.

    – Präsentieren Sie Ihre Ideen und Argumente.

    – Am Ende wird entschieden, welche Themen den Wahlkampf der Opposition bestimmen.

Redemittel:

– Im Gegensatz zur jetzigen Politik/Regierung sollten wir uns konzentrieren auf/unseren Schwerpunkt legen auf ...
– Besonders berücksichtigen sollten wir ...
– Wir sollten die Aufmerksamkeit lenken auf ...
– Die gegenwärtige Situation verlangt ...
– Unserer Meinung nach/Nach Ansicht der Experten/Wie jeder weiß ...
– Wir sind sicher, dass ...
– Wir sehen eine große Chance in (der Arbeitsmarktpolitik) /bei (der Vermittlung von Arbeitsplätzen)/durch (die Zulassung privater Arbeitsvermittler) ...

10. Diskussionsrunde

- Wählen Sie ein aktuelles Thema oder ein Thema aus unseren Vorschlägen.
- Ernennen Sie einen Diskussionsleiter.
- Bilden Sie Gruppen mit unterschiedlichen Meinungen zu diesem Thema.
- Sammeln Sie Argumente für Ihren Standpunkt.
- Suchen Sie sich aus den unten stehenden Redemitteln zu jeder Situation (zustimmen/widersprechen usw.) ein bis zwei Redemittel heraus, die Ihnen zusagen.
- Spielen Sie die Diskussionsrunde.

---

1. Das Gesundheitssystem ist nicht mehr finanzierbar. Sollten z. B. die Unfallkosten bei gefährlichen Sportarten von den Geschädigten selbst getragen werden oder Raucher selbst für die gesundheitlichen Schäden, die das Rauchen verursacht, aufkommen? Welche Möglichkeiten gibt es, die steigenden Kosten im Gesundheitswesen einzuschränken?

---

2. Viele Jugendliche können nicht mehr fehlerfrei schreiben und sind schlecht im Kopfrechnen. Ist das eine allgemeine Tendenz? Wo liegen die Gründe? Können Eltern und Schule etwas dagegen unternehmen?

3. Unpünktliche Züge, übervolle Busse, Staus auf den Autobahnen – die Verkehrssituation verschlechtert sich jährlich. Wo liegen die Ursachen? Welche Lösungswege könnte man anbieten?

⇨   *Links zu aktuellen politischen Diskussionen in Deutschland finden Sie im Internet unter www.aufgaben.schubert-verlag.de/wm/wm2.htm.*

Redemittel für die Diskussion

die eigene Meinung äußern:
- Meiner Meinung/Meiner Ansicht/Meiner Auffassung nach .../Meines Erachtens ...
- Ich bin der Meinung/zu der Auffassung gelangt/zu der Überzeugung gekommen, dass ...
- Besonders wichtig/Entscheidend ist (für) uns ...
- Ich möchte besonders betonen/unterstreichen, dass ...

Zustimmung ausdrücken:
- Ich bin ganz Ihrer Meinung./Das sehe ich auch/genauso.
- Da stimme ich mit Ihnen überein./Dem kann ich voll zustimmen.

Zweifel anmelden:
- Auf der einen Seite ... auf der anderen Seite/Einerseits ... andererseits ...
- Mir kommen da doch ein paar Zweifel ...
- Ich bin mir nicht so sicher/Ich weiß nicht genau, ob ...

Widerspruch formulieren:
- Das sehe ich doch etwas anders./Da bin ich aber ganz anderer Meinung!
- Das kann ich mir so (wie Sie es sagen) nicht vorstellen.
- (In diesem Punkt) möchte ich Ihnen gern widersprechen.
- Tut mir Leid, dazu habe ich eine (etwas) andere Meinung.
- Ihre Argumente überzeugen mich nicht.

Jemanden unterbrechen:
- Darf ich dazu kurz etwas bemerken/hinzufügen/sagen?
- Darf ich da kurz einhaken?
- Entschuldigung, dass ich Sie unterbreche/Ihnen ins Wort falle, aber ...

Sich nicht unterbrechen lassen:
- Darf ich bitte erst mal ausreden?
- Lassen Sie mich das noch zu Ende führen.
- Ich bin gleich fertig, einen Moment noch.

Etwas ergänzen/klarstellen:
- Ich würde gerne noch etwas ergänzen/hinzufügen: ...
- Das würde ich gern noch etwas genauer erläutern/erklären: ...
- Ich habe mich vorhin vielleicht nicht ganz klar/missverständlich ausgedrückt. Ich meinte Folgendes: ...
- Lassen Sie mich das noch einmal anders formulieren ...
- Ich möchte gern etwas richtig stellen: ...

Sich auf andere beziehen:
- Ich möchte noch einmal darauf eingehen/zurückkommen, was ... gesagt hat: ...
- Was genau verstehen Sie unter ...?
- Wenn ich das richtig verstanden habe, meinten Sie: ...
- Könnten Sie noch mal erklären/erläutern, was .../wie ...

Für die Gesprächsleitung:
- Ich begrüße Sie alle herzlich zu ...
- Unser Thema heute ist/lautet: .../Wir befassen/beschäftigen uns heute mit der Frage/dem Thema/dem Problem .../Es geht heute um ...
- Ich schlage vor, dass ... beginnt.
- Herr/Frau ... wollte, glaube ich, dazu etwas anmerken ...
- Moment, lassen Sie bitte Herrn/Frau ... erst ausreden!
- Was ist Ihre Meinung dazu, Herr/Frau ...?
- Könnten wir vielleicht noch mal auf die Äußerung von Herrn/Frau ... zurückkommen? Sie hatten gesagt, dass ...
- Wenn ich das noch mal kurz zusammenfassen darf: ...
- An dieser Stelle müssen wir die Diskussionsrunde leider beenden ...
- Ich danke Ihnen für Ihre Beiträge ...

11. Schriftlicher Ausdruck

Politik ist Privatsache – diese Meinung ist in Deutschland weit verbreitet. Außer im persönlichen Umfeld hält man sich mit seinen politischen Ansichten zurück, vor allem im Geschäftsleben. Es gilt sogar als Verstoß gegen die Etikette, bei einem Geschäftsessen ein politisches Thema anzuschneiden.

Wie geht man in Ihrem Heimatland mit Politik um? Wann spricht man mit wem und wo über politische Themen? In welchen Situationen sollte man besser schweigen? Berichten Sie darüber und belegen Sie Ihre Ausführungen mit Beispielen.

Bertolt Brecht

Die Lösung

Nach dem Aufstand des 17. Juni
Ließ der Sekretär des Schriftstellerverbands
In der Stalinallee Flugblätter verteilen
Auf denen zu lesen war, dass das Volk
Das Vertrauen der Regierung verscherzt habe
Und es nur durch verdoppelte Arbeit
Zurückerobern könne. Wäre es da
Nicht einfacher, die Regierung
Löste das Volk auf und
Wählte ein anderes?

(17. Juni 1953: Aufstand gegen die Regierung in Berlin/Ost und in der DDR)

C. Erfolg im Beruf

1a. Welche Voraussetzungen sollte Ihrer Meinung nach ein Mensch haben, der Karriere machen (z. B. ins Topmanagement einer großen Firma aufsteigen) will? (Ausbildung/Erfahrungen/Fähigkeiten/Charaktereigenschaften)

Erstellen Sie eine Reihenfolge.

1	....
2	....
3	....
4	....
5	....
6	....
7	....
8	....

2. Lesen Sie den folgenden Text und vergleichen Sie Ihre Meinung mit den
    Aussagen des Textes.

Unter Druck nach oben

Der Mann, der Karriere machen will, sollte größer als 1,80 Meter sein, schlank und dunkelhaarig, verheiratet, aber kinderlos, und sich in der Freizeit am liebsten mit sich selbst beschäftigen.

Wenn dieser Aufsteiger endlich an der Spitze der Firma angekommen ist, dann plagen ihn meist Angst und Ressentiments, geringes Selbstwertgefühl und ein unbändiges Bedürfnis nach Anerkennung. Das ist wissenschaftlich erwiesen. Na ja, zumindest sind das Ergebnisse von zwei Studien aus einer Unmenge von Untersuchungen zu der alles bewegenden Frage der Wettbewerbsgesellschaft: Wer kommt nach oben?

Bei der Analyse des Aufstiegs einiger deutscher Topmanager wird deutlich, dass der Weg nach oben sehr unterschiedlich aussehen kann. Fest steht nur eins: „Sie taten die richtigen Dinge richtig." Für das Richtige aber gibt es keine Regel, jedenfalls keine allgemein gültige. Dennoch müssen die Unternehmen aus einer Vielzahl des sich anbietenden Führungskräfte-Nachwuchses die Richtigen herausfinden. Aber wie?

Wenn der Marketing-Manager der Beiersdorf AG Holger Welters mit einem Bewerber für seine Firma spricht, dann schreckt ihn zum Beispiel ausgesprochenes Karrierebewusstsein ab. „In zehn Jahren will ich Ihren Posten" – der Kandidat mit diesem Spruch hatte verspielt. Welters schaut lieber darauf, ob der Nachwuchsmanager etwas Besonderes außerhalb des gewöhnlichen Studienganges geleistet hat. Das kann ein Juniormeister im Tennis sein oder ein intensiv verfolgtes Hobby. Und ob der Student die Großleinwand für die WM-Party organisiert oder bloß zuguckt.

Die üblichen Voraussetzungen erfüllen die Bewerber bei dem Nivea-Konzern ohnehin meistens – eine gute Universität oder Business-School, Auslandspraktika, flüssiges Englisch und noch ein paar zusätzliche Zertifikate.

Die Personalchefs großer deutscher Unternehmen, so ergaben Befragungen des SPIEGEL, halten Examensnoten, Titel und schlichtes Fachwissen für wenig aussagekräftig. Nach dem Niedergang der ruppigen „New Economy" und dem Vertrauensschwund durch Betrugsmanöver geldgieriger Firmenbosse steigt wieder der Wert traditioneller Tugenden. „Menschliche Qualitäten werden bei Führungskräften immer stärker zum Erfolgsfaktor. Integrität, Respekt und Anstand sind grundlegend für die Zusammenarbeit", meint Adolf Michael Picard vom Otto-Versand. In den neuesten Umfragen gaben die Unternehmen der Sozialkompetenz den ersten Rang, statt Platz vier vor zwei Jahren.

Auch bei den wichtigsten persönlichen Eigenschaften der Anwärter auf Spitzenpositionen fordern die Firmen vorrangig weiche Werte, sogenannte „soft skills": Eigenmotivation, Teamfähigkeit, Lernbereitschaft und Kommunikationsstärke liegen weit vorn. Scheinbar typische Manager-Qualitäten wie Entscheidungsfreude, Durchsetzungsvermögen,

Karriereorientierung und Risikobereitschaft rangieren am Schluss.

Allerdings reichen ausschließlich kommunikative und soziale Kompetenzen nicht, um sich für Höheres zu profilieren. Sie werden zunehmend als Grundvoraussetzungen betrachtet. Wer Führungskraft werden will, muss auch „Macher-Eigenschaften" wie Ergebnisorientierung und unternehmerisches Denken vorweisen. An

der Spitze der „Erfolgsfaktoren" steht jedoch das strategische, vernetzte Denken. Eine Studie der Boston Consulting Group kristallisierte vier Idealtypen heraus: den Analytiker, den Macher, den Integrator und den Erfinder, die meistens in Kombination gesucht sind.

Besonders gefragt ist der „kluge Macher", der strategisches, vernetztes Denken mit Unternehmergeist verbindet, der Nobelpreisträger mit dem Charakter von Mutter Theresa.

nach: Der SPIEGEL

3. Textarbeit
Sind diese Aussagen richtig oder falsch? Markieren Sie die richtige Antwort.

	Richtig	*Falsch*	*Text sagt dazu nichts*
1. Examensnoten und Fachwissen sind bei der Bewerbung nicht wichtig.	☐	☐	☐
2. Es gibt keine erkennbaren Gründe dafür, dass die Bedeutung der Sozialkompetenz in den letzten Jahren zunahm.	☐	☐	☐
3. Erziehung und Herkunft spielen für die Karriere eine entscheidende Rolle.	☐	☐	☐
4. Zur Schau getragenes Karrierebewusstsein kann sich beim Bewerbungsgespräch als nicht förderlich erweisen.	☐	☐	☐
5. Sogenannte Macher-Eigenschaften sind ebenso wichtig wie soziale Kompetenzen.	☐	☐	☐
6. Das Wichtigste ist, dass ein angehender Manager das Richtige tut; was das Richtige ist, weiß keiner.	☐	☐	☐

4. Ergänzen Sie die fehlenden Verben in der richtigen Form.

vorweisen – stehen – achten – ergeben – herausfinden – steigen – liegen – aufsteigen – verbinden – reichen – leisten – erfüllen

Die Unternehmen müssen aus vielen Nachwuchsführungskräften die Geeigneten .... (1). Der Marketing-Manager der Beiersdorf AG .... (2) z. B. bei Bewerbungsgesprächen darauf, ob ein Kandidat neben dem Studium etwas Besonderes .... (3). Natürlich müssen die Bewerber die üblichen Voraussetzungen wie Studium und fließendes Englisch .... (4). Umfragen .... (5), dass der Wert traditioneller Tugenden wie Integrität und Anstand in den letzten Jahren .... (6) ist. Teamfähigkeit und Lernbereitschaft .... (7) vor Karriereorientierung und Entscheidungsfreude. Doch kommunikative und soziale Kompetenzen allein .... (8) nicht, um .... (9). Zukünftige Führungskräfte sollten auch „Macher-Eigenschaften" .... (10). In der Beliebtheitsskala .... (11) der „kluge Macher", der strategisches, vernetztes Denken mit Unternehmergeist .... (12), ganz oben.

5. Beantworten Sie die Fragen.

    – Wie wichtig ist das „Karrieremachen" für Sie selbst?

    – Können Sie Menschen verstehen, die Karriere machen könnten, es aber nicht wollen?

    – Können Sie Menschen verstehen, die um jeden Preis Karriere machen wollen?

6. Finden Sie die richtigen Artikel und die passenden Adjektive.

    0. die   Angst   ängstlich

    1. .... Unterschied   ....

    2. .... Richtigkeit   ....

    3. .... Karrierebewusstsein   ....

    4. .... Geldgier   ....

    5. .... Menschlichkeit   ....

    6. .... Integrität   ....

    7. .... Anstand   ....

    8. .... Sozialkompetenz   ....

    9. .... Teamfähigkeit   ....

    10. .... Lernbereitschaft   ....

    11. .... Entscheidungsfreude   ....

    12. .... Ergebnisorientierung   ....

Sich erfolgreich bewerben

7. Welche Fehler kann man bei einer Bewerbung begehen? Sammeln Sie einzeln oder in Gruppen Beispiele.

    – ein dreiseitiges Anschreiben verfassen

    – ....

    – ....

    – ....

    – ....

    – ....

Hinweise zum Anschreiben

- Das Bewerbungsanschreiben spielt eine sehr wichtige Rolle bei der Bewerbung. Wenn es eine Vielzahl von Bewerbungen um eine Stelle gibt, entscheidet oft ein kurzer Blick auf das Anschreiben darüber, ob man sich Ihre Bewerbungsunterlagen näher ansieht oder Sie zu einem Gespräch einlädt. Ihr Bewerbungsschreiben sollte sich ganz klar auf die angebotene Stelle und die dazu gehörenden Anforderungen beziehen und Ihre Kenntnisse und Fähigkeiten präzise darstellen.

Aufbau und Redemittel:

- Name, Adresse   • Ort und Datum
  Telefon-Nummer/Fax- Nummer
  E-Mail-Adresse des Absenders
- Name und Adresse des Empfängers
- Betreff

  – Bewerbung um ein Praktikum
  – Bewerbung um eine Stelle als ...

- Anrede (möglichst an eine namentlich genannte Person)

  – Sehr geehrte Frau (Name)/Sehr geehrter Herr (Name),
  – Sehr geehrte Damen und Herren,

- Gegliederter Text
  Einleitung

  – Die Anzeige Ihrer Firma in der ... Zeitung vom ... ist mir aufgefallen und hat mich in besonderem Maße angesprochen.
  – Ihre Firma genießt hohes Ansehen/hat einen sehr guten Ruf auf dem Gebiet .../ist mir bekannt von (Messebesuchen) ...
  – Ihre Firma bietet interessante berufliche Perspektiven im Bereich ...
  – Zur Zeit absolviere ich/studiere ich/besuche ich/arbeite ich ...
  – Ich bin ... (Beruf/Ausbildungsstand/gegenwärtige Stelle o. ä.)

  Kenntnisse, Fähigkeiten (mit Bezug auf das Anforderungsprofil der Stelle)

  Mein beruflicher Werdegang:
  – Erfolgreich abgeschlossenes (Physik)-Studium/erfolgreich abgeschlossene Ausbildung als ...
  – Praktische Erfahrungen .../Arbeit in/bei/als/seit ...
  – Fundierte Kenntnisse des/der ...
  – Analytisches Denken, ergebnisorientiertes Arbeiten, Teamfähigkeit

Schlussformulierung

> – Über die Gelegenheit, mich Ihnen persönlich vorzustellen, würde ich mich sehr freuen.
> – Weitere Einzelheiten bespreche ich jederzeit gerne mit Ihnen in Ihrem Unternehmen.
> – Ich stehe Ihnen sehr gerne und jederzeit zu einem persönlichen Gespräch zur Verfügung.
> – Ihrer Antwort auf mein Schreiben sehe ich mit Spannung entgegen.

- Gruß

  > – Mit freundlichen Grüßen
  > (Unterschrift mit Vor- und Nachnamen)

- Anlagevermerk

  > – Anlagen: Lebenslauf, Passbild, Zeugniskopien, Teilnahmebestätigungen, Empfehlungsschreiben

- Die **E-Mail-Bewerbung** unterscheidet sich inzwischen nicht mehr von einem brieflichen Anschreiben. Auch für sie gilt die Einteilung in
  - Betreff (in der Betreffzeile vermerkt)
  - Anrede (siehe oben)
  - Gegliederter Text (in kurzen Sätzen wie oben)
  - Gruß (siehe oben)
  - Anlagen (Lebenslauf, letztes Zeugnis)
    Achtung: Keine zu großen Dateien versenden.
  Anschrift und Telefonnummer des Bewerbers stehen in der Fußzeile.

- Hinweise zum Lebenslauf siehe Teil 1, Kapitel 1.

8. Stellenanzeigen
   Wählen Sie eine der folgenden Anzeigen aus und beantworten Sie sie.

Parkhotel Dortmund

Wir sind ein traditionsreiches Hotel mit einem 120-Plätze-Restaurant und zusätzlichen Veranstaltungsräumen. Wir suchen einen

Küchenchef

mit Hotelerfahrung. Wir bieten Ihnen freie Kost, geregelte Arbeitszeit und beste Bezahlung.
Ihre schriftliche Bewerbung bitte an: Parkhotel Dortmund, Neustraße 13, 44873 Dortmund

---

Als zukunftsorientiertes High-Tech-Unternehmen suchen wir

staatlich anerkannte Übersetzer für Deutsch/Russisch und Deutsch/Spanisch

Bitte nur schriftliche Bewerbungen an MICRO-OPTICS, Altendorfer Str. 98, 45243 Essen

BAUSPA ist einer der Marktführer im Bausparen. Wir bieten unseren Kunden eine vertrauensvolle Zusammenarbeit auf professioneller Ebene. Wir erwarten diese Art zu denken und zu handeln auch von unseren Mitarbeiterinnen und Mitarbeitern.

Wir suchen eine/n

Leiter(in) Presse und PR

Die Aufgaben:

• Entwicklung strategischer Konzepte der Presse- und PR-Arbeit

• Steuerung und Koordination der Presse- und Öffentlichkeitsarbeit

• Beratung des Vorstandes und der Abteilungen in Kommunikationsfragen

Die Anforderungen:

• Abgeschlossenes Studium der Wirtschaft, Jura, Politik oder Geisteswissenschaften

• Volontariat oder vergleichbare Medienausbildung sowie Berufserfahrung in der Presse- und Öffentlichkeitsarbeit

• Ausgeprägte Kommunikationsfähigkeit sowie Gewandtheit in Wort und Schrift

• Sicheres und überzeugendes Auftreten

• Belastbarkeit und Selbstständigkeit

Die Perspektiven:

• Hohe Eigenverantwortung in einem kundenorientierten Unternehmen

• Führung eines sehr motivierten Teams

• Mitgestaltung des Unternehmensbildes

Interessiert?

Senden Sie Ihre Bewerbungsunterlagen an: BAUSPA, Abt. Personal, Stichwort: Leiter PPR, 10013 Berlin, Schumacherstr. 65

Mütech – Industrietechnik und Service

Wir sind ein führendes Unternehmen auf dem Gebiet der Wärme- und Kältedämmung für Industrieanlagen. Wir suchen für unsere technische Verwaltung in Frankfurt am Main zum sofortigen Eintritt

eine Sekretärin

• Sie haben bereits einige Jahre als Sekretärin gearbeitet und sind mit allen anfallenden Sekretärinnenarbeiten vertraut.

• Sie sind kommunikationsfreudig und haben Erfahrung im Umgang mit Word und Excel.

• Den Schwerpunkt Ihres Aufgabenbereiches bilden die selbstständige Korrespondenz nach Stichwort und Diktat, Telefondienst und Terminkoordination.

• Wir bieten Ihnen neben einem angemessenen Gehalt interessante Zusatzleistungen.

Ihre Bewerbungsunterlagen mit Lichtbild senden Sie bitte an:

Mütech Industrietechnik
60984 Frankfurt am M., Lyoner Straße 34

Wir sind eine Vermögensgesellschaft und suchen

Wertpapierberater/in

Ihr Anforderungsprofil:

Bankkauffrau/mann mit Erfahrungen im Investment- und Vertriebsbereich, in Wertpapieranalyse und Bewertung

Unser Angebot:

Angestelltenverhältnis mit hohem Grundgehalt zuzüglich erfolgsabhängiger Vergütung

Mehr zu der ausgeschriebenen Position erfahren Sie bei der **Industrie und Kapital AG**, Peter-Stein-Weg 67, 80876 München.

Als überregionale Vertriebsgesellschaft betreuen wir über 25 000 Kunden im Jahr im Bereich digitale und analoge Kopiersysteme, Büro- und PC-Drucker. Wir suchen für den weiteren Ausbau unserer Marktposition

Junge Kaufleute oder Techniker

Wir bieten eine 9-monatige Ausbildung, ein festes Angestelltenverhältnis und alle damit verbundenen Vorteile. Suchen Sie die Herausforderung in einer Zukunftsbranche?

TOBIA Vertriebsgesellschaft
44598 Bochum, Berliner Straße 65

SECURITY-Sicherheitsservice

Wir suchen zur Verstärkung unseres Teams im Raum Köln eine/einen

Personenschützer/in

Wir erwarten:
- eine Ausbildung und Einsatzerfahrung im Personenschutz
- eine gute Allgemeinbildung
- ein gepflegtes Äußeres
- volle psychische und physische Belastbarkeit

Wir bieten:
- eine interessante berufliche Herausforderung
- attraktive Bezahlung

Interessiert?
Dann freuen wir uns auf Ihre schriftliche Bewerbung.

SECURITY AG
Dorfstr. 11, 56874 Köln

Wir sind ein marktführender Anbieter von Bauelementen wie Türen, Fenstern, Wintergärten sowie Wärmesystemen.

Wir suchen für unser neues

CALL CENTER

in Berlin zum nächstmöglichen Termin

Telefonprofis m/w

Ihr Profil:
- Sie verfügen bereits über Erfahrungen in vertriebsorientierter Telefonakquise.
- Sie überzeugen am Telefon.
- Sie haben den Willen zum Erfolg.
- PC-Kenntnisse runden Ihr Profil ab.

Sind Sie an einer unbefristeten Anstellung in einem netten Team interessiert?

Dann rufen Sie uns kostenlos an unter:

0800–65 88 826

---

9. Das Vorstellungsgespräch

Ihre Bewerbungsunterlagen waren gut. Jetzt kommt es zum Vorstellungsgespräch. Regel Nummer eins: Natürlich bleiben. Zu hundert Prozent richtige Antworten auf die Fragen von Personalexperten gibt es nicht. Es gibt aber viele Fragen, die so oder so ähnlich in vielen Vorstellungsgesprächen auftauchen.

Hier finden Sie typische Fragen mit zwei Antworten.

– Beantworten Sie die Fragen zuerst selbst.

– Lesen Sie dann die Antworten und wählen Sie die Ihrer Meinung nach beste aus. Begründen Sie Ihre Auswahl.

– Im Anschluss daran können Sie die Bewertung der Antworten von einem Personalberater lesen (Aufgabe 10).

---

1. Warum bleiben Sie nicht bei Ihrer jetzigen Firma?
   a) Mit meinen Vorschlägen komme ich nicht durch. Mein Chef gibt mir keine Chance. Außerdem werde ich schlechter bezahlt als die meisten Kollegen.
   b) Ich suche neue Perspektiven. Die Möglichkeiten bei Ihnen bestehen bei meinem jetzigen Arbeitgeber nicht.

---

2. Wie stellen Sie sich Ihre Arbeit vor?

  a) Ich habe mich im Internet über Ihre Firmenphilosophie informiert. Sie verlangen selbstständiges Arbeiten, das liegt mir. Ich war auch in viele Projekte eingebunden und habe Spaß am Arbeiten im Team gefunden.

  b) Eigentlich habe ich noch keine konkreten Vorstellungen. Aber Sie werden mich ja jetzt über Einzelheiten informieren.

3. Uns ist Sozialkompetenz wichtig. Wie schätzen Sie sich in diesem Punkt ein?

  a) Unternehmen sind komplizierte soziale Gefüge. Ich hatte bei meiner jetzigen Firma den Eindruck, dass ich damit gut klar komme. Allerdings fehlt es mir noch an sicherem Auftreten vor größeren Gruppen. In dem Punkt muss ich noch an mir arbeiten.

  b) Sie haben völlig Recht, Sozialkompetenz ist heute das Wichtigste. Meine Softskills halte ich für gut ausgeprägt.

4. Wie reagieren Sie auf Kritik?

  a) Wenn sie unberechtigt ist, bin ich natürlich sauer. Mit berechtigter Kritik kann ich aber ganz gut umgehen.

  b) Jeder macht Fehler. Kritik verstehe ich eher als Hilfe, auch wenn ich manchmal daran zu kauen habe. Oft kommen dadurch gute Ideen zustande.

5. Warum haben Sie sich gerade bei uns beworben?

  a) Ich möchte meine bisherigen Erfahrungen in einer verantwortlichen Position umsetzen. Sie bieten mir diese Chance und ich passe gut zu Ihrem Anforderungsprofil.

  b) Sie haben einen guten Namen, bieten anständige Bezahlung und Sozialleistungen.

6. Wo liegen Ihre Schwächen?

  a) Ich neige zur Ungeduld, versuche oft meine Position zu vehement durchzusetzen. Dadurch fühlen sich Kollegen gelegentlich überfahren.

  b) Kollegen bemängeln, dass ich zu oft harmoniebedürftig bin und in Team-Diskussionen klarer Position beziehen sollte. Ich achte da jetzt mehr darauf und setze mich auch stärker durch.

7. Was würden Sie mit einem Mitarbeiter machen, der häufig zu spät kommt?

   a) Das weiß ich nicht. Ich war noch nie in der Position eines Vorgesetzten.

   b) Ich würde den Mitarbeiter ansprechen, nach Gründen fragen, versuchen, mit ihm eventuelle Probleme zu lösen. Wenn das nicht hilft, würde ich mit Konsequenzen drohen.

8. Wie viele Meter Gartenschlauch werden jährlich in Deutschland verkauft? (Verwirrfrage)

   a) Ich verstehe nicht, was die Frage mit dem Job zu tun hat?

   b) Keine Ahnung. Ich schätze, 40 Prozent aller 40 Millionen Haushalte besitzen eine Immobilie, die Hälfte mit Garten und folglich mit Schlauch. Macht etwa 8 Millionen Gartenschläuche. Die halten im Durchschnitt etwa vier Jahre und sind 25 Meter lang. Also müssten jährlich zirka 50 Millionen Meter Schlauch verkauft werden.

10. Lesen Sie die Einschätzung der Antworten von Thomas Lehment, Personalberater der Kienbaum-Unternehmensberatung, und vergleichen Sie die Einschätzung mit Ihrer Entscheidung.

zu 1: Die bessere Antwort ist: **b**. Sie unterstreicht Einsatzwillen und Ehrgeiz. Aus Antwort a ist Neid auf die Kollegen und ein schlechtes Verhältnis zu Vorgesetzten zu erkennen.

zu 2: Die bessere Antwort ist: **a**. Man zeigt, dass man sich mit dem Unternehmen beschäftigt hat und eigenverantwortlich im Team arbeiten will. Personalmanager erwarten, dass man sich über Firma und Aufgabe informiert.

zu 3: Die bessere Antwort ist: **a**. Man ist selbstbewusst, aber nicht überheblich und traut sich sogar, Schwächen anzusprechen. Hingegen ist Antwort b unkonkretes Geschwätz.

zu 4: Die bessere Antwort ist: **b**. Man ist nicht beleidigt und versucht, aus der Antwort Nutzen zu ziehen. Antwort a ist keine klare Antwort, wahrscheinlich ist der Antworter eine Mimose.

zu 5: Die bessere Antwort ist: **a**. Bei Antwort b wird deutlich, dass es dem Bewerber nicht um Arbeitsinhalte, sondern um Status, Geld und Sicherheit geht.

zu 6: Die bessere Antwort ist: **b**. Man erkennt den Wert von Feedback, steht zu seinen Schwächen und arbeitet an sich. Antwort a klingt, als hätte der Bewerber ein Bewerbungsbuch auswendig gelernt.

zu 7: Die bessere Antwort ist: **b**. MSan zeigt Führungsqualität und Sozialkompetenz.

zu 8: Die bessere Antwort ist: **b**. Bei Verwirrfragen wird keine richtige Antwort erwartet, sondern Flexibilität und Kreativität.

11. Ordnen Sie den unterstrichenen Ausdrücken Erklärungen zu und nehmen Sie die notwendigen Umformungen vor.

mit Nachdruck – meine Meinung sagen – kritisieren – gehört zu meinen Stärken – beschäftigt mich – am Prozess nicht beteiligt – bin oft

1. selbstständiges Arbeiten <u>liegt mir</u> ....

2. an Kritik <u>habe ich zu kauen</u>   ....

3. ich <u>neige</u> zur Ungeduld   ....

4. etwas <u>vehement</u> durchsetzen   ....

5. die Kollegen fühlen sich gelegentlich <u>überfahren</u>   ....

6. Kollegen <u>bemängeln</u>   ....

7. ich sollte klarer <u>Position beziehen</u> ....

12. Suchen Sie aus den Stellenanzeigen in diesem Buch, aus Anzeigen in einer deutschen Zeitung oder im Internet eine zu besetzende Stelle heraus.

Spielen Sie Vorstellungsgespräche.

Eine Kommission erarbeitet zuerst 8 Fragen. Die Kandidaten müssen diese Fragen dann beantworten.

13. Schriftliche Stellungnahme

Nehmen Sie zu einem der beiden Themen Stellung. Schreiben Sie einen Text von ca. 200 Wörtern.

1. In der Arbeitswelt leiden viele Menschen unter Erfolgsdruck. Wie geht man am besten damit um?

2. Können Ihrer Meinung nach Bücher oder Zeitschriften mit guten Ratschlägen Lesern helfen, erfolgreichere Menschen zu werden?

⇨ Erfolgreich telefonieren im Beruf:
 – Termine vereinbaren siehe Teil 1, Kapitel 3
 – Tipps zum Telefonieren siehe Teil 1, Kapitel 5

D. Ihre Grammatik

Wiederholung: Satzverbindungen

A. Konjunktionen, die <u>Nebensätze</u> einleiten (*Sub*junktionen)

Sie gewann den Wettkampf, **weil** *sie hart <u>trainierte.</u>*

⇧

Das finite Verb steht an letzter Stelle.

Temporal (Angabe der Zeit)	*vgl. Buch 1 Kap. 3*
nachdem	***Nachdem** Paul in einem italienischen Restaurant gegessen <u>hatte</u>, ging er ins Kino.*
bevor/ehe	***Bevor/Ehe** Paul ins Kino <u>ging</u>, aß er in einem italienischen Restaurant.*
während	***Während** Paul in Spanien <u>war</u>, besuchte er Maria.*
als	***Als** Paul in Spanien <u>war</u>, besuchte er Maria.*
wenn	*Immer/Jedes Mal **wenn** Paul in Spanien <u>war</u>, besuchte er Maria.* (mehrmals) ***Wenn** Paul in Spanien <u>ist</u>, besucht er Maria.*
solange	***Solange** ich diese Rückenschmerzen noch <u>habe</u>, spiele ich nicht mehr Tischtennis.*
seit/seitdem	***Seit/Seitdem** er abgereist <u>ist</u>, haben wir nichts mehr von ihm gehört.*
bis	***Bis** du dein Examen machen <u>kannst</u>, musst du noch viel lernen.*

Konditional (Angabe der Bedingung)	*vgl. Buch 1 Kap. 3*
wenn/falls	***Wenn/Falls** das Wetter besser <u>wird</u>, besuchen wir euch.*

Kausal (Angabe des Grundes)	*vgl. Buch 1 Kap. 4*
weil/da	*Sie gewann den Wettkampf,* **weil** *sie hart <u>trainierte</u>.*

Konsekutiv (Angabe der Folge)	*vgl. Buch 1 Kap. 4*
so dass	*Sie ist sehr verliebt,* **so dass** *ihr selbst das Bügeln Spaß <u>macht</u>.*

Konzessiv (Angabe der Einschränkung)   *vgl. Buch 1 Kap. 4*

obwohl/ob-schon/obgleich	*Er besucht das Konzert, **obwohl** er keine klassische Musik <u>mag</u>.*

Modal (Angabe der Art und Weise)   *vgl. Buch 1 Kap. 5*

indem *(Mittel)*	*Man kann seine Sprachkenntnisse verbessern, **indem** man neue Vokabeln <u>lernt</u>.*
dadurch, dass ...	*Man kann seine Sprachkenntnisse **dadurch** verbessern, **dass** man Vokabeln <u>lernt</u>.*
ohne zu *(fehlender Umstand)*	*Er beginnt jeden Morgen seine Arbeit, **ohne** seine Kollegen **zu** <u>grüßen</u>.*
anstatt zu *(Ersatz)*	*Er verbringt seine Zeit mit Computerspielen, **anstatt zu** <u>arbeiten</u>.*

Final (Angabe der Absicht/des Ziels)

damit	***Damit** er die Prüfung <u>besteht</u>, lernt er Tag und Nacht.*
um ... zu	*Er lernt Tag und Nacht, **um** die Prüfung **zu** <u>bestehen</u>.*

1. Verbinden Sie die beiden Sätze mit einer Konjunktion, die einen Nebensatz einleitet. Nehmen Sie die notwendigen Umformungen vor. (Manchmal gibt es mehrere Möglichkeiten.)

    0. Er beeilt sich. Er will nicht zu spät kommen.
       Er beeilt sich, damit er nicht zu spät kommt.
       Er beeilt sich, um nicht zu spät zu kommen.
       Er beeilt sich, weil er nicht zu spät kommen will.

    1. Erst besuchte sie ihre Mutter. Anschließend ging sie mit Michael essen.

       ....

    2. Sie verließ den Raum. Sie schloss ihn nicht ab.

       ....

    3. Sie sollte zum Seminar gehen. Sie sah sich im Kino einen Film an.

       ....

    4. Man muss hart trainieren. So kann man zu den Besten gehören.

       ....

5. Das Gerät lässt sich sehr einfach bedienen. Man muss vorher die Gebrauchsanweisung lesen.

   ....

6. Es wurden sofort Maßnahmen ergriffen. Vielen Menschen konnte geholfen werden.

   ....

7. Ich bin pünktlich losgefahren. Ich kam mit drei Stunden Verspätung an.

   ....

8. Er betritt jeden Morgen das Büro. Er grüßt nie.

   ....

9. Du musst erst deine Aufgaben machen. Dann kannst du ins Kino gehen.

   ....

10. Peter muss fleißig sparen. Er will sich nächstes Jahr ein Auto kaufen.

   ....

Hinweise zur Umformung von Präpositionalgruppen in Nebensätze
vgl. Buch 1 Kap.3

Ausgangssätze:
   a. *Bei schlechtem Wetter kommen wir nicht.*
   b. *Beim Abschalten des Gerätes müssen Sie die Anweisungen beachten.*

1. Wenn Sie einen Satz bilden wollen, dann brauchen Sie ein **Verb**.
   Formen Sie das Substantiv in ein Verb um oder suchen Sie zum Substantiv ein passendes Verb.
   a. *bei schlechtem Wetter*   *das Wetter **ist***
   b. *beim Abschalten*   ***abschalten***

2. Sie brauchen ein **Subjekt**:
   a. *Wetter*
   b. Übernehmen Sie das Subjekt aus dem zweiten Teil das Satzes: *Sie*

3. Und Sie brauchen eine **Konjunktion, die einen Nebensatz einleitet:**
   wenn/falls

4. Die Präposition wird gestrichen und der Satz mit Konjunktion, Subjekt und Verb gebildet.

Lösungen:
   a. ***Wenn/Falls das Wetter schlecht ist,*** *kommen wir nicht.*
   b. ***Wenn Sie das Gerät abschalten,*** *müssen Sie die Anweisungen beachten.*

2. Formen Sie die Präpositionalangaben in Nebensätze um.

0. <u>Gleich nach seiner Rückkehr aus dem Urlaub</u> besuchte er die Kollegin im Krankenhaus.
<u>Gleich nachdem er aus dem Urlaub zurückgekehrt war</u>, besuchte er die Kollegin im Krankenhaus.

Temporalsätze:

1. <u>Noch vor dem Abschluss des Studiums</u> bewarb sie sich bei verschiedenen Firmen um eine Stelle.

   ....

2. <u>Während ihres Praktikums</u> konnte sie Erfahrungen in einigen Bereichen des Personalmanagements sammeln.

   ....

3. <u>Nach Beendigung der Schule</u> begann er seine Ausbildung zum Koch.

   ....

Konditionalsätze:

4. <u>Bei Regen</u> laufe ich gerne am Strand entlang.

   ....

5. <u>Mit ein bisschen Humor</u> schafft man vieles.

   ....

6. <u>Im Falle eines Sieges</u> bekommen alle Teammitglieder eine Prämie.

   ....

Kausalsätze:

7. <u>Wegen des Schneesturms</u> wurde die Autobahn gesperrt.

   ....

8. Das Publikum klatschte <u>vor Freude über den geglückten Sprung der Eiskunstläuferin.</u>

   ....

9. Die Siegerin des 100-Meter-Laufs weinte <u>vor Glück</u>.

   ....

Konzessivsätze:

10. <u>Trotz seiner Zahnschmerzen</u> geht er nicht zum Zahnarzt.

    ....

11. <u>Trotz seiner Vergesslichkeit</u> konnte er sich an jedes Detail der Geschichte erinnern.

    ....

12. <u>Trotz einiger Pannen</u> wurde die Premiere ein großer Erfolg.

....

Modalsätze:

13. Man kann die Tür nur <u>mit einem Sicherheitsschlüssel</u> öffnen.

....

14. <u>Durch eine Preissenkung</u> können wir neue Kunden gewinnen.

....

15. Man kann seine Gedächtnisleistung <u>durch ständiges Training</u> verbessern.

....

Finalsätze:

16. <u>Zur Erweiterung seines Wortschatzes</u> liest er viele deutsche Bücher.

....

17. Sie fuhr <u>zur Erholung</u> drei Wochen an die Ostsee.

....

18. Er läuft <u>zur Verbesserung seiner Kondition</u> jeden Abend zehn Kilometer.

....

Wiederholung: Satzverbindungen

B. **Konjunktionen, die Hauptsätze einleiten:**

Konjunktionen: Hauptsatz Typ 1
Hierzu gehören: *denn, aber, oder, doch, jedoch, und, sondern*

Sie gewann den Wettkampf, ***denn*** *sie* <u>*trainierte*</u> *hart.*
⇧
Das finite Verb steht an zweiter Stelle <u>nach der Konjunktion</u>.

Konjunktionaladverbien: Hauptsatz Typ 2

Er mag keine klassische Musik, ***trotzdem*** <u>*besucht*</u> *er das Konzert.*
⇧
Das finite Verb steht an zweiter Stelle <u>nach dem Komma</u>.

Er mag keine klassische Musik, er <u>*besucht*</u> *das Konzert* ***trotzdem****.*
⇧
Konjunktionaladverbien können an verschiedenen Stellen des Satzes stehen.

Kausal (Angabe des Grundes)   *vgl. Buch 1 Kap. 4*

denn	*Sie gewann den Wettkampf,* **denn** *sie* <u>*trainierte*</u> *hart.* (Hauptsatz Typ 1)

Konsekutiv (Angabe der Folge)   *vgl. Buch 1 Kap. 4*

deshalb/deswegen/da-rum/daher/infolgedessen/demzufolge	*Sie trainierte hart,* **deshalb** <u>*gewann*</u> *sie den Wettkampf.* (Hauptsatz Typ 2)

Konzessiv (Angabe der Einschränkung)   *vgl. Buch 1 Kap. 4*

trotzdem/dennoch/gleichwohl	*Er mag keine klassische Musik,* **trotzdem** <u>*besucht*</u> *er das Konzert.* (Hauptsatz Typ 2)
zwar ... aber	*Er mag* **zwar** *keine klassische Musik,* **aber** *er* <u>*besucht*</u> *das Konzert.* (Hauptsatz Typ 1)
zwar ... trotzdem	*Er mag* **zwar** *keine klassische Musik,* **trotzdem** <u>*besucht*</u> *er das Konzert.* (Hauptsatz Typ 2)

Final (Angabe der Absicht/des Ziels)

dafür	*Er will die Prüfung diesmal bestehen,* **dafür** <u>*lernt*</u> *er Tag und Nacht.* (Hauptsatz Typ 2)

Temporal (Angabe der Zeit)

anschließend/danach	*Paul aß in einem italienischen Restaurant,* **anschließend** <u>*ging*</u> *er ins Kino.* (Hauptsatz Typ 2)
davor/vorher	*Paul ging ins Kino,* **davor** <u>*aß*</u> *er in einem italienischen Restaurant.* (Hauptsatz Typ 2)
währenddessen	*Du servierst den Gästen den Aperitif,* **währenddessen** <u>*kümmere*</u> *ich mich um den Salat.* (Hauptsatz Typ 2)

3. Verbalisieren Sie die Präpositionalgruppen. Bilden Sie Hauptsätze.

   0. <u>Wegen seiner schlechten Leistungen bei den letzten Wettkämpfen</u> wurde er nicht für die Nationalmannschaft nominiert.
       Er wurde nicht für die Nationalmannschaft nominiert, <u>denn er zeigte bei den letzten Wettkämpfen schlechte Leistungen</u>.
       Er zeigte bei den letzten Wettkämpfen schlechte Leistungen, <u>deshalb wurde er nicht für die Nationalmannschaft nominiert</u>.

1. Trotz aller Vorsichtmaßnahmen wurde ihm sein Fotoapparat gestohlen.

    ....

    ....

2. Für die Optimierung seiner technischen Ausrüstung hat der Fotograf sehr viel Geld ausgegeben.

    ....

    ....

3. Aus Liebe zur Natur unterstützt sie aktiv das neue Umweltprojekt.

    ....

    ....

4. Nach der offiziellen Unterzeichnung der Verträge fand ein Empfang der Gäste im Rathaus statt.

    ....

    ....

5. Trotz der guten Organisation der Veranstaltung tauchten bei der Durchführung mehrere Probleme auf.

    ....

    ....

6. Aufgrund einer Warnung des Innenministeriums vor terroristischen Anschlägen wurden die Sicherheitsvorkehrungen auf allen Bahnhöfen verstärkt.

    ....

    ....

7. Vor der morgigen Sitzung müssen noch alle Teilnehmer über die Änderung der Tagesordnung informiert werden.

    ....

    ....

8. Für die Besteigung des Gipfels unternahm er große Anstrengungen.

    ....

    ....

9. Trotz vieler Besucher klagen die Museen in diesem Jahr über Einnahmeverluste.

    ....

    ....

10. Aufgrund der guten Besucherzahlen wird die Ausstellung um drei Monate verlängert.

....

....

11. Wegen des trockenen Wetters hat die Waldbrandgefahr stark zugenommen.

....

....

Feste Verbindungen (Nomen-Verb-Verbindungen)

etwas bauen   *sich im Bau befinden*
etwas abschließen   *etwas zum Abschluss bringen*
⇧   ⇧
„einfaches" Verb   – feste Verbindung aus Substantiv (Nomen) und Verb
                   – gibt der Sprache einen offiziellen Charakter
                   – Feste Verbindungen werden gerne in der Wissenschaft, auf Ämtern oder in der Politik verwendet.

4. Ordnen Sie die richtigen Verben zu. Einige Verben können mehrfach zugeordnet werden.

0. etwas zum Abschluss
1. Einfluss
2. Entscheidungen
3. Begeisterung
4. Anforderungen
5. Rücksicht
6. etwas zum Anlass
7. Weichen
8. etwas in Betracht
9. Anstoß
10. Kritik
11. auf Distanz
12. einen Standpunkt

üben
bringen
nehmen
ziehen
treffen
zeigen
stellen
vertreten
ausüben
gehen

5. Ergänzen Sie die fehlenden Verben aus Übung 4.

0. Die Kommission <u>brachte</u> heute ihre viermonatige Arbeit zum Abschluss.
1. Das .... der Kanzler zum Anlass, eine Fraktionssitzung einzuberufen.

2. Bei der Erarbeitung der Vorschläge wurde auf alle Parteien Rücksicht ....

3. Die Anforderungen, die an die Kommission .... wurden, waren hoch.

4. Alle Regierungsmitglieder .... Begeisterung für die Vorschläge.

5. Auch der Bundeskanzler machte deutlich, welchen Standpunkt er ....

6. Die Oppositionspolitiker .... zu den Vorschlägen auf Distanz.

7. Sie .... an mehreren Punkten Kritik.

8. Besonderen Anstoß .... sie am Vorschlag zur Kürzung des Arbeitslosengeldes.

9. Eine Änderung der Vorschläge würde nicht mehr in Betracht ...., meinte der Kanzler.

10. Die Entscheidungen sind ...., die Weichen für die Zukunft sind ....

11. Die Kommissionsvorschläge werden einen großen Einfluss auf die zukünftige Arbeitsmarktpolitik ....

6. Suchen Sie die passenden Verben. Manchmal sind mehrere Lösungen möglich.

0. ein Ende <u>nehmen</u>

1. etwas in Angriff ....

2. zu Wort ....

3. in Mode ....

4. Eindruck ....

5. auf einem Standpunkt ....

6. sich ein Beispiel ....

7. ein Gespräch ....

8. in Erfüllung ....

9. sich an die Arbeit ....

10. sich mit jemandem in Verbindung ....

11. eine Rolle ....

7. Ergänzen Sie die fehlenden Verben aus Übung 6.

    0. Die Sitzung <u>nahm</u> mal wieder kein Ende.

    1. Die Theatervorstellung hat auf mich großen Eindruck ....

    2. Der deutsche Verteidigungsminister .... Gespräche mit seinem französischen Amtskollegen.

    3. Nicht alle Wünsche können in Erfüllung ....

    4. Jetzt müssen wir die Sache endlich mal in Angriff ....

    5. Lange Röcke sind wieder in Mode ....

    6. Ich muss mich gleich morgen an die Arbeit ...., sonst kann ich den Termin nicht einhalten.

    7. Herbert hat zu lange geredet, deshalb bin ich in der Sitzung nicht mehr zu Wort ....

    8. Wenn du was erreichen willst, solltest du dich noch mal mit dem zuständigen Beamten in Verbindung ....

    9. Die optische Gestaltung der Homepage .... für uns eine große Rolle.

    10. Ich .... bei diesem Thema auf einem ganz anderen Standpunkt.

    11. An deinem Fleiß sollte ich mir ein Beispiel ....

8. Beantworten Sie die Fragen mit einem „einfachen" Verb.

    0. Habt ihr das Projekt zum Abschluss gebracht? – Ja, wir haben es <u>abgeschlossen</u>.

    1. Hast du schon eine Entscheidung getroffen? – Ja, ich habe mich schon ....

    2. Hast du das Problem zur Sprache gebracht? – Ja, ich habe es auf der Sitzung ....

    3. Hat dir der Beamte darüber Auskunft erteilt? – Ja, er hat mich ausführlich ....

    4. Habt ihr der Firma den Auftrag gegeben? – Ja, wir haben die Firma ....

    5. Hegst du noch Zweifel an seiner Aussage? – Ja, ich .... sie.

    6. Hast du dir wirklich Mühe gegeben? – Ja, ich habe mich wirklich ....

    7. Hat er deine Hilfe in Anspruch genommen? – Ja, er hat meine Hilfe ....

    8. Ist der Streit jetzt zu Ende? – Ja, er ist ....

Kapitel 3   Ganze und halbe Wahrheiten

A. Ein gewöhnlicher Fernsehtag

1. Sie sind heute allein zu Hause und möchten gerne fernsehen. Wählen Sie aus
   den Sendungen diejenigen aus, die Sie interessieren, und begründen Sie Ihre
   Auswahl. Auf der nächsten Seite finden Sie dazu Redemittel.

■ ■ IHRE FERNSEHZEITUNG ■ ■   IMMER TOPAKTUELL ■ ■

Fußball: Begegnung um den Supercup

In Monte Carlo treffen heute Abend zwei
europäische Spitzenclubs aufeinander: der
Sieger der Champions League (Real Madrid) und der Sieger des UEFA-Cups (Fey-
enoord Rotterdam). Freuen Sie sich auf
ein spannendes Spiel!

Tierreportage: Beuteltiere

Seit über 30 Jahren kämpft John Wams-
ley dafür, die ursprüngliche Artenvielfalt
in Australien wiederherzustellen. Er kauft
Land, zäunt es ein und siedelt dann be-
drohte einheimische Tiere wie das Walla-
by an.

Gesellschaftsreportage: Hotel Mama

Hermann wohnt noch zu Hause und das
mit 44 Jahren! Er ist nur eines von vielen
Kindern, die trotz eigenen Einkommens
das heimische Nest nicht verlassen. Wie
die Eltern damit fertig werden, wenn der
Nachwuchs nicht aus dem Haus will, zeigt
die Reportage anhand von mehreren Beispielen.

Talkshow: Berlin-Mitte

Maybrit Illner empfängt in ihrem Berliner Studio Gäste aus Politik, Wirtschaft
und Showbusiness und unterhält sich mit
ihnen über aktuelle Themen.

Geschichte: Sphinx

In dem Comic „Asterix und Cleopatra"
bricht Obelix der Sphinx beim Klettern
die Nase ab. In der Realität ist das Rätsel
nicht gelöst. Das steinerne Wesen, halb
Löwe, halb Mensch, fasziniert Wissenschaftler wie Touristen. Dieser Film be-
richtet über neueste Forschungsergebnisse
und Ausgrabungen.

Krimi: Bienzle und der Tod im Teig

Eine Tagung verschlägt Kommissar Bienzle auf die Schwäbische Alb. Auf dem
Rückweg schaut er bei Bäcker Gabosch
vorbei, um frische Brötchen zu kaufen.
Weil er seine Geldbörse vergessen hat,
kehrt er noch mal zurück und findet den
Meister in einer seltsamen Lage: kopfüber
in der Teigmaschine und mausetot.

Familienkomödie: Charlie & Luise

Charlie und Luise stockt der Atem, als
Sie sich im Sprachurlaub in Schottland
begegnen. Die beiden elfjährigen Mädchen gleichen sich wie ein Ei dem anderen. Bald kommen sie hinter das Geheimnis
ihrer Ähnlichkeit: Sie sind Zwillinge, die
nach der Scheidung der Eltern getrennt
aufwuchsen. Die Mädchen schmieden einen Plan: Rollentausch! Eine gelungene
Neuverfilmung des Romans „Das doppelte Lottchen" von Erich Kästner.

Redemittel

– ich habe mich für ... entschieden
– ich bevorzuge .../am meisten interessiert mich ...
– die Auswahl/die Entscheidung ist mir besonders schwer/leicht gefallen
– ... finde ich auch gut, aber .../ interessiert mich zwar, aber ...
– ... mag ich weniger/überhaupt nicht ...

Wortschatz *fernsehen*

– fernsehen/ich sehe fern/einschalten/ausschalten/umschalten/zappen
– der Fernseher/der Fernsehapparat/die Glotze *(umg.)*/den ganzen Tag vor der Glotze hocken *(umg.)*
– die (privaten/öffentlich-rechtlichen) Fernsehsender/Fernsehanstalten/Rundfunkanstalten/die (Fernseh-)Kanäle/Bezahlfernsehen (Pay-TV)
– das Fernsehprogramm/das Spartenprogramm/das Vollprogramm
– die Sendungen: Nachrichten/Filme/Dokumentarfilme/Serien/Seifenopern/Talk-Shows/Rate/Quiz-Shows/Spiel-Shows/Werbung usw.
– die Einschaltquoten/die Zuschauerzahlen/in der Gunst der Zuschauer vorn/hinten stehen/liegen/Zuschauer verlieren/gewinnen/sich um Zuschauer bemühen/einen Marktanteil von ... % haben/erreichen

2. Berichten Sie über die Fernsehlandschaft Ihres Heimatlandes.

   – Welche Arten von Sendern gibt es?
   – Beschreiben Sie die Programme einzelner Fernsehsender.
   – Welche Sendungen haben Ihrer Meinung nach die meisten Zuschauer?
   – Welchen Sender bevorzugen Sie und was ist Ihre Lieblingssendung?

3. Lesen Sie den folgenden Text.

Punktsieg für reale Gräuel*

Dienstag – ein ganz gewöhnlicher Fernsehtag: 7.20 Uhr, der Tag beginnt. Auf *RTL II* werden Pokémons (japanische Zeichentrickfiguren) auf Befehl zweier böser Zauberer mit Feuer- und Wasserwerfern zusammengetrieben. Um die gleiche Zeit zeigt der Nachrichtensender *Phoenix* eine BBC-Dokumentation über die Varus-Schlacht. Eine Stimme schildert ohne Scheu, dass die Cherusker auf Altä-

ren ihre Gefangenen geschlachtet und deren Köpfe an die Bäume genagelt hatten. Den Pferden wurde das Fell abgezogen. Guten Morgen, Deutschland!

Wer noch nicht ins Büro oder in die Schule gegangen ist, kann auf der Spur des Schreckens bleiben. Um 8.50 entdeckt eine junge Frau in „X-Faktor" auf *RTL II* in einer geisterhaften Villa ein verdrecktes blutiges weibliches Gesicht (in Großaufnahme), es gehört zu der Frau des Villenbesitzers, ihr Mann hatte sie eingemauert.

Um 9.00 Uhr auf *Kabel 1* ist „Superman" mit einer ermordeten Frau in Bluse und rosa Küchenschürze zu sehen. 9.10 Uhr lädt *ProSieben* zur „Blutspur in die Karibik", ein Scharfschütze schießt aus einem Hubschrauber auf einen Mann, dem dann das Blut aus dem Mund läuft. Kurze Zeit später erleben wir auf *VOX* einen Bombenalarm in der Schule, ein schwarz maskierter Mann hält eine Fernzündung in der Hand. Er wird von einem jungen Mann überrascht, der mit einer Pistole auf ihn zielt.

9.59 Uhr: *Phoenix* zeigt Bilder vom Attentat auf einen niederländischen Politiker, das sich am Vortag ereignet hatte, diesmal als Großaufnahmen von seinen starren Augen und dem bleichen Brustkorb. Reale Gräuel.

Der Mittag naht, die Zeit der Talkmaster. Sechs Talkshows greifen nach den jüngeren Zuschauern und erreichen an diesem Dienstag bei den unter 49-Jährigen einen Marktanteil von 18 Prozent. Jetzt kommen solche Jugendlichen zu Wort, die das bildungsbürgerliche öffentlich-rechtliche Fernsehen bisher ausgesperrt hat: genitivunsichere* Menschen ohne Abitur. Hier lernen sie, dass die Achtung des anderen ebenso unwichtig ist wie die Einhaltung von Minimalregeln der

Höflichkeit. Junge, eigentlich lernfähige Menschen werden bestärkt, in ihrer eigenen Meinung wie in einer Festung zu leben, der andere hat immer Unrecht.

Um 17.15 Uhr ist die Zeit des Boulevardmagazins der *ARD* „Brisant". Der erste Filmbericht: Ein offensichtlich durchgeknallter* Mexikaner fährt mit seinem Auto in eine Gruppe kleiner Kinder, die auf der Straße gerade eine Parade proben. Ein Amateurvideo dokumentiert die Szene. Nur der direkte Aufprall ist nicht zu sehen, dann aber schreiende und blutende Kinder auf dem Asphalt. Zwei von ihnen sterben. Es sind die grauenhaftesten Bilder dieses Fernsehtages – wieder Bilder aus dem realen Leben.

Zeit, mit den schrecklichen Bildern fertig zu werden, bleibt dem Zuschauer nicht. Der nächste Bericht in „Brisant" zeigt den Amoklauf eines 61-jährigen Sportschützen in Deutschland, bei dem ein Polizist verletzt wurde.

Abends und nachts geht es an diesem Tag geradezu gesittet zu, die „Kommissarin" sucht den Mörder einer Frau, Arnold Schwarzenegger ist mal wieder als „Conan – der Barbar" zu sehen und coole Cop-Girls zeigen Kampfszenen, die wie Balletteinlagen wirken und deren Dialoge eine wüste Attacke auf Geist und Nervensystem der Zuschauer sind.

Was aber lehrt uns die Wanderung durchs Programm eines ganz normalen Fernsehtages?

Den härtesten Stoff boten die Nachrichten. Soll das Fernsehen Rücksicht auf jugendliche Seelen bei den Nachrichten nehmen? Müssen die nicht die Welt zeigen, wie sie ist – auch weil ihre Bilder im hektischen Wettbewerb mit anderen Sendern stehen?

Andererseits: Welche Informationen liefert ein bleicher Brustkorb, außer der Erregung von Schreckensgefühlen?

nach: Der SPIEGEL

*Worterklärungen:

Gräuel = Grausamkeiten, Entsetzen hervorrufende Ereignisse
genitivunsichere Menschen = Menschen, die Probleme mit der deutschen
    Grammatik haben
durchgeknallter Mexikaner = verrückt gewordener Mexikaner

4. Beantworten Sie die Fragen.

    – Wie beurteilen Sie diesen ganz normalen deutschen Fernsehtag?

    – Wie würde so ein Tag in Ihrem Heimatland aussehen?

    – Sollte man Gewaltszenen im Fernsehen beschränken oder sogar verbieten?

> **Redemittel**
>
> – Gewalt/Gewalt zeigen
> – Gräueltaten/grauenhafte Bilder
> – gewaltverherrlichende, jugendgefährdende Programme
> – zur Gewalt neigen/zur Verrohung der Gesellschaft beitragen
> – gewalttätig sein/werden/die Gewaltbereitschaft steigt/erhöht sich

5. Ergänzen Sie die Verben in der richtigen Form. Bei manchen Sätzen gibt es mehrere Möglichkeiten.

    vernachlässigen – schildern – stellen – nehmen – bleiben – zielen – beginnen – beschreiben – bemühen – erzielen – aussperren – kommen – sehen – verarbeiten – erregen – bleiben – erleben – halten – feststellen – bieten – liefern – erzeugen – folgen – erreichen

Ein Dienstag im Fernsehen

Der Nachrichtensender *Phoenix* .... den Tag mit einer BBC-Dokumentation über die Varus-Schlacht. Eine Stimme ....
ohne Scheu die Hinrichtung der Gefangenen. Wer danach noch nicht genug hat, kann auf der Spur des Schreckens ....

Auf *VOX* .... wir einen Bombenalarm in der Schule, ein schwarz maskierter Mann .... eine Fernzündung in der Hand.

Ein anderer Mann .... mit einer Pistole auf ihn.

Mittags .... sich sechs Talkshows um die Gunst der jüngeren Zuschauer. Sie .... an diesem Dienstag bei den unter 49-Jährigen einen Marktanteil von 18 Prozent. Hier .... solche Jugendlichen zu Wort, die das bildungsbürgerliche öffentlich-rechtliche Fernsehen bisher .... hat. Die grauenhaftesten Bilder dieses Fernsehtages sind im Boulevardmagazin „Brisant" zu .... Zeit, die furchtbaren Bilder zu .... , ... dem Zuschauer nicht. Ein schrecklicher Filmbericht .... dem nächsten. Am Abend können wir ....: Die Nachrichten .... den härtesten Stoff.

Hier .... sich die Frage, ob nicht das Fernsehen Rücksicht auf jugendliche Seelen bei den Nachrichten .... soll? Denn welche Informationen .... ein bleicher Brustkorb, außer dass er Schreckensgefühle ....?

6. Redaktionskonferenz

Sie sind Redakteur/in bei einem Fernsehsender. Die Einschaltquoten bei Ihrem Sender sind drastisch zurückgegangen! Morgen früh müssen Sie dem Vorstand des Senders eine neue Konzeption präsentieren.

a. Erarbeiten Sie Vorschläge (einzeln oder in Gruppen). Denken Sie dabei unter anderem an folgende Punkte:
   – Was ist Ihr Zielpublikum?
   – Welche Sendungen sind bisher beim Publikum gut angekommen, welche müssen aus dem Programm genommen werden?
   – Welche neuen Sendungen könnte es in Zukunft geben?
   – Wie kommt man an finanzielle Unterstützung?
   – Wann und in welcher Form laufen die Nachrichten?

b. Spielen Sie die Redaktionskonferenz.

7. Schriftlicher Ausdruck

    Sie lesen in der Zeischrift „DER SPIEGEL" den nebenstehenden Artikel und möchten ihr gern Ihre Meinung dazu schreiben.

    – Fassen Sie die Ergebnisse der Studie noch einmal kurz zusammen.

    – Schreiben Sie, ob Sie die Ergebnisse für glaubwürdig halten.

    – Schildern Sie Ihre eigene Meinung und Ihre Erfahrungen zu dem Thema.

    – Unterbreiten Sie einige Vorschläge, wie man Kinder vom übermäßigen Fernsehen abhalten kann.

    Schreiben Sie einen Text von ca. 200–250 Wörtern.

    Wüterich = wütender/ verärgerter/zur Gewalt neigender Mensch

---

Wüteriche* glotzen länger

Zuviel fernsehen macht offenbar doch aggressiv. Zu diesem Schluss kommt die weltweit erste Langzeitstudie über die Folgen übermäßigen TV-Konsums.

Eine Forschergruppe um den New Yorker Psychologen Jeffrey Johnson hat 707 Kinder über 25 Jahre hinweg verfolgt. Erste Ergebnisse stehen fest: Junge Erwachsene, die zu Gewaltausbrüchen neigen, haben mehr ferngesehen als ihre friedfertigen Altersgenossen. Ein knappes Viertel der Männer, die als 14-Jährige täglich ein bis drei Stunden vorm Fernseher verbracht hatten, wurde später gewalttätig. In der Kontrollgruppe (weniger als eine Stunde fernsehen) waren es nur fünf Prozent. Bei Frauen tritt der Zusammenhang erst im höheren Alter auf – weil 14-jährige Mädchen sich noch kaum brutale Sendungen ansehen, vermuten die Forscher. Bislang war heftig umstritten, ob exzessives Glotzen an sich schon die Gewaltbereitschaft erhöht. Denn wer viel fernsieht, wächst häufig auch bei nachlässigen Eltern oder in schlechten Wohnvierteln auf.

Die Autoren der neuen Studie versichern jedoch, sie hätten solche Faktoren sorgfältig ausgesondert.

nach: Der SPIEGEL

8. Für besonders Interessierte: Sammeln Sie in Gruppen Ideen zum Thema: Das Fernsehen in den nächsten 70 Jahren.

9. Vergleichen Sie Ihre Vorstellungen über die Zukunft des Fernsehens mit den Prognosen des folgenden Artikels. Lesen Sie dazu den Text und beantworten Sie dann die Fragen:

    – Welche Prognosen stimmen mit Ihren Ideen überein?

    – Welche Voraussagen halten Sie für abwegig oder übertrieben? Begründen Sie Ihre Meinung.

    – Wie genau können Ihrer Ansicht nach Prognosen für einen längeren Zeitraum sein?

Das Fernsehen der Zukunft?

2008: Sport nur noch im Pay-TV

Mit Formationsschwimmen, Radball und Gehen sind die letzten Sportarten vom freien ins Bezahlfernsehen abgewandert.

2020: Rettet die Vollprogramme

Besonders ältere Menschen tun sich schwer mit dem Siegeszug der Spartenkanäle*. So ist eine mächtige Bürgerbewegung entstanden, die (ohne Erfolg) die Rückkehr der alten Vollprogramme fordert.

2045: Ende der Programme

Weltweit verfügen 90 Prozent aller Haushalte über eine computergesteuerte Fernsehanlage. Die Sender laden Spielfilme, Serien und alles übrige nicht aktuelle Material einmal pro Halbjahr in den heimischen Computer. Für alle Empfänger, die sich nicht entscheiden können, bieten sie tages- oder jahreszeitbezogene Programm-Cocktails an.

2050: Baukastenfernsehen

Gestiegene Computerleistungen machen vollkommen neue Kombinationen möglich. Mit einem speziellen Programm lässt sich ein Stoff wie „Hamlet" zur Komödie transformieren. Besonders beliebt: die Happy-Ending-Software. Der (2050 uralte) Kinofilm „Titanic" dient auf diese Weise sogar in der Antidepressionstherapie.

2058: Immer weniger deutschsprachige Programme

Deutsch als Sprache im Fernsehen verschwindet immer mehr. Der Übergang zum Weltenglisch geschieht ohne politische Probleme.

2062: Bildschirmloses Fernsehen

Die Versuche mit Direktübertragung auf die Hirnzellen sind abgeschlossen. Mit Hilfe einfacher Kopfsonden lassen sich innere Bilder erzeugen. Neue Programmmöglichkeiten blühen auf: die Traumübertragung. Experten sehen Gefahren für die innere Würde des Menschen.

2070: Wirklichkeitsschutz – eine neue Bewegung

Immer mehr Menschen leisten Widerstand gegen die massive elektronische Beeinflussung des Lebens. Menschen, die sich prinzipiell weigern, fernzusehen, lernen in Gruppen die Wiederentdeckung des natürlichen Raums. Zugleich kommt eine neue Nostalgiewelle: man sieht wieder Sendungen aus längst vergangenen Fernseh-Epochen.

nach: Der SPIEGEL

*Spartenkanäle = Fernsehkanäle, die sich auf ein Gebiet spezialisiert haben

10. Ergänzen Sie in den umgeformten Sätzen (rechts) die fehlenden Verben in der richtigen Form.

anbieten – wehren – zurückkehren – warnen – besitzen – machen – benutzen – stellen – mögen – einsetzen – beeinflussen – verlieren – entstehen – geraten

1. Eine mächtige Bürgerbewegung fordert die Rückkehr der alten Vollprogramme.

   Eine mächtige Bürgerbewegung .... die Forderung, dass die alten Vollprogramme ....

2. Weltweit verfügen 90 Prozent aller Haushalte über eine computergesteuerte Fernsehanlage.

   90 Prozent der Haushalte .... eine computergesteuerte Fernsehanlage.

3. Die Sender stellen für bestimmte Empfänger tages- oder jahreszeitbezogene Programm-Cocktails zur Verfugung.

   Die Sender .... für bestimmte Empfänger tages- oder jahreszeitbezogene Programm-Cocktails ....

4. Mit einem speziellen Programm lässt sich ein Stoff wie „Hamlet" zur Komödie transformieren.

   Wenn man ein spezielles Programm ...., kann man aus „Hamlet" eine Komödie ....

5. Besonders beliebt ist die Happy-Ending-Software.

   Viele Zuschauer .... die Happy-Ending-Software.

6. Der Kinofilm „Titanic" dient auf diese Weise sogar in der Antidepressionstherapie.

   Der Kinofilm „Titanic" kann auf diese Weise sogar in der Antidepressionstherapie .... werden.

7. Deutsch als Sprache im Fernsehen verschwindet immer mehr.

   Deutsch .... als Sprache im Fernsehen immer mehr an Boden.

8. Der Übergang zum Weltenglisch geschieht ohne politische Probleme.

   Beim Übergang zum Weltenglisch .... keine politischen Probleme.

9. Experten sehen Gefahren für die innere Würde des Individuums.

   Experten .... davor, dass die innere Würde des Menschen in Gefahr ....

10. Immer mehr Menschen leisten Widerstand gegen die massive elektronische Beeinflussung des Lebens.

    Immer mehr Menschen .... sich dagegen, dass ihr Leben durch die Elektronik so massiv .... wird.

B. Reale Gräuel: Nachrichten

Wussten Sie das schon?

Eine Untersuchung der *Europäischen Gesellschaft für Psychoanalyse* hat ergeben: Je hübscher die Nachrichtensprecherin, desto mehr Informationen verpassen die Männer. Bei den Attraktivsten kann es bis zu zwei Minuten dauern, bis der Mann wieder aufmerksam den Nachrichten folgt. Man kann auch davon ausgehen, dass Frauen bei Nachrichtensprechern ähnlich reagieren.

1. Berichten Sie oder befragen Sie Ihre Nachbarin/Ihren Nachbarn.

    – Wie informieren Sie sich über das Tagesgeschehen?

    – Gibt es einen Unterschied in der Mitteilung von Neuigkeiten zwischen den verschiedenen Medien? Nennen Sie Vorteile und Nachteile.

	Vorteile	**Nachteile**
Fernsehen	....	....
	....	....
Radio	....	....
	....	....
Tageszeitung	....	....
	....	....
Internet	....	....
	....	....

– Welche Art von Nachrichtensendungen gibt es in den Fernsehprogrammen Ihres Heimatlandes?

– Welche dieser Nachrichtensendungen sehen Sie und warum?

– Sollte man Ihrer Meinung nach Gewaltszenen aus den Nachrichten schneiden?

2.   Lesen Sie die folgenden Nachrichten.

Millionen-Defizit in Pflege-versicherung*

Eine Kommission, die sich jetzt eingehend mit der finanziellen Lage der erst 1995 eingeführten Pflegeversicherung befasste, will die gesetzliche Pflegeversicherung wieder abschaffen und durch eine private Versicherung ersetzen. Die Gesundheitsministerin wies diese Forderung mit der Begründung zurück, die Pflegeversicherung stehe auf einem soliden finanziellen Konzept. Bernd Raffelhüschen, Finanzwissenschaftler der Universität Freiburg und Mitglied der Kommission, widersprach der Ministerin vehement. Von einem soliden Konzept könne keine Rede sein. Die Pflegeversicherung steuere auf ein Fiasko zu. Wer etwas anderes behaupte, nehme die Realität nicht zur Kenntnis. Schon 2002 häufte die Pflegeversicherung ein Defizit von 500 Millionen Euro an, wie die Ministerin selbst einräumte. Die Folge: Die Beiträge müssen ständig erhöht oder die Leistungen gekürzt werden.

Neuer Anbau für Histori-sches Museum in Berlin

Die historische Mitte Berlins hat eine neue Attraktion: den von dem amerikanischen Architekten Ieoh Ming Pei geschaffenen Anbau am „Zeughaus Unter den Linden". Der Präsident des Bundesamtes für Bauwesen überreichte gestern dem Generaldirektor des Deutschen Historischen Museums den goldenen Schlüssel. In dem Gebäude, das Ende Mai offiziell eröffnet wird, sollen künftig Wechselausstellungen des Historischen Museums gezeigt werden. Das neue Haus werde ein Stück Architekturgeschichte schreiben, sagte der Generaldirektor. Mit seiner modernen Architektur leiste es einen wichtigen Akt bei der Vermittlung zwischen Gegenwart und Geschichte. Dies werde sich auch in den Ausstellungen wiederfinden, die sich vor allem der deutschen und europäischen Geschichte widmen sollten. Den Auftakt macht die Schau „Idee Europa", die ab 24. Mai in dem neuen Haus zu sehen ist.

Buchmesse bleibt in Frankfurt

Der von den Verantwortlichen der Buchmesse angedrohte Wegzug aus Frankfurt am Main ist offenbar vom Tisch. Die Gespräche mit der Stadt Frankfurt und den Frankfurter Hoteliers wegen überhöhter Preise für Messestände und Übernachtungen seien positiv verlaufen. Eine Einigung sei in Sicht, sagte Buchmessesprecher Holger Ehling. Weitere Verhandlungen mit anderen Standorten, wie der Stadt München, die bessere Bedingungen für die Durchführung der Buchmesse angeboten habe, werde es vorerst nicht geben.

Pflegeversicherung = gesetzlich festgelegte Versicherung für eventuell notwendige Pflege im Alter

3. Lesen Sie die Sätze noch einmal und achten Sie dabei auf die Besonderheiten der Nachrichtensprache.

- Bernd Raffelhüschen, Finanzwissenschaftler der Universität Freiburg und Mitglied der Kommission, widersprach der Ministerin vehement. Von einem soliden Konzept <u>könne</u> keine Rede sein. Die Pflegeversicherung <u>steuere</u> auf ein Fiasko zu. Wer etwas anderes <u>behaupte</u>, <u>nehme</u> die Realität nicht zur Kenntnis.

- Das neue Haus <u>werde</u> ein Stück Architekturgeschichte schreiben, sagte der Generaldirektor. Mit seiner modernen Architektur <u>leiste</u> es einen wichtigen Akt bei der Vermittlung zwischen Gegenwart und Geschichte.

- Die Gespräche mit der Stadt Frankfurt und den Frankfurter Hoteliers wegen überhöhter Preise für Messestände und Übernachtungen <u>seien</u> positiv verlaufen. Eine Einigung <u>sei</u> in Sicht, sagte Buchmessesprecher Holger Ehling.

⇨ IHRE GRAMMATIK: Übungen **zur indirekten Rede** finden Sie auf Seite 105.

---

4. Folgende Nachrichten kommen bei einem Fernsehsender ungeordnet in die Redaktion:

- ◼ Verkehrsunfall auf der Autobahn A9: Lastkraftwagenfahrer am Steuer eingeschlafen – Gegenfahrbahn – PKW – Zusammenstoß – zwei Tote, zwei Schwerverletzte

- ◼ Deutsche Hilfe für Afghanistan: Einweihung – Botschafter – zwei Mädchenschulen

- ◼ Mehr als vier Millionen Arbeitslose in Deutschland: Bundeskanzler: „Die hohe Arbeitslosigkeit liegt an der schlechten Weltwirtschaftslage." Oppositionsführer: „Den Anstieg der Arbeitslosigkeit hat allein die jetzige Regierung zu verantworten."

- ◼ Auszeichnung für Schriftsteller Jan Schreiber: Überreichung – Friedenspreis des Deutschen Buchhandels – heute – Paulskirche

- ◼ Wetter: Sonne – Bayern; Regen + Sturm – Nordsee; 10 Grad Celsius

- ◼ Deutscher Außenminister in Moskau: Gespräche mit russischem Amtskollegen – Beitritt Russlands – Europäische Union

- ◼ Deutsche Soldaten: Kein Einsatz im Krisengebiet. Der Verteidigungsminister dazu: „Ein Einsatz der Bundeswehr im Krisengebiet muss erst vom Bundestag genehmigt werden. Bevor dies nicht geschieht, bleibt der Einsatz der Bundeswehr auf die bisherigen Gebiete beschränkt."

a. Bilden Sie Gruppen. Wählen Sie die für Sie wichtigsten Nachrichten aus und ordnen Sie sie. Begründen Sie Ihre Auswahl.

b. Formulieren Sie als Nachrichtenschreiber aus den ausgewählten Nachrichten Sätze.

c. Tragen Sie die Nachrichten als Nachrichtensprecherin/Nachrichtensprecher vor: *Guten Abend, meine Damen und Herren, ...*

5. Hausaufgabe für den nächsten Unterricht: Sehen Sie am Tag vor dem Unterricht fern, lesen Sie Zeitung oder hören Sie Radio. Berichten Sie in der nächsten Unterrichtsstunde über die Ihrer Ansicht nach drei wichtigsten Ereignisse des Vortages.

1. ....
....

2. ....
....

3. ....
....

6. Ergänzen Sie die fehlenden Verben in den folgenden Kurznachrichten.

0. Nach dreijähriger Bauzeit wurde heute ein weiteres Regierungsgebäude in Berlin <u>eröffnet/eingeweiht/übergeben/fertiggestellt</u>.

1. Der deutsche Außenminister .... seinen argentinischen Amtskollegen zu Gesprächen mit Vertretern aus Wirtschaft und Kultur.

2. Die bisherigen Handelsbeschränkungen gegenüber Afghanistan wurden ....

3. Die Deutsche Bahn musste aufgrund schlechter Bilanzen in diesem Jahr 500 Mitarbeiter .... Zur schnellen Überwindung der Krise will der Vorstand heute sein Sanierungskonzept ....

4. Der Bundestag hat ein neues Einwanderungsgesetz ....

5. Nach dem Rücktritt des italienischen Ministerpräsidenten wird heute eine neue Regierung ....

6. In Stockholm wurden ein deutscher und ein amerikanischer Physiker mit dem Nobelpreis ....

7. Der Bundeskanzler .... die Konferenz zur Bekämpfung der chemischen Waffen. In seiner Eröffnungsansprache .... er die Wichtigkeit der Abrüstung auf diesem Gebiet.

8. Einem Spezialteam gelang es heute, das vor über 100 Jahren gesunkene Luxusschiff im Atlantik zu ....

9. Die siebenjährige Ehe des deutschen Tennisstars wurde von einem amerikanischen Familienrichter .... Das Sorgerecht für die Kinder wurde beiden Elternteilen ....

10. Die Europäische Zentralbank hat den Leitzins um 0,25 % ....

11. Der vor fünf Tagen im Alter von 95 Jahren verstorbene berühmte deutsche Schauspieler wurde im Kreise seiner Familie ....

12. Durch den hohen Wasserstand des Rheins wurden einige Teile der Kölner Innenstadt ....

7. Ergänzen Sie die Verben mit *-sehen* in der richtigen Form.

absehen – übersehen – nachsehen – ansehen – umsehen – zusehen – hinsehen – wegsehen

0. Ich habe Ihre Hausaufgaben leider noch nicht <u>nachgesehen</u>.

1. Ich glaube, Sie hat es nur auf sein Geld ....

2. Sie ist 1,90 Meter! Man kann sie wirklich nicht ....!

3. Diesmal werden wir von einer Anzeige noch ...., das nächste Mal nicht mehr.

4. Morgen wollen wir uns das neue Haus ....

5. Hast du dich schon nach einem neuen Arbeitsplatz ....?

6. Tut mir Leid, den Fehler habe ich völlig ....

7. Jetzt müssen wir aber ...., dass wir den Zug noch erreichen.

8. Immer diese Grausamkeiten in den Nachrichten. Ich mag da gar nicht mehr ....

9. Kannst du mal ...., wer gerade geklingelt hat?

10. Im Kino läuft ein toller Film. Den müssen wir uns unbedingt ....

11. Die Mutter .... ihrem Sohn fast alle Unarten ....

12. Die Bürger sind gefordert, bei Rechtsradikalismus nicht ....

C. Neues über Frauen und Männer

Vorbemerkung zu diesem Abschnitt:
Mit den Unterschieden im Verhalten von Männern und Frauen beschäftigen sich Wissenschaftlerinnen und Wissenschaftler, Journalistinnen und Journalisten, Autorinnen und Autoren von Bestsellern seit langem. In diesem Abschnitt finden Sie sehr unterschiedliche Texte, die versuchen, die Ursachen für die geschlechterspezifischen Verhaltensweisen zu finden bzw. zu interpretieren. Achtung: Humor!

1. Gibt es Ihrer Meinung nach Unterschiede und/oder Gemeinsamkeiten im Verhalten von Männern und Frauen? Tragen Sie die Unterschiede/Gemeinsamkeiten zusammen.

   Was können Frauen besser als Männer und umgekehrt? Was können beide gleich gut?

Frauen	Männer
....	können besser einparken
....	....
....	....
....	....
....	....
....	....

2. Lesen Sie Text 1.

Die Folgen der Evolution

„Frau am Steuer – das wird teuer" – schon unsere Großmütter konnten sich über diesen Witz nur mäßig amüsieren. Jetzt aber kommt die schlimmste Nachricht: Es ist gar kein Witz!

Frauen sind nach neueren Untersuchungen – im Prinzip – die schlechteren Autofahrer. Dem weiblichen Gehirn, da sind sich die Forscher einig, fehlt es im Vergleich zum männlichen an räumlich-visueller Vorstellungskraft. 90 Prozent aller Frauen können nicht gut räumlich sehen. Der Grund: Ihre Vorfahrinnen mussten keine wilden Tiere jagen und den Weg zurück zur Steinzeithöhle finden.

Als Ausgleich dafür sehen Frauen im peripheren Bereich ausgezeichnet, mit dem Breitband-Nahblick, denn ihre Aufgabe war es einst, in der Höhle die Nachkommen zu beobachten. Der Tunnelblick, den die Männer vor vielen tausend Jahren zur Ortung ihrer Beute entwickelt haben, kommt ihnen noch immer zu Gute – sie finden sich im Verkehrsgeschehen besser zurecht.

Das alte Vorurteil, Frauen parken schlecht ein, wurde durch internationale Tests belegt, 82 Prozent der Männer, aber nur 22 Prozent der Frauen setzten ihr Auto schon beim ersten Versuch akkurat neben den Bordstein. Legendär, aber ebenfalls wissenschaftlich unbestritten, sind die Orientierungsschwierigkeiten von Frauen. Kartenlesen fällt ihnen besonders schwer. In den Metropolen wimmelt es von Touristinnen, die ratlos Stadtpläne in alle Richtungen drehen. Ans Ziel kommen Frauen übrigens dank eines raffinierten Tricks: sie fragen nach dem Weg. Und wozu sollten sie auch Karten lesen? Sie wollen ja keine fremden Länder überfallen.

Ein weiterer Unterschied zwischen Mann und Frau zeigt sich in der Sprache. Es beginnt mit der Quantität. Wenn der Steinzeitmann mit seiner Horde auf die Jagd ging, beschränkte er sich auf den Austausch essenzieller Informationen („Mammut von links"). Unterdessen saß seine Lebensgefährtin mit anderen Frauen und Kindern in der Höhle und redete. Das war sehr wichtig für den Erfolg der Spezies Mensch, denn es festigte den sozialen Zusammenhalt. Die Berichtssprache der Männer und die Beziehungssprache der Frauen haben sich bis heute nur angenähert und sind nur scheinbar miteinander verwandt. In Wahrheit sind beide eine ewige Quelle von Missverständnissen und Frust. Auch zugehört wird unterschiedlich.

Frauen verfügen über fünf Zuhörlaute wie „Oh" und „Ah", Männer nur über drei. Eine Frau kann zwei Gesprächen gleichzeitig folgen, ein Mann oft nicht mal einem – wie jede Frau weiß, die einen Zeitung lesenden Mann anspricht. Wenn es sie wirklich nach einem Gespräch drängt, raten Therapeuten zu folgendem Prozedere: Thema, Termin und Ort nennen. Dann ist er ganz Ohr.

Kommt ein Mann nach getaner Arbeit nach Hause, will seine Frau sofort den ganzen Tag mit ihm durchsprechen. Genau das will er nicht. Sondern wie früher dumpf ins Feuer starren, ersatzweise in den Fernseher. Sinnlos zappt er herum, denn es geht ihm – außer bei Sportnachrichten – gar nicht um Inhalte. Millionen Frauen müssen regelmäßig ihren Männern Strukturen und Personengeflechte von TV-Filmen erklären. Nicht, dass der Mann zu dämlich wäre, um das Fernsehen zu verstehen. Was ihn fasziniert ist allein das lagerfeuerähnliche Flackern.

Selbst in der Mimik liegen Welten zwischen Mann und Frau. Eine Frau produziert innerhalb von zehn Sekunden durchschnittlich sechs verschiedene Gesichtsausdrücke, sie erlebt die erzählte Geschichte quasi mit. Das Gesicht des Mannes bleibt beim Zuhören nahezu gleich. Ebenfalls ein Erbe der Evolution. Der Krieger brauchte Kontrolle über sein Mienenspiel, damit niemand seine verwegenen Pläne durchschauen kann.

STERN

3. Welche Stellen im Text halten Sie für problematisch oder übertrieben?

4. Welche Unterschiede nennt der Text zwischen Männern und Frauen in Bezug auf:

    1. Orientierungsvermögen: ....

    ....

    2. Sprache: ....

    ....

    3. Zuhören: ....

    ....

⇨ IHRE GRAMMATIK: Übungen **zu Adversativangaben** finden Sie auf Seite 112.

---

5. Welche Gründe werden im Text als Folge der Evolution für die genannten Unterschiede aufgeführt in Bezug auf:

    1. Orientierungsvermögen: ....

    ....

    2. Sprache: ....

    ....

    3. Zuhören: ....

    ....

6. Berichten Sie.

    – Decken sich die Thesen des Artikels mit Ihren Erfahrungen?

    – Vergleichen Sie die am Anfang von Ihnen in Übung 1 genannten Unterschiede und Gemeinsamkeiten zwischen Männern und Frauen mit den Ansichten der Autoren. In welchen Punkten möchten Sie dem Artikel gerne widersprechen?

7. Finden Sie für die unterstrichenen Ausdrücke Synonyme im Text.

    1. Unsere Großmütter konnten über diesen Witz <u>nicht lachen</u>.

    ....

2. Männer <u>kommen</u> im Verkehrsgeschehen besser <u>klar</u>.

   ....

3. In den Metropolen <u>gibt es unzählige</u> Touristinnen.

   ....

4. Er <u>gibt nur</u> essenzielle Informationen <u>weiter</u>.

   ....

5. Dann ist er <u>sehr aufmerksam</u>.

   ....

8. Rekonstruieren Sie den Text. Ergänzen Sie die fehlenden Verben in der richtigen Form.

   folgen – erklären – amüsieren – belegen – kommen – nennen – gehen – faszinieren – festigen – verfügen – liegen – produzieren – miterleben – bleiben – raten – fragen

   1. „Frau am Steuer – das wird teuer" – schon unsere Großmütter konnten sich über diesen Witz nur mäßig ....

   2. Das alte Vorurteil, Frauen parken schlecht ein, wurde durch internationale Tests ....

   3. Ans Ziel .... Frauen übrigens dank eines raffinierten Tricks: sie .... nach dem Weg.

   4. Das Tratschen der Frauen .... den sozialen Zusammenhalt.

   5. Frauen .... über fünf Zuhörlaute wie „Oh" und „Ah", Männer nur über drei.

   6. Eine Frau kann zwei Gesprächen gleichzeitig ...., ein Mann oft nicht mal einem.

   7. Wenn es eine Frau wirklich nach einem Gespräch drängt, ... Therapeuten zu folgendem Prozedere: Thema, Termin und Ort ....

   8. Beim Fernsehen .... es Männern nicht um Inhalte, sie .... allein das lagerfeuerähnliche Flackern des Bildschirms.

   9. Millionen Frauen müssen regelmäßig ihren Männern Strukturen und Personengeflechte von TV-Filmen ....

10. Selbst in der Mimik .... Welten zwischen Mann und Frau.

11. Eine Frau .... innerhalb von zehn Sekunden durchschnittlich sechs verschiedene Gesichtsausdrücke, sie .... die erzählte Geschichte quasi ....

12. Das Gesicht des Mannes .... beim Zuhören nahezu gleich.

9. Ergänzen Sie die fehlenden Präpositionen.

1. Frauen sind .... neueren Untersuchungen die schlechteren Autofahrer.

2. Dem weiblichen Gehirn fehlt es .... Vergleich .... männlichen .... räumlich-visueller Vorstellungskraft.

3. Der Tunnelblick, den die Männer .... vielen tausend Jahren .... Ortung ihrer Beute entwickelt haben, kommt ihnen noch immer .... Gute – sie finden sich .... Verkehrsgeschehen besser zurecht.

4. Ein weiterer Unterschied .... Mann und Frau zeigt sich besonders .... der Sprache. Es beginnt .... der Quantität. Wenn der Steinzeitmann .... seiner Horde .... die Jagd ging, beschränkte er sich .... den Austausch essenzieller Informationen („Mammut von links").

10. Lesen Sie Text 2.

Klasse statt Masse

Größer ist nicht immer besser. Das Gehirnvolumen von Männern liegt durchschnittlich um 10 Prozent über dem von Frauen, doch das verhilft der maskulinen Intelligenz nicht zum Triumph. Bei IQ-Tests, die das gesamte Spektrum geistiger Leistungen prüfen, schneiden beide Geschlechter gleich gut ab – es sieht so aus, als arbeite das weibliche Gehirn effektiver. Tatsächlich fand vor zwei Jahren ein Forscherteam der Universität von Pennsylvania in Frauenhirnen einen prozentual höheren Anteil der fürs Denken zuständigen „Grauen Substanz".

Abgesehen davon sieht es in den Köpfen von Männern und Frauen gar nicht so unterschiedlich aus, wie deren Verhaltensweisen vermuten lassen. Auffälligste Differenzen sind die rechte Gehirnhälfte und der verbindende Balken zwischen den Gehirnhälften. Beide fallen bei Frauen häufig etwas stärker aus als bei Männern. Durch die verstärkte Verbindung der beiden Gehirnhälften können linke und rechte Nervenzell-Netzwerke vermutlich besser miteinander kommunizieren.

Das würde erklären, warum Frauen zum Beispiel Sprache nicht fast ausschließlich in der linken Hemisphäre verarbeiten wie die meisten Männer, sondern auch in der rechten, vor allem die musisch-kreativ orientierten. Ein klarer Begabungsvorteil, den Tests schon für das Kindesalter belegen: Mädchen und Frauen machen beim Sprechen weniger Fehler als Männer, benötigen selbst bei komplexen Satzstrukturen weniger Ähs und Pausen. Einzelne Wörter können sie schneller aus dem Langzeitgedächtnis abrufen.

Ob sich das Gehirn männlich oder weiblich entwickelt, entscheiden Hormone im Mutterleib. So bremst Testosteron die Entwicklung der rechten Hirnhemisphäre beim Embryo.

Auch wenn in der Hirnforschung noch viele Fragen offen sind: Die meisten Wissenschaftler sind sich einig, dass Erziehung und Erfahrung allein die Verhaltenseigenarten der Geschlechter nicht erklären können. Sie haben offenkundig eine biologische Basis.

Auch die Umwelt ist wichtig, doch sobald der werdende Mensch auf Empfang schaltet, wirkt alles, was er wahrnimmt und erfährt, bereits auf ein entweder weiblich oder männlich geprägtes Gehirn.

STERN

11a. Was unterscheidet das männliche vom weiblichen Gehirn?

Frauen	Männer
....	haben ein größeres Gehirnvolumen
....	....
....	....
....	....
....	....
....	....

11b. Welche Gemeinsamkeiten nennt der Text?

12. Ergänzen Sie die Artikel und Endungen

1. d........ durchschnittlich........ weiblich........ Gehirn

2. d........ Gehirnvolumen

3. d........ recht........ Hirnhälfte

4. d........ verstärkt........ Verbindung d........ weiblich........ Gehirnhälften

5. d........ geistig........ Leistung

6. d........ Langzeitgedächtnis – d........ Kurzzeitgedächtnis

7. d........ Intelligenz

8. d........ Intelligenzquotient

9. d........ Denken

10. d........ Verhaltensweise

11. d........ Hirnforschung

12. ein........ gerade veröffentlicht........ Untersuchung

13. d........ vermeintlich........ Nachteil

14. ein........ klar........ Begabungsvorteil

13. Ergänzen Sie die fehlenden Substantive in der richtigen Form.

Ähnlichkeiten – Verhaltensweisen – Anteil – (das) Denken – Hälften – Nervenzell-Netzwerke – Begabungsvorteil – IQ-Tests – Spektrum – Differenz – Verbindung – Leistungen – Effektivität – Langzeitgedächtnis – Unterschiede – Mühe – Volumen – Durchschnitt

Das <u>Volumen</u> (0) des männlichen Gehirns liegt im .... (1) um 10 Prozent über dem der Frauen. Doch bei .... (2), die das gesamte .... (3) geistiger .... (4) prüfen, schneiden die Männer nicht besser ab. Das weibliche Gehirn scheint demzufolge mit größerer .... (5) zu arbeiten. Tatsächlich fanden Forscher der Universität von Pennsylvania in Frauenhirnen einen prozentual höheren .... (6) der fürs .... (7) zuständigen „Grauen Substanz".

Eine weitere auffällige .... (8) ist die verstärkte .... (9) der beiden .... (10) beim weiblichen Gehirn. Dadurch können linke und rechte .... (11) vermutlich besser miteinander kommunizieren. Ein klarer .... (12) für die Frauen: Das Sprechen kostet sie weniger .... (13), einzelne Wörter können sie schneller aus dem .... (14) abrufen.

Abgesehen von diesen .... (15) weisen die Köpfe von Männern und Frauen mehr .... (16) auf, als deren .... (17) vermuten lassen.

14. Lesen Sie den folgenden Kommentar und markieren Sie das richtige Wort.

Der große Unterschied

... (1) Frauen immer mehr Männerbastionen stürmen: Auto fahren, Fußball spielen und Bier trinken, und Männer vielleicht schon bald Kinder auf die Welt bringen können, entdecken Forscher immer öfter den großen Unterschied. Und der ... (2) sich nicht nur an den bereits bekannten Körperstellen, ... (3) auch im Kopf: Frauenhirne sind kleiner und leichter ... (4) Männerhirne. Frauen haben mehr graue Hirnzellen, bei Männern .... (5) die strahlend weißen. Das sind die harten Fakten. Nun leiten die heutigen Wissenschaftler ... (6) nicht die allgemeine Unterlegenheit der Frau ... (7) dem Mann ab, wie Schopenhauer oder Nietzsche das einst taten, nein, sie haben tröstlichere Erklärungen: Die grauen Zellen seien effizienter. Frauen denken mit Powerbooks, Männer mit Tischcomputern. Und wenn Männer besser ... (8) Mathematik sind, wie die Forscher sagen, erfreuen sich Frauen dafür besserer sprachlicher Fähigkeiten.

Der SPIEGEL

1.	a)	Während	O
	b)	Als	O
	c)	Wenn	O
2.	a)	liegt	O
	b)	befindet	O
	c)	steht	O
3.	a)	aber	O
	b)	nicht	O
	c)	sondern	O
4.	a)	wie	O
	b)	als	O
	c)	als wie	O
5.	a)	wiegen	O
	b)	überwiegen	O
	c)	gewinnen	O
6.	a)	damit	O
	b)	daraus	O
	c)	dafür	O
7.	a)	gegenüber	O
	b)	über	O
	c)	neben	O
8.	a)	mit	O
	b)	in	O
	c)	im	O

15. Schriftliche Stellungnahme

Worauf kommt es Ihrer Meinung nach im Zusammenleben zwischen Männern und Frauen an? Können die genannten Unterschiede tatsächlich Ursachen für Probleme im Zusammenleben von Männern und Frauen sein oder gibt es nach Ihrer Ansicht noch andere Ursachen, aus denen Probleme entstehen können?

Welchen Rat würden Sie jemandem geben, der morgen heiratet?

Schreiben Sie einen Text von ca. 200 Wörtern.

16a. Lesen Sie die folgenden Sprüche von gestern: Männer über Frauen

---

„Weibern mangelt es an Stärke und Kräften des Leibes und am Verstande."

Martin Luther, geb. 1483, Kirchenreformator

„Der Inhalt der großen Wissenschaft des Frauenzimmers ist vielmehr der Mensch und unter den Menschen der Mann. Ihre Weltweisheit ist nicht Vernünfteln, sondern Empfinden."

Immanuel Kant, geb. 1724, Philosoph

„Was die Weiber lieben und hassen, das wollen wir ihnen gelten lassen; wenn sie aber urteilen und meinen, da will´s oft wunderlich erscheinen."

Johann Wolfgang von Goethe, geb. 1749, Dichter

„Sonderbar, sowie das Weib zum denkenden Selbstbewusstein kommt, ist ihr erster Gedanke – ein neues Kleid!"

Heinrich Heine, geb. 1797, Dichter

16b. Berichten Sie mündlich oder schriftlich aus Ihrem Heimatland.

- Kennen Sie ähnliche Sichtweisen aus der vergangenen Zeit auch in Ihrem Heimatland?
- Welche Veränderungen haben sich vollzogen?
- Wie viele Frauen gibt es in akademischen Berufen?
- Wie viele Frauen haben Führungspositionen inne?

D. Ihre Grammatik

Weitergabe von Informationen

Die indirekte Rede

Das neue Haus <u>werde</u> *ein Stück Architekturgeschichte schreiben, sagte der Generaldirektor. Mit seiner modernen Architektur* <u>leiste</u> *es einen wichtigen Akt bei der Vermittlung zwischen Gegenwart und Geschichte.*

- Die Verbformen *werde* und *leiste* stehen im **Konjunktiv I.**
- Aussagen von anderen Personen werden im offiziellen Sprachgebrauch, z. B. in den Nachrichten oder anderen offiziellen Berichten, im **Konjunktiv I** wiedergegeben.

Gegenwart

haben		Konj. I	Konj. II
Sg.	1. ich	hab<u>e</u>*	**hätte**
	2. du	hab<u>est</u>**	**hättest**
	3. er/sie/es	**hab<u>e</u>**	
Pl.	4. wir	hab<u>en</u>*	**hätten**
	5. ihr	hab<u>et</u>**	**hättet**
	6. sie/Sie	hab<u>en</u>*	**hätten**

können		Konj. I	Konj. II
Sg.	1. ich	**könn<u>e</u>**	
	2. du	**könn<u>est</u>****	**könntest**
	3. er/sie/es	**könn<u>e</u>**	
Pl.	4. wir	**könn<u>en</u>***	**könnten**
	5. ihr	**könn<u>et</u>****	**könntet**
	6. sie/Sie	**könn<u>en</u>***	**könnten**

planen		Konj. I	Konj. II
Sg.	1. ich	plan<u>e</u>*	**würde planen**
	2. du	plan<u>est</u>**	**würdest planen**
	3. er/sie/es	**plan<u>e</u>**	
Pl.	4. wir	plan<u>en</u>*	**würden planen**
	5. ihr	plan<u>et</u>**	**würdet planen**
	6. sie/Sie	plan<u>en</u>*	**würden planen**

sein *(Sonderform)*		Konj. I
Sg.	1. ich	**sei**
	2. du	**sei(e)st**
	3. er/sie/es	**sei**
Pl.	4. wir	**seien**
	5. ihr	**seiet**
	6. sie/Sie	**seien**

* Hier ist Konjunktiv I identisch mit Indikativ, es wird deshalb **der Konjunktiv II** benutzt.

** Diese Formen gelten als veraltet. Man ersetzt sie auch durch den **Konjunktiv II.**

Am häufigsten verwendete Formen: **3. Person Singular/Plural.**

Vergangenheit

Singular	*er* <u>sei</u> *gegangen*	Plural	*sie* <u>seien</u> *gegangen*
	er <u>habe</u> *geplant*		*sie* <u>hätten</u> *geplant*

Einleitungen: Die Wiedergabe von Meinungen und Äußerungen wird in der Regel ergänzt von

– Verben wie:
   Herr/Frau X <u>meinte/sagte/antwortete/fragte/erwiderte/betonte/teilte mit</u> ...
– Wendungen wie: *Herr/Frau X <u>war der Meinung/Ansicht/Auffassung, dass</u> ...*

Perspektivenwechsel:

Der Bundeskanzler sagte: *Der Bundeskanzler sagte,*
„<u>Ich</u> werde die hohe Arbeitslosigkeit   ⇨   *<u>er</u> werde die hohe Arbeitslosigkeit*
bekämpfen."   *bekämpfen.*

In der **Umgangssprache, im alltäglichen Leben** entscheiden sich viele entweder für den Indikativ oder den Konjunktiv II:

Paul hat gesagt, er <u>kommt</u> nicht/dass er nicht <u>kommt</u>.   (Indikativ)
Susi sagte, sie <u>müsste</u> die Zahlen noch mal überprüfen.   (Konjunktiv II)

---

1. Einige Politiker haben beruflich gutgeschriebene Flugmeilen für private Zwecke genutzt und sollen bei einer Pressekonferenz Rede und Antwort stehen. Geben Sie die folgenden Aussagen in der indirekten Rede wieder.

   1. Herr A: „Ich <u>weiß</u> nicht, wie diese Informationen die Presse erreicht <u>haben</u>. Da <u>muss</u> es doch bei der Lufthansa eine undichte Stelle geben."
      Herr A meinte zu Beginn der Pressekonferenz, dass er nicht **wisse,** wie diese Informationen die Presse erreicht **hätten.** Da ....
      ....

   2. Herr B: „Es <u>muss</u> jetzt erst mal überprüft werden, ob es überhaupt mit den Gesetzen <u>übereinstimmt</u>, solche Details aus dem Leben von Politikern zu veröffentlichen."
      Herr B war der Ansicht, dass ....
      ....

   3. Herr C: „Ich <u>werde</u> in jedem Fall Strafantrag gegen die Zeitung stellen!"
      Herr C rief erregt, er ....
      ....

   4. Zwischenruf eines Journalisten: „Zur Diskussion <u>steht</u> aber das unkorrekte Verhalten von Politikern, nicht das Verhalten der Zeitung!"
      Ein Journalist rief dazwischen, dass ....
      ....

5. Frau D: „Ich <u>bin</u> dafür, dass der Bundestag selbst eine Untersuchung <u>einleitet</u>, um die Schuldigen zu finden."

   Frau D versuchte die Situation zu entspannen. Sie erklärte, sie ....

   ....

6. Herr F: „Ich <u>habe</u> im Dienst erworbene Flugmeilen privat genutzt. Ich <u>werde</u> von allen meinen politischen Ämtern zurücktreten."

   Darauf bekannte der Politiker F, dass er ....

   ....

   und nannte seine Konsequenzen: Er ....

   ....

7. Herr A: „Der Kollege F. <u>reagiert</u> jetzt über! Das <u>ist</u> keine kluge Entscheidung!"

   Herr A zeigte sich schockiert. Nach seiner Auffassung ....

   ....

8. Herr B: „Nicht alle Politiker, die mal einen ganz kleinen Fehler begangen <u>haben</u>, <u>können</u> zurücktreten!"

   Herr B unterstützte Kollegen A. Er meinte auch, dass ....

   ....

9. Herr F: „Ein Politiker <u>soll</u> sich zu seinem Fehlverhalten bekennen und daraus die Konsequenzen ziehen. Das <u>ist</u> seine moralische Pflicht."

   Herr F verteidigte sich. Nach seiner Ansicht ....

   ....

10. Frage eines Journalisten: „<u>Muss</u> dann der ganze Bundestag zurücktreten?"

    An dieser Stelle fragte ein Journalist Herrn F, ob ....

    ....

2. Ergänzen Sie bei den folgenden Nachrichten die Verben im Konjunktiv I bzw. Konjunktiv II.

Katastrophenalarm in Sachsen und Bayern

Nach heftigen Regenfällen wurden viele Ortschaften überschwemmt. In einigen Gebieten herrscht der Ausnahmezustand.

Die CDU-Politikerin Angela M. meinte heute zu ZDF-Reportern, dass angesichts der häufigen Unwetter und ihrer katastrophalen Folgen über die Auswirkungen der Umweltveränderungen auf das Klima nachgedacht werden <u>müsse</u> (müssen [0]). Die Aufgabe der Politik .... (sein [1]) es, darüber nachzudenken, wo man z. B. Strom sparen .... (können [2]). Eine große Verantwortung .... (liegen [3]) bei der Bauindustrie. Wenn man zum Beispiel bei neuen Gebäuden eine bessere Isolierung .... (einbauen [4]), ... (lassen [5]) sich ein Teil der Heizkosten sparen. Das wiederum .... (führen [6]) zu einem geringeren Verbrauch von Heizöl.

Der Umweltminister äußerte sich vor Ort ebenfalls zu den Überschwemmungen. Die verantwortlichen Politiker .... (haben [7]) in den letzten Jahren vieles unternommen, um den CO_2-Ausstoß in Deutschland zu reduzieren. Das allein .... aber noch nicht .... (ausreichen [8]). Es .... (müssen [9]) auch auf internationaler Ebene Gespräche geführt werden. Schon jetzt .... die europäischen Staaten nach gemeinsamen Lösungen .... (suchen [10]).

Der Bundeskanzler versicherte den Opfern, dass alles Erdenkliche getan .... (werden [11]), um schnelle Hilfe zu leisten. Ein Teil der Armee .... für Aufräumungsarbeiten .... (bereitstehen [12]). Die Regierung .... ein Spendenkonto .... (einrichten [13]), von dem aus unbürokratische finanzielle Hilfe möglich ist.

3. Ergänzen Sie die Verben in der indirekten Rede.

Der Spitzenkandidat erklärte, das schlechte Wahlergebnis hänge (0) mit dem schlechten Wetter zusammen, es .... (1) sich aber auch mit der unpopulären Regierungspolitik erklären.

Man .... (2) deutlich machen, dass sich das Land in einer schlechten Lage .... (3) und für die Umsetzung der Reformen ein langer Atem erforderlich .... (4). Es .... (5) jetzt das Wichtigste, Arbeitsplätze zu schaffen. Er fügte hinzu, dass sich der Wechsel an der Parteispitze ebenfalls negativ auf das Wahlergebnis ausgewirkt .... (6).

Der Oppositionsführer erklärte, er .... (7) sich über das Abschneiden seiner Partei, die nun ihre Position als zweitstärkste Partei im Lande gefestigt .... (8).

Der Führer der Liberalen meinte, er .... (9) mit dem Ergebnis zufrieden. Zwar .... (10) seine Partei in geringerem Umfang Stimmen hinzugewonnen, als die Prognosen vorhergesagt .... (11), er .... (12) aber überzeugt, dass die Partei bei den nächsten Wahlen besser .... (13).

4. Man kann die direkte Rede auch anders wiedergeben. Beschreiben Sie die folgenden Sprechhandlungen mit einem Verb im Präteritum.

zweifeln – erinnern – widersprechen – empfehlen – kritisieren – fragen – anbieten – vermuten – zusagen – voraussagen – träumen – ausrichten – schwärmen – sich weigern

Er sagte:

0. „Ja, Herr Schulze, das stimmt."
   Er gab Herrn Schulze Recht.

1. „Nein, Frau Müller, das kann nicht sein."

   ....

2. „Wie komme ich am schnellsten zum Bahnhof?"

   ....

3. „Soll ich dir helfen, Maria?"

   ....

4. „Sie wird eine große Zukunft haben."

   ....

5. „Ich bin mir nicht sicher, ob die Angaben stimmen."

   ....

6. „Du hast mir doch versprochen, dass du nicht mehr rauchst."

   ....

7. „Du solltest, wenn du nach München fährst, unbedingt das Deutsche Museum besuchen."

   ....

8. „Paul, du hast dich heute in der Sitzung falsch verhalten."

   ....

9. „Wenn ich doch nur im Lotto gewinnen würde!"

   ....

10. „Ach übrigens, Gabi, ich soll dich herzlich von Dr. Novald grüßen."

    ....

11. „Dieses Konzert war ein unvergessliches Erlebnis."

    ....

12. „Ich werde auf keinen Fall mit diesem Riesenrad fahren."

    ....

13. „Bei den Nachbarn ist die Polizei. Wahrscheinlich hat da heute Nacht jemand eingebrochen."

....

14. „Ja, ich arbeite gerne an diesem Projekt mit."

....

Weitergabe von Informationen
Modalverben *wollen* und *sollen*

Dr. Heinemann **soll** *der beste Anwalt der Stadt sein.* *Ab Januar* **sollen** *wieder die Benzinpreise erhöht werden.*	Mit *sollen* wird ein Sachverhalt wiedergegeben, den man irgendwo gehört oder gelesen hat. Über genauere Informationen verfügt man aber nicht.
Er **will** *mich gestern in der Disco nicht gesehen haben.*	Mit *wollen* wird eine Behauptung einer Person über sich selbst wiedergegeben. Man macht aber einige Zweifel an der Aussage deutlich.

Modalverb	**synonyme Wendungen**
Klaus **soll** *ein toller Tänzer* <u>*sein*</u>. *Die Autobahn* **soll** *morgen ...*	Ich habe gehört/Jemand hat erzählt/Es heißt/Angeblich/In den Nachrichten haben sie gesagt/In der Zeitung stand ...
Klaus **will** *ein toller Tänzer* <u>*sein*</u>.	Er sagt über sich selbst/Er behauptet von sich selbst ...

Gegenwart:	*Klaus* **soll/will** *ein guter Tänzer* <u>*sein*</u>.
Vergangenheit:	*Klaus* **soll/will** *ein guter Tänzer* <u>*gewesen sein*</u>.

5. Formen Sie die folgenden Sätze um. Bilden Sie Sätze mit dem Modalverb *sollen*. Achten Sie auf die Zeitformen.

Was ich alles weiß ...

0. Meine Nachbarin hat mir erzählt, dass Frau Müller ihren Mann verlassen hat.
   Frau Müller <u>soll</u> ihren Mann verlassen haben.

1. Von einer anderen Bekannten habe ich erfahren, dass Frau Müller im Urlaub einen anderen Mann kennen gelernt hat.

....

2. Von Frau Schulze weiß ich, dass unsere Sparkassenfiliale an der Ecke geschlossen wird.

....

3. In der Zeitung habe ich dann gelesen, dass alle kleinen Filialen, die nicht mehr rentabel sind, zugemacht werden. (Schade!)

....

4. Heute haben sie in den Nachrichten gesagt, dass die Preise für Zigaretten wieder angehoben werden.

....

5. In einem Boulevardmagazin stand, dass die Prinzessin unter Essstörungen litt.

....

6. Angeblich hat sie ihre Krankheit jetzt überwunden.

....

6. Formen Sie die folgenden Sätze um. Bilden Sie Sätze mit den Modalverben *sollen* oder *wollen*. Achten Sie auf die Zeitformen.

Gerüchte und Dementis ...

1. Die Zeitung meldete, Herr G. habe dienstlich erworbene Flugmeilen für private Zwecke genutzt.

   Herr G. ....

2. Herr G. sagte dazu: „Ich habe alle privaten Reisen auch privat bezahlt."

   Herr G. ....

3. Es gibt das Gerücht, dass Oberbürgermeister K. 500 000 Euro von einem ihm bekannten Unternehmer angenommen hat.

   ....

4. Der Oberbürgermeister meint aber, er habe niemals Geld angenommen.

   ....

5. In Journalistenkreisen wurde bekannt, dass der Bundestagsabgeordnete früher Informant des Staatssicherheitsdienstes der DDR war.

   ....

6. Der Bundestagsabgeordnete behauptet, nie irgendwelche Kontakte zur Staatssicherheit gehabt zu haben.

   ....

7. Es heißt, das Arbeitsamt habe im großen Stil Statistiken gefälscht und das sei dem Ministerium für Arbeit bekannt gewesen.

   ....

8. Ein Sprecher des Ministeriums sagte, dass niemand von gefälschten Statistiken gewusst habe.

Im Ministerium ....

Adversativadverbien

(während, wohingegen, wogegen, dagegen, demgegenüber, im Gegensatz zu)

Männer verfügen über eine gute räumlich visuelle Vorstellungskraft.		*Frauen können räumlich nicht gut sehen.*

Verbalform

– Konjunktionen, die Nebensätze einleiten:

Während Männer über eine gute räumlich visuelle Vorstellungskraft verfügen, können Frauen räumlich nicht gut sehen.

Frauen können räumlich nicht gut sehen, während Männer über eine gute räumlich visuelle Vorstellungskraft verfügen.

Frauen können räumlich nicht gut sehen, wohingegen/wogegen Männer über eine gute räumlich visuelle Vorstellungskraft verfügen.

⇨   Mit *wohingegen/wogegen* eingeleitete Nebensätze sind nur als nachgestellte Sätze möglich.

– Konjunktionen, die Hauptsätze einleiten:

Frauen können räumlich nicht gut sehen, dagegen verfügen Männer über eine gute räumlich visuelle Vorstellungskraft/Männer verfügen dagegen über eine gute räumlich visuelle Vorstellungskraft.

⇨   Hauptsatz Typ 2

Frauen können räumlich nicht gut sehen, im Gegensatz dazu/demgegenüber verfügen Männer über eine gute räumlich visuelle Vorstellungskraft/Männer verfügen im Gegensatz dazu/demgegenüber über eine gute räumlich visuelle Vorstellungskraft.

⇨   Hauptsatz Typ 2

Nominalform
Im Gegensatz zu Männern können Frauen räumlich nicht gut sehen.

7. In den Lesetexten dieses Kapitels haben Sie die folgenden Behauptungen gefunden. Verbinden Sie die Sätze. Verwenden Sie unterschiedliche grammatische Möglichkeiten.

1. Die Männer mussten früher wilde Tiere jagen. Die Frauen blieben in der Höhle.

    ....

2. Bei den Männern hat sich im Laufe der Evolution der Tunnelblick herausgebildet. Bei den Frauen entwickelte sich der Breitband-Nahblick.

    ....

3. Frauen leiden unter Orientierungsschwierigkeiten. Männer können ohne Mühe Stadtpläne lesen.

    ....

4. In der Steinzeit beschränkte sich die Kommunikation des Mannes auf den Austausch essenzieller Informationen. Die Kommunikation der Frauen hatte soziale Bedeutung.

    ....

5. Frauen verfügen über fünf Zuhörlaute. Männer benutzen nur drei.

    ....

6. Eine Frau kann zwei Gesprächen gleichzeitig folgen. Ein Mann ist manchmal schon mit einem Gespräch überfordert.

    ....

7. Kommt ein Mann nach getaner Arbeit nach Hause, will er mal schweigen. Seine Frau möchte sofort den ganzen Tag mit ihm durchsprechen.

    ....

8. Eine Frau produziert innerhalb von zehn Sekunden durchschnittlich sechs verschiedene Gesichtsausdrücke. Das Gesicht des Mannes bleibt beim Zuhören nahezu gleich.

    ....

9. Frauen verarbeiten Sprache in der linken und rechten Gehirnhälfte. Männer nutzen fast ausschließlich die linke.

    ....

10. Frauen denken mit Powerbooks. Männer denken mit Tischcomputern.

    ....

11. Frauen haben mehr graue Gehirnzellen. Bei Männern überwiegen die strahlend weißen.

....

12. Männer erzielen bessere Ergebnisse in Mathematik. Frauen besitzen bessere sprachliche Fähigkeiten.

....

13. Frauen machen beim Sprechen selten Fehler. Männer benötigen viele Ähs und Pausen.

....

14. Früher leiteten die Wissenschaftler aus den Unterschieden zwischen den Geschlechtern die Unterlegenheit der Frau ab. Heute suchen sie andere Erklärungen.

....

Kopulative Konjunktionen

(nicht nur – sondern auch, weder – noch, einerseits – andererseits, entweder – oder)

*Frauen verarbeiten Sprache **nicht nur** in der linken Gehirnhälfte, **sondern auch** in der rechten.*

*Frauen können **weder** gut einparken, **noch** fällt es ihnen leicht, Stadtpläne zu lesen.*

***Einerseits** haben Frauen kleinere Gehirne als Männer, **andererseits** schneiden sie bei IQ-Tests genauso gut ab.*

***Entweder** starrt der Mann nach getaner Arbeit in den Fernseher **oder** er liest die Sportnachrichten.*

8. Verbinden Sie die folgenden Sätze mit kopulativen Konjunktionen.

1. Er will gern im Urlaub weit wegfahren. Er will sich auch um seinen Garten kümmern.

....

2. Sie kann kein Telefongespräch auf Spanisch führen. Sie kann auch keinen spanischen Geschäftsbrief schreiben.

....

3. Sie möchte zuhören. Sie möchte sich auch aktiv am Gespräch beteiligen.

....

4. Wir können Ihnen einen Standardkurs anbieten. Wir können auch ein maßgeschneidertes Kursprogramm für Sie zusammenstellen.

   ....

5. Du musst in den nächsten drei Tagen den Rückstand aufarbeiten. Du bekommst Probleme mit dem Chef.

   ....

6. Ich habe ihn überall gesucht. Er war nicht mehr im Büro. Er hat auch nicht in seinem Lieblingsrestaurant gegessen.

   ....

7. Viele Leute wollen etwas für die Umwelt tun. Sie weigern sich aber, mit öffentlichen Verkehrsmitteln zur Arbeit zu fahren.

   ....

8. Die Polizei hat den Tatort nicht gründlich untersucht. Sie ist Hinweisen aus der Bevölkerung nicht nachgegangen.

   ....

9. Wir können mit dem Taxi zum Flughafen fahren. Wir können auch den Zug nehmen.

   ....

10. An der Veranstaltung nahmen ehemalige Schüler teil. Es kamen auch einige ehemalige Lehrer.

    ....

11. Susanne ist keine besonders gute Hausfrau. Sie kann nicht kochen. Sie macht auch nicht gern sauber.

    ....

12. Es ist mir egal, wo wir uns treffen. Das Gespräch kann bei uns in der Firma stattfinden. Wir kommen aber auch gern zu Ihnen.

    ....

13. Er ist abends immer sehr müde. Er will nach der Arbeit etwas für seine Gesundheit tun und ins Fitnessstudio gehen.

    ....

14. Er lernt Deutsch für sein Studium. Er will auf Deutsch E-Mails schreiben.

    ....

Kapitel 4   Kopf und Bauch

A. Glücks- und andere Gefühle

1. Was fällt Ihnen ein, wenn Sie das Wort *Glück* hören?

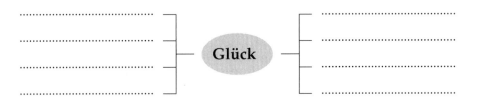

2. Berichten Sie.
   - Wovon hängt Ihrer Meinung nach *Glück* ab?
   - Ist *Glück* Schicksal oder kann man es beeinflussen?
   - Eine *Glücksfee* möchte Ihnen drei Wünsche erfüllen.
     Haben Sie Wünsche? Welche?
   - Welche Symbole gibt es in Ihrem Heimatland für *Glück*?
   - Lesen Sie manchmal Ratgeber zum Thema *Glück*?
     Wenn ja, was erwarten Sie von diesen Ratgebern?

3. Eine Bekannte/ein Bekannter hat sich von Ihnen zum Geburtstag einen Ratgeber zum Thema *Glück* gewünscht. In einem kleinen Buchladen empfiehlt Ihnen die Buchhändlerin folgende Bücher. Treffen Sie eine Auswahl und begründen Sie Ihre Entscheidung.

Das Bumerang-Prinzip: Mehr Zeit fürs Glück

Von Lothar J. Seiwert. 240 Seiten, Verlag Gräfe u. Unzer, ISBN: 377425561X, 22,90 €

Lebenszeit ist das kostbarste Gut, das wir besitzen. Doch anstatt sie für unser Glück zu nutzen, fühlen wir uns nur allzu oft gefangen in der Leistungsfalle, leiden unter Hektik, Stress oder Angst. „Das Bumerang-Prinzip" zeigt, wie Sie Ihre ganz persönliche Balance finden zwischen Arbeit und Freizeit, Familie und Hobbys, Erfolg und Entspannung. Typgerechte Lebens-Management-Strategien schaffen Freiräume für Glück und Lebensqualität und schenken Ihnen Zeit, um Ihre Träume Wirklichkeit werden zu lassen. Dieser Ratgeber von Professor Seiwert, dem „führenden Zeitexperten", wird ergänzt durch einfache und wirkungsvolle Tipps aus den Bereichen Gesundheit, Psychologie und Ernährung.

Die Glücksformel
Oder wie die guten Gefühle entstehen

Von Stefan Klein. 320 Seiten, Rowohlt-Verlag,
ISBN: 3498035096, 19,90 €

Für ein glückliches Leben tun wir alles – und schlittern dabei von einem Unglück ins nächste. Die Probleme beginnen bereits bei der Definition: bislang wusste keiner genau, was Glück eigentlich ist. Selbst die Philosophie, die der Frage seit Tausenden von Jahren nachgeht, hat bis heute nur Antworten voller Widersprüche geben können. Jetzt aber haben sich die Hirnforscher auf die Suche nach den Gefühlen gemacht. Erstmals lassen sich Empfindungen messen. Stefan Klein präsentiert in seinem Buch neue und interessante Forschungsergebnisse zum Thema Gefühle, Zufriedenheit, Leidenschaft und Lust. Anhand von praktischen Tipps und lebensnahen Beispielen zeigt er, wie sich schlechte Stimmungen vertreiben lassen und dass gute Gefühle kein Schicksal sind. Man kann und muss sich um sie bemühen.

Die Regeln des Glücks

Von Dalai Lama und Howard C. Cutler.
286 Seiten, Lübbe-Verlag, ISBN: 3404701704, 7,90 €

Die Frage nach dem Glück zählt zu den zentralen Themen im Leben eines jeden Menschen – ganz gleich, welchem Kulturkreis er angehört. Seit den Menschen in den hochindustrialisierten Ländern des Westens trotz allen Überflusses klar wurde, dass Glück jenseits von materiellem Wohlstand, Luxus und einem sorgenfreien Leben liegt, setzte eine verstärkte Hinwendung zu fernöstlichen Weisheitslehren ein. Die buddhistische Auffassung vom Glück unterscheidet sich allerdings fundamental von der des Westens. Denn dort wird der einmal in Gang gesetzte Prozess des Wachsens und Reifens, des aktiven Arbeitens am Glück als ein lebenslanger gesehen. Jeder ist seines Glückes Schmied und kann viel für seinen individuellen Glückszustand tun; doch dieser Weg ist, darauf weist der Dalai Lama in seiner überzeugenden Art immer wieder hin, voller Mühsal und Rückschläge. Das setzt in unserer leistungs- und ergebnisorientierten Gesellschaft ein grundsätzliches Umdenken voraus.

Anleitung zum Unglücklichsein

Von Paul Watzlawick. 132 Seiten, Piper-Verlag,
ISBN: 3492221009, 7,90 €

Unglücklich sein kann jeder; sich unglücklich machen will gelernt sein ... Die wohl erste Bedienungsanleitung zur Förderung des eigenen Unglücks. Als ergiebige Quelle hierzu eignet sich beispielweise die Vergangenheit. Die Methode ist einfach: alle in der Vergangenheit liegenden Ereignisse werden verherrlicht und mit der dann zwangsläufig enttäuschend erscheinenden Gegenwart verglichen. Aber auch in der Gegenwart lassen sich ausreichend Ursachen finden, die zum wohlverdienten Unglücklichsein führen: ein kleiner Streit mit den eigentlich friedliebenden Nachbarn, die Partnerschaft oder die unerfüllbare Hoffnung auf das wahre Glückserlebnis, das ewig anhalten soll. Eine gelungene Parodie auf alle Ratgeber und Glücksversprechungen.

4. Kombinieren Sie.

1. alles für ein glückliches Leben	vertreiben
2. von einem Unglück ins nächste	sehen
3. der Frage „Was ist Glück?"	leiden
4. sich auf die Suche nach den guten Gefühlen	tun
5. schlechte Stimmungen	schlittern
6. auf gute Gefühle	machen
7. aktives Arbeiten am Glück als einen lebens-langen Prozess	nachgehen
8. unter Hektik, Stress oder Angst	achten
9. sich in der Leistungsfalle	verherrlichen
10. Freiräume für Lebensqualität	hoffen
11. in der Vergangenheit liegende Ereignisse	schaffen
12. auf das wahre Glückserlebnis	gefangen fühlen

5. Rund ums Glück

5a. Ergänzen Sie die bestimmten Artikel und erklären Sie die Wörter.

.... Glückspilz   .... Glücksklee

.... Glückssträhne   .... Glückskäfer

.... Glücksfall   .... Glückspfennig

.... Glückssache   .... Glückskind

.... Glückstreffer   .... Glücksspiel

5b. Ordnen Sie den Redewendungen die richtigen Erklärungen zu.

1. Glück und Glas, wie leicht bricht das.	a) Auf das Glück ist auf die Dauer kein Verlass.
2. Dem Glücklichen schlägt keine Stunde.	b) etwas mit der Hoffnung auf Erfolg tun
3. Jeder ist seines Glückes Schmied.	c) Jeder kann sein Schicksal selbst bestimmen/beeinflussen.
4. Glück im Unglück haben	d) etwas ohne genaue Planung/Vorbereitung unternehmen
5. etwas auf gut Glück probieren	e) Es hängt/hing von einem glücklichen Zufall ab.
6. noch nichts von seinem Glück wissen	f) eine unangenehme Nachricht noch nicht erhalten haben
7. sein Glück versuchen	g) Es hätte noch viel Schlimmeres passieren können.
8. Das ist/war reine Glücks-sache!	h) Wer glücklich ist, vergisst die Zeit.

6. Zehn Thesen zum Glück

Lesen Sie die Thesen (nach Stefan Kleins „Glücksformel") und ergänzen Sie die Lücken in den umgeformten Sätzen (rechts).

1. Untersuchungen zeigen, dass Glücklichsein wenig von den Umständen des Lebens abhängt.

   Untersuchungen <u>zufolge</u> hat Glücklichsein wenig mit den Lebensumständen zu ....

2. Alle äußeren Faktoren zusammengenommen machen nicht mehr als 10 Prozent aus.

   Der .... der äußeren Faktoren am Glück ist nicht .... als 10 Prozent.

3. Die Empfindung des Glücks entsteht dadurch, dass das Hirn den Körper beobachtet und Signale aus ihm aufnimmt.

   Die Empfindung des Glücks entsteht im Hirn durch .... des Körpers und .... von Signalen.

4. Ein Weg zur Beeinflussung des Glücksgefühls ist, unsere Wahrnehmung zu schulen.

   Wir können unser Glücksgefühl .... beeinflussen, ... wir unsere Wahrnehmung schulen.

5. Wir sollten uns über die kleinen Dinge des Lebens freuen und nicht nur über die schlechten Momente ärgern.

   Die .... über die kleinen Dinge des Lebens sollte größer sein als der .... über die schlechten Momente.

6. Menschen werden unglücklich, wenn sie das Gefühl haben, Leben und Schicksal nicht in der Hand zu haben.

   Bei Menschen entsteht ein .... Gefühl, wenn sie ihr Leben nicht mehr .... können.

7. Die Vorstellung vom Glück als Dauerfaulenzen ist leider falsch.

   Die Vorstellung, dass man durch Faulenzen glücklich werden kann, hat sich als falsch ....

8. Wichtig ist, dass sich Menschen Ziele setzen und die Ziele auch verfolgen.

   Das Setzen und Verfolgen .... Zielen sind wichtige Voraussetzungen .... Glück.

9. Bestimmte Menschen können ihre negativen Emotionen besser kontrollieren.

   Bestimmte Menschen haben ihre negativen Emotionen besser ....

10. Jeder sollte mehr auf positive Empfindungen achten.

    Es ist ...., positiven Empfindungen mehr Beachtung zu ....

119

7. Lesen Sie die Weisheiten zum Thema *Glück*.

> „Wie glücklich würde mancher leben, wenn er sich um anderer Leute Sachen so wenig bekümmerte wie um seine eignen."
>
> *Oscar Wilde*

> „Das Glück gehört denen, die sich selber genügen. Denn alle äußeren Quellen des Glücks und Genusses sind, ihrer Natur nach, höchst unsicher, misslich, vergänglich und dem Zufall unterworfen."
>
> *Arthur Schopenhauer*

> „Wenn du eine Stunde lang glücklich sein willst, schlafe.
> Wenn du einen Tag glücklich sein willst, geh fischen.
> Wenn du ein Jahr glücklich sein willst, habe ein Vermögen.
> Wenn du ein Leben lang glücklich sein willst, liebe deine Arbeit."
>
> *Weisheit aus China*

Stimmen Sie mit einer der Weisheiten überein?
Kennen Sie weitere Weisheiten zum Thema Glück?

8. Glücks- und andere Gefühle

Wählen Sie fünf Substantive aus und beschreiben Sie die Gefühle oder Stimmungen, die diese Wörter bei Ihnen hervorrufen:

◆ Sterne	◆ Lottozahlen	◆ Geld
◆ Schlangen	◆ Wirtschaftslage	◆ Stau
◆ Uhr	◆ Arbeitslosigkeit	◆ Steuern
◆ Berge	◆ Preiserhöhungen	◆ Schlagzeug
◆ Traum	◆ Handyklingeln	◆ Computer
◆ Prüfungen	◆ Fernsehwerbung	◆ Schreibtisch
◆ Sonntag	◆ klassische Musik	◆ Kontoauszug

9. Sammeln Sie zu den Substantiven passende Wörter oder Wortgruppen.

der Ärger	**das Glück**	**die Freude**
sich ärgern über	....	....
jemanden ärgern	....	....
verärgert sein	....	....
etwas ist ärgerlich	....	....

die Sorge	**der Neid**	**die Liebe**
....	....	....
....	....	....
....	....	....
....	....	....

die Aufregung	**die Furcht**	**die Trauer**
....	....	....
....	....	....
....	....	....
....	....	....

die Wut	**der Mut**	**die Rache**
....	....	....
....	....	....
....	....	....
....	....	....

10. Beantworten Sie einige der folgenden Fragen.

   – Gibt es etwas, wovor Sie Angst haben?
   – Was bereitet Ihnen im Moment die größten Sorgen?
   – Gibt es jemanden/etwas, auf den/worauf Sie neidisch sind?
   – Worüber haben Sie sich letzte Woche besonders gefreut?
   – Haben Sie sich in letzter Zeit über etwas aufgeregt?

⇨ IHRE GRAMMATIK:　Übungen **zu Verben und Adjektiven mit präpositi-
　　　　　　　　　　　onalem Kasus finden Sie auf Seite 138.

11. Beschreiben Sie die nebenstehende Statistik.

Berichten Sie.

– Wie würde die Statistik in Ihrem Heimatland aussehen?

– Wie erklären Sie sich, dass Hochwasser an zweiter Stelle steht?

Die Sorgen der Bundesbürger

Von je 100 Befragten bezeichnen als wichtigste Themen

Arbeitslosigkeit	72
38	Hochwasser-Katastrophe
12	Wirtschaftslage
7	Politikverdruss, Spendenaffären
7	Umweltschutz
5	Steuern, Steuererhöhungen
5	Ausländer, Asyl, Zuwanderung
4	Bildung, Schule
4	Familie, Kinder, Jugend
3	Euro, Preiserhöhungen

Mehrfachnennungen

Stand Ende August 2002

Ⓖ 7975 © Globus   Quelle: Forschungsgruppe Wahlen

12. Sie lesen in der Zeitung folgenden wichtigen Hinweis:

Täglicher Ansporn aus dem Altpapier

Mit dem positiven Denken geht es bergab. Erzielten noch vor kurzem Bücher wie „Sorge dich nicht, lebe!" Millionenauflagen, galt noch vor nicht allzu langer Zeit die Karriere in der New Economy einzig als Frage der inneren Einstellung, so hat sich die gute Laune in Zeiten von Arbeitslosigkeit, Wirtschaftskrise und Naturkatastrophen verflüchtigt. Die Glücksvorstellungen zur Hebung der Angestelltenmoral wandern ins Altpapier. Dort werden sie recycelt und als Toilettenpapier dem finalen Gebrauch zugeführt: Die Firma „Zewa"* bedruckt ihr neuestes Produkt mit Sinnsprüchen wie: „Ein positiver Tag beginnt mit positiven Gedanken." oder „Es ist schöner, sich an Dingen zu erfreuen, die man hat, als über alles zu jammern, was man nicht besitzt."

DIE WELT

*Zewa = *Unternehmen, das u. a. Toilettenpapier, Küchenpapier usw. herstellt.*

– Äußern Sie Ihre Meinung schriftlich oder mündlich. Helfen Ihrer Meinung nach solche Sinnsprüche, auf welchem Papier auch immer gedruckt, Alltagssorgen zu verringern? Begründen Sie Ihre Meinung und führen Sie Beispiele an.

– Sie arbeiten bei der Firma *Zewa*. Welche Sprüche würden Sie vorschlagen?

B. Das Reich der Sinne

1. Erstellen Sie eine Reihenfolge der fünf Sinne: *Hören, Riechen, Schmecken, Tasten, Sehen* nach Wichtigkeit. Begründen Sie Ihre Entscheidung.

   1 ....

   2 ....

   3 ....

   4 ....

   5 ....

2. Welche Sinne werden Ihrer Meinung nach in der heutigen Zeit zu viel oder zu wenig genutzt? Führen Sie Beispiele an.

3. Vergleichen Sie Ihre Meinung mit den Ergebnissen einer Studie.

Unsere Sinne

Der moderne Mensch erlebt einen Angriff auf seine Sinne: Während einige Sinne gereizt und überfordert werden, verkümmern andere – mit negativen Folgen für Gesundheit und Wohlbefinden.

Gesichts- und Gehörsinn werden in unserer multimedialen Gesellschaft mit Reizen überflutet, unterdessen veröden beispielsweise Tast-, Geruchs- und Geschmackssinn zunehmend. Zu diesem Schluss kommt eine kürzlich veröffentlichte Studie der Universität Oxford. „Die moderne Gesellschaft spricht unsere Sinne bedenklich unausgewogen an. Besonders der sehr emotionale Tastsinn verwahrlost", heißt es in dem Bericht. Berührung sei nicht nur wichtig für unser emotionales Wohlergehen, sondern auch für die sensorische, kognitive, neurologische und physische Entwicklung des Menschen. Nie zuvor hätten sich Menschen so selten angefasst wie heute.

Ebenso greift der Hunger nach Licht um sich. 90 Prozent seiner Zeit verbringt der Mensch heute in geschlossenen Räumen, stellt die Studie weiter fest. Die Leute arbeiten oft unter höhlenartigen Bedingungen. Das mag gut sein für die Sicht auf den Computerbildschirm, ist aber untauglich für das psychische Wohlbefinden und kann zu Depressionen führen, unter denen immer mehr Menschen der nördlichen Breitengrade leiden.

„In einer Welt mit berührungshungrigen Kindern, arbeitsbedingten Krankheiten und einem Lebensstil ohne Bezug zur Natur brauchen wir sozusagen als Gegengift eine ganzheitliche Betrachtungsweise unserer Sinne."

Rheinische Post

4. Was passiert mit unseren Sinnen? Suchen Sie Wörter und Wendungen aus dem Text.

– einen Angriff erleben

Unsere Sinne können ...

– ....

– ....

– ....

– ....

– ....

5. Lesen Sie den folgenden kurzen Text und ergänzen Sie die Endungen der Artikel, Adjektive und Partizipien, wenn nötig.

Ein..... kürzlich veröffentlicht..... Studie der Universität Oxford kommt zu dem Schluss, dass d..... für den Menschen so wichtig..... Sinne unausgewogen beansprucht würden. Besonders d..... sehr emotional..... Tastsinn verwahrlose. Berührung sei nicht nur wichtig für unser..... emotional..... Wohlergehen, sondern auch für d..... sensorisch....., kognitiv....., neurologisch..... und physisch..... Entwicklung des Menschen.

⇨ IHRE GRAMMATIK: Übungen **zur Deklination der Adjektive** finden Sie auf Seite 142.

---

6. Lesen Sie den folgenden Beschreibungen unserer Sinne.

Riechen
Gerüche nehmen wir eigentlich nur noch dann wahr, wenn etwas extrem schlecht oder auffallend gut riecht. Dabei sind unsere Millionen Riechzellen, die sich alle 30 Tage erneuern, überaus empfindlich. Der Riechsinn ist unser ursprünglichster Sinn und der unmittelbarste. Die Riechzellen senden ihre Informationen direkt an den Teil des Gehirns, wo auch die Gefühle und Instinkte zu Hause sind und der Schlüssel zum Langzeitgedächtnis liegen soll. Gerüche können uns schlagartig emotional bewegen und in die Vergangenheit katapultieren. Sie rufen stärkere Erinnerungen wach, als das eine Fotografie tun könnte. Der Geruch des feuchten warmen Regenwaldes an Australiens Ostküste, des Hamburger Hafens, orientalischer Gewürzgemenge in Marrakesch – Gerüche schaffen Bilder und wirken auf unser Zentrales Nervensystem, sie verursachen Stimmungen.

Schmecken
Wir können nur vier Geschmacksrichtungen unterscheiden: süß, salzig, sauer und bitter. Mehrere tausend winzige Geschmacksknospen, Papillen genannt, befinden sich auf

unserer Zunge. Der Geschmack geht diffizilere Wege als der Geruch. Die Geschmacksbotschaft wird gefiltert, bevor sie ans Hirn weitergeleitet wird. Die Geschmacksempfindung ändert sich, je nachdem, ob etwas warm oder kalt ist. Doch vieles, was wir zum Beispiel beim Essen über die vier Geschmacksrichtungen hinaus wahrnehmen und als Geschmack bezeichnen, sind Gerüche. Halten Sie sich einfach mal die Nase zu, verschließen Sie die Augen und essen Sie ein Stück Apfel und Möhre. Sie können Sie nicht mehr auseinanderhalten. Der Feinschmecker genießt also in Wirklichkeit mit der Nase.

Tasten

Der Tastsinn beschränkt sich nicht, wie man vielleicht annehmen könnte, auf unsere Hände und Fingerspitzen. Die gesamte Hautoberfläche, also der gesamte Körper fühlt mit. Die Haut ist unser größtes Sinnesorgan und gilt als Multitalent. Sie verfügt nicht nur über Tastsinn, sondern auch über Temperatur- und Schmerzsinn. Berührung ist lebensnotwendig. Babys, die oft gestreichelt werden, wachsen schneller, sind aktiver, aufmerksamer und emotional stabiler.

Hören

Ohne Geräusche keine Stille. In Wirklichkeit kennen wir keine absolute Stille. Sogar wenn wir uns in einen schallgedämpften Raum zurückziehen, hören wir noch immer etwas: das Rauschen unseres Blutes. Das Ohr ist wählerisch und subjektiv. Wir können uns auf bestimmte Töne und Gespräche konzentrieren und andere Geräusche in den Hintergrund stellen. Wir lieben harmonische Klänge. Anhaltender Lärm schädigt uns. Oft wissen wir nicht, was uns krank macht – was uns verrückt macht, wissen wir: das nervtötende Tropfen eines Wasserhahns, das Schnarchen des Partners, das Quietschen von Kreide an der Tafel.

Sehen

Der Sehsinn ist das am meisten genutzte Sinnesorgan, auf das wir im Allgemeinen am wenigsten verzichten möchten. Über ein Drittel das Gehirns beschäftigt sich mit visueller Datenverarbeitung. Auf unsere Netzhaut trifft eine Unzahl von Eindrücken. Die Netzhaut filtert heraus, was ans Gehirn gesendet wird. Dort wird auch noch einmal kräftig selektiert. Das Sehen läuft zum großen Teil im Gehirn ab und ist ein komplexer biologischer Vorgang. Wir nehmen nicht alles wahr, was sich vor unserem Gesichtsfeld tummelt, immer nur Ausschnitte. Und ist das, was wir sehen, wirklich so, wie wir es sehen? Das Auge lässt sich leicht in die Irre führen: Dasselbe Grau erscheint vor dunklem Hintergrund heller als vor hellem. Gleich lange Balken erscheinen unterschiedlich lang. Es gibt Dutzende solcher Beispiele. Wir vertrauen oft darauf, was wir sehen, doch der Himmel ist nicht blau.

7. Suchen Sie aus dem Text Wörter, die zu den Sinnen: *Riechen, Schmecken, Tasten, Hören, Sehen* passen/gehören.

Riechen	Schmecken	Tasten	Hören	Sehen
Gerüche	....	....	....	....
gut riechen	....	....	....	....
....	....	....	....	....
....	....	....	....	....
....	....	....	....	....
....	....	....	....	....

8. Wählen Sie das richtige Wort. Es gibt jeweils nur eine richtige Lösung.

Wir haben die Fähigkeit, unsere Sinne bewusst wahrzunehmen, ... (1). Doch über unsere Sinne nehmen wir die Umwelt ... (2) uns auf.

Die meisten Menschen ... (3) über Millionen Riechzellen, die sich jeden Monat erneuern. Sie senden ihre Informationen direkt ins Gehirn. Dort ... (4) Erinnerungen sind in der Lage, uns emotional stark zu ... (5). Gerüche wirken direkt ... (6) unser zentrales Nervensystem.

Auf unserer Zunge befinden sich mehrere tausend winzige Geschmacksknospen. ... (7) die Geschmacksbotschaft von den Geschmacksknospen gefiltert worden ist, wird sie ans Hirn weitergeleitet. Abhängig ... (8), ob etwas warm oder kalt ist, ändert sich die Geschmacksempfindung.

Der Tastsinn ... (9) sich nicht auf unsere Hände und Fingerspitzen. Die gesamte Hautoberfläche verfügt neben ... (10) Tastsinn auch über Temperatur- und Schmerzsinn.

1. a) vergessen O
   b) vermisst O
   c) verloren O
2. a) in O
   b) am O
   c) an O
3. a) haben O
   b) besitzen O
   c) verfügen O
4. a) hervorrufende O
   b) hervorgerufene O
   c) hervorgerufenen O
5. a) bewegen O
   b) fühlen O
   c) bewogen O
6. a) in O
   b) im O
   c) auf O
7. a) Bevor O
   b) Während O
   c) Nachdem O
8. a) davon O
   b) dadurch O
   c) darüber O
9. a) verengt O
   b) beschränkt O
   c) befindet O
10. a) den O
    b) dem O
    c) der O

... (11) Ohr ist wählerisch und subjektiv. Wir können bestimmte Geräusche in den Hintergrund ... (12). Ein Wasserhahn, der die ganze Zeit tropft, kann uns verrückt machen.

Über ein Drittel das Gehirns ... (13) sich mit visueller Datenverarbeitung. Unsere Netzhaut, ... (14) eine Menge Eindrücke treffen, filtert heraus, was ans Gehirn gesendet wird. Das Sehen spielt sich größtenteils im Gehirn ab. Oft vertrauen wir ... (15), was wir sehen, doch das Auge lässt sich leicht in ... (16) führen: der Himmel ist nicht blau.

11. a) Unsere   O
    b) Unseres   O
    c) Unser   O
12. a) stellen   O
    b) setzen   O
    c) hängen   O
13. a) beschäftigt   O
    b) arbeitet   O
    c) bemüht   O
14. a) wo   O
    b) auf die   O
    c) auf der   O
15. a) damit   O
    b) auf dem   O
    c) darauf   O
16. a) die Verwirrung   O
    b) das Erstaunen   O
    c) die Irre   O

9.   Wortschatz

Wirken die Verben eher positiv, negativ oder neutral? Schlagen Sie die unbekannten Verben im Wörterbuch nach.

stinken – riechen – duften – schnuppern – quietschen – klingen – hören – rattern – kosten – abschmecken – hinunterwürgen – schlemmen – glotzen – betrachten – berühren – anfassen – antatschen – streicheln – kratzen – ertasten

positiv	neutral	negativ
....	....	....
....	....	....
....	....	....
....	....	....
....	....	....

10. Schriftliche Stellungnahme

10a. „Wir können unsere Sinne ständig trainieren im täglichen Leben, wie unsere Muskeln beim Sport. Durch Hören, Sehen, Riechen, Schmecken, Tasten. Wir werden eine zusätzliche Gabe entdecken und uns dabei ertappen, wie wir sanft über das Holz eines Möbelstückes fahren oder den Straßenasphalt riechen." (Roder Schmid, Vorsitzender des Aromastoffherstellers Dracogo)

Erscheint es Ihnen sinnvoll, die fünf Sinne zu schulen? Wenn ja, beschreiben Sie, was man zum Training der Sinne tun kann und geben Sie einige Beispiele. Wenn nein, begründen Sie Ihre Ablehnung. Schreiben Sie einen Text von ca. 200 Wörtern.

10b. In Kaufhäusern zum Beispiel sollen Kunden durch Gerüche zum Kauf animiert werden.

– Haben Ihrer Meinung nach solche Manipulationen Erfolg? Begründen Sie Ihre Meinung.

– Können auch andere Sinne bewusst beeinflusst oder manipuliert werden? Wenn ja, nennen Sie Beispiele.

C. Essen

1. Fragen Sie Ihre Nachbarin/Ihren Nachbarn und berichten Sie anschließend, was Sie von Ihrer Nachbarin/Ihrem Nachbarn erfahren haben.

1. Was isst man in Ihrem Heimatland zum Frühstück/zum Mittagessen/zum Abendessen?
2. Was sind typische Gerichte für Ihr Heimatland?
3. Was essen Sie persönlich am liebsten und was überhaupt nicht?
4. Essen Sie gesundheitsbewusst? Wenn ja, wie?
5. Können Sie kochen? Von wem haben Sie das Kochen gelernt?
6. Können Sie ein Brot backen?

2a. Beschreiben Sie die Karikatur von Volker Kriegel.

Es gehörte zu unseren Aufgaben, jeden Abend nach Dienstschluss
für das Küchenpersonal die kleinen Eigenheiten der Gäste zu demonstrieren.

2b. Berichten Sie.

– Was kennzeichnet in Ihrem Heimatland gute Tischmanieren?

– Geben Sie einem ausländischen Freund Tipps zum Umgang mit dem Personal in einem Restaurant (Trinkgeld, Anreden usw.). Welche Fehler sollte man vermeiden?

– Welche Restaurants in Ihrer Heimatstadt würden Sie einem Besucher empfehlen?

3. Sie lesen in einer Zeitung folgende Information:

Überfütterte Kinder

Die Fettsucht grassiert unter deutschen Kindern. Mehr als zwei Millionen Jungen und Mädchen sind zu dick. Während 1975 12,1 Prozent der Mädchen und 11,1 Prozent der Jungen übergewichtig waren, ist der Anteil der fettleibigen Kinder im Alter von 10 bis 13 Jahren bei den Mädchen auf 33,0 und bei den Jungen auf 25,8 Prozent gestiegen.

Nehmen Sie dazu in einem Aufsatz (wahlweise auch Vortrag) Stellung.

Gehen Sie dabei auf Ursachen für Übergewicht bei Kindern und Jugendlichen ein und unterbreiten Sie Vorschläge, wie sich Kinder und Jugendliche gesund ernähren könnten.

Beschreiben Sie auch die Situation in Ihrem Heimatland.

3a. Erarbeiten Sie zuerst in Gruppen oder allein eine Gliederung.

3b. Stellen Sie die Gliederung vor.

3c. Formulieren Sie Ihren Aufsatz als Hausaufgabe nach Ihren Stichpunkten. (Wahlweise: Halten Sie anhand der Gliederung und der Stichpunkte Ihren Vortrag.)

Beispiel für eine Gliederung eines Aufsatzes oder Vortrages (allgemein)

- **Einleitung:**
  - Thema klären/abgrenzen
  - Begriffe definieren
  - Gliederung erläutern/begründen

- **Hauptteil:**
  - Situation beschreiben/vergleichen: in Deutschland/in meinem Heimatland
  - Entwicklung: früher/heute betrachten
  - Ursachen/Gründe nennen/gewichten: eigene Meinung mit einbeziehen
  - Folgen aufzeigen: Beispiele anführen
  - Lösungsvorschläge unterbreiten: Pro-Kontra argumentieren

- **Schluss:**
  - Hauptinformationen zusammenfassen und Schlussfolgerungen ziehen
  - Ausblicke geben

3d. Vergleichen Sie Ihren Gliederungsvorschlag mit unserem.

Konkreter Gliederungsvorschlag zum Thema:
Überfütterte Kinder (nur aus deutscher Sicht)

- **Einleitung:**
  - Thema klären/abgrenzen, Begriffe definieren:
    - → *Was heißt Übergewicht? (medizinisch betrachtet/in der Gesellschaft)*
    - → *Gibt es einen Unterschied zwischen „kräftig"/„dick"/„übergewichtig"/„vollschlank"?*
  - Gliederung erläutern/begründen

- **Hauptteil:**
  - Situation beschreiben:
    - → *In Deutschland: Jedes dritte Kind im Alter zwischen ... ist übergewichtig.*
  - Entwicklung: früher/heute betrachten:
    - → *In Deutschland: Anzahl der dicken Kinder hat zugenommen.*
  - Ursachen/Gründe nennen/gewichten:
    - → *Grundsätzliche Frage: genetische Veranlagung oder falsche Ernährung?*
    - → *Beschränkung auf: falsche Ernährung*
      - ◦ *Situation in den Familien: unregelmäßiges, gestörtes Essverhalten, arbeitende Eltern, kaum gemeinsame Mahlzeiten, keine Zeit für gemeinsames Kochen, Geld als Pausenbrot: Kauf von Süßigkeiten*
      - ◦ *Fernsehen/Vor-dem-Computer-Sitzen als Freizeitbeschäftigung, früher: mehr körperliche Aktivitäten, z. B. draußen spielen*
      - ◦ *Rolle der Werbung für Süßigkeiten und Fastfood*
      - ◦ *Fastfood als Trend, Fast-Food-Restaurants als soziale Kontaktstelle*
  - Folgen für die Betroffenen:
    - → *gestörtes Essverhalten: keine normalen Mengen, keine regelmäßigen Esszeiten, Essen nicht selbst zubereiten, keine Kenntnisse über die Nahrungsmittel*

> → *psychische Probleme: Essen aus Frust, Diäten: keine dauerhaften Erfolge .beim Abnehmen, undurchbrechbarer Kreislauf, Depressionen, Minderwertigkeitskomplexe*
> → *soziale Probleme mit anderen Jugendlichen/beim Finden von Lehrstellen*
> → *gesundheitliche Probleme: Zunahme an Diabetes (Zuckerkrankheit) bei Kindern*
> – Lösungsvorschläge unterbreiten, z. B.:
> → *Änderung des Essverhaltens*
> → *mehr Zeit für Essen und Kochen in der Familie, Schulung der Eltern*
> → *Training der Kinder durch Ernährungsberater*
> → *mehr Bewegung*
> → *Medikamente*
>
> • **Schluss:**
> – Schlussfolgerungen ziehen:
> → *Änderungen des Essverhaltens: realistisch?*
> – Ausblicke geben:
> → *Anzahl der Übergewichtigen wird ...*

⇨ *Gedanken können auch mit Hilfe einer Gedankenkarte (Mind-Map) gesammelt und strukturiert werden. Hinweise dazu siehe Teil 1 Kapitel 5.*

4. Obst und Gemüse statt Fett!

Ergänzen Sie in dem folgenden Bericht die fehlenden Präpositionen.

„Die Zusammensetzung der Nährstoffe, die wir .... uns nehmen, ist .... Mitte der sechziger Jahre fast gleich geblieben", sagt Professor Müller. Die Kohlenhydrate, die man aufnimmt, ... Nudeln, Brot und Reis etwa, entsprächen ziemlich genau dem heutigen Energieverbrauch, doch werde .... wie .... viel zu Fetthaltiges gegessen. „Vom Durchschnitt der Bevölkerung werden 40 Prozent der benötigten Energie als Fett verzehrt. Das ist zu viel, es sollten nur 20 Prozent sein." Der Energielieferant Fett wird .... Deutschland besonders .... den Verzehr .... tierischen Produkten wie Fleisch, Wurst, Milch und Käse bereitgestellt.

Die Ernährungswissenschaftler stellen dieser fettorientierten Ernährung schon .... langem die Ernährung .... dem Motto „Five a day" entgegen. Fünf Portionen Obst oder Gemüse .... Tag wären eine ideale Ernährung, sagt Müller. Ein 80 Gramm schwerer Apfel ist .... Beispiel eine Portion. Doch „Five a Day", das natürlich .... Fleisch und Wurst .... Maßen, Nudeln oder Reis kombiniert werden kann, bleibt .... Deutschland Illusion: Wir essen nur eineinhalb Portionen Obst und Gemüse .... Tag. .... seinen Untersuchungen .... Schulkindern .... Kiel hat Müller festgestellt, dass besonders .... sozial schwach gestellten Familien Übergewicht und falsche Ernährung vorkommen. Der Verbrauch .... Colagetränken, Salzgebäck und Fastfood sei dort eindeutig höher, die Auswahl .... Lebensmitteln deutlich eingeschränkt. Hinzu komme ein größerer Fernsehkonsum, meist gleichbedeutend .... weniger Bewegung.

Frankfurter Allgemeine Zeitung

5. Ergänzen Sie die fehlenden Adjektive bzw. Partizipien.

welk – sauer – scharf – fade – zäh – frisch – schal – knusprig – süß – gebunden – abgestanden – verwelkt – zerkocht

1. Die Brötchen sind aber schön ....

2. Marmelade mag ich nicht, sie ist mir zu ....

3. Das Fleisch ist so ...., da beißt man sich die Zähne dran aus.

4. Der Salat ist nicht mehr .... Er ist an manchen Stellen sogar schon .... / ....

5. Die Äpfel sind nicht süß, sondern ....

6. Da ist ja gar kein Schaum mehr auf dem Bier. Wahrscheinlich ist es ganz .... / ....

7. Die meisten Currygerichte sind mir zu ....

8. In der Suppe ist nicht genug Salz, sie schmeckt ein bisschen ....

9. Das Rotkraut ist viel zu weich, es ist ....

10. Der Braten wird mit einer .... Soße serviert.

Von Fleisch und Wurst *(für Nicht-Vegetarier)*

6. Berichten Sie.

    – Welche Fleischsorten bevorzugt man in Ihrem Heimatland?

    – Gibt es Fleisch, das nicht gegessen werden darf?

    – Wird der Verzehr von Fleisch durch Meldungen über Fleisch als BSE-Überträger oder über mit bestimmten Zusatzstoffen verseuchtes Fleisch, z. B. Hormonen, beeinträchtigt? Wenn ja, wie äußert sich das?

    – Ändert sich Ihr eigenes Essverhalten, wenn Sie negative Berichte über Fleisch hören/lesen/sehen?

7. Lesen Sie die folgende Zeitungsmitteilung.

Braten vor Gericht

Bei dem Hahn, der 1474 auf dem Kohlenberg zu Basel öffentlich verbrannt wurde, handelte es sich zweifellos um einen Kriminellen: Er hatte ein Ei gelegt. Im Mittelalter wurde verbrecherischen Tieren <u>der Prozess gemacht</u> – sie konnten sich nicht <u>darauf berufen</u>, nicht Mensch zu sein. Tierische Täter wurden angeklagt, von einem Anwalt verteidigt, und ein Richter sprach Recht. Noch im 18. Jahrhundert <u>erhielt</u> in England ein Schwein, dass ein Kind getötet hatte, <u>den Strick</u>. Ein Pferd wurde von einem Richter vom Kutschpferd zum Arbeitspferd degradiert, der Kutscher hatte einen Unfall nicht überlebt.

Aber nun haben sich die Zeiten geändert. In der modernen Welt wird nicht mehr ganzes Getier <u>vor den Richter gezerrt</u>. In Sachsen stand unlängst bloß ein Stück Rindfleisch vor dem Amtsgericht. Es handelte sich um den vogtländischen Sauerbraten.

Folgendes hatte sich zugetragen: In der Gaststätte „Schützenhaus" im Dorf Mylau hatte im August vergangenen Jahres ein Gast seinen Sauerbraten* <u>zurückgehen lassen</u> und sich geweigert, das Gericht zu bezahlen. Die Soße war ihm zu hell, zu mehlig und das Rotkraut sei zerkocht gewesen. Die Wirtin fand das nicht spaßig, sie rief die Polizei. Die riet ihr, auf das Geld zu verzichten. Später aber klagte sie die Zahlung ein: „Mir geht es ums Prinzip und um die Ehre."

Und so beschäftigte sich das Auerbacher Amtsgericht mehrere Monate lang mit Kochkünsten, Geschmäckern und rätselte über die korrekte Zubereitung eines Sauerbratens „mittlerer Güte". Keine leichte Aufgabe für den Richter, zumal es ihm nicht <u>vergönnt</u> war, am „Corpus Delicti" zu schnuppern. Es stand nicht mehr zur Verfügung. Die Wirtin bestand darauf, das Fleisch korrekt im Sud aus Zwiebeln, Möhren und Essig ziehen gelassen zu haben. Mit Soßenkuchen (brauner Pfefferkuchen) habe sie die Soße gebunden. Essig und Zucker habe dann dem Ganzen einen fürstlichen Geschmack verliehen.

Da <u>musste</u> ein Sachverständiger <u>her</u>. Doch das Rezept für den hundertprozentigen Orginal-Vogtländer-Sauerbraten konnte der Kochausbilder nicht präsentieren. Zu viele Möglichkeiten gibt es, das Fleisch sauer einzulegen. Die Zubereitung variiert von Gasthaus zu Gasthaus.

Deshalb musste der Richter <u>passen</u>. Er wies die Klage der Gastwirtin ab, denn ein „Sauerbraten mittlerer Güte" <u>war nicht zu beweisen</u>.

DIE ZEIT

*Sauerbraten = *Braten aus mehrere Tage in einer Essigmarinade eingelegtem Rindfleisch*

8. Formen Sie die Sätze um. Verwenden Sie dabei die in Klammern angegebenen Ausdrücke.

0. Im Mittelalter wurde verbrecherischen Tieren <u>der Prozess gemacht</u>. (Gericht, stellen)
   Im Mittelalter wurden verbrecherische Tiere vor Gericht gestellt.

1. Sie konnten sich nicht <u>darauf berufen</u>, nicht Mensch zu sein. (rechtfertigen)

   ....

2. Noch im 18. Jahrhundert <u>erhielt</u> in England ein Schwein <u>den Strick</u>. (Tode, verurteilen)

   ....

3. In der modernen Welt wird nicht mehr <u>ganzes Getier vor den Richter gezerrt</u>. (Tiere, anklagen)

   ....

4. In der Gaststätte „Schützenhaus" im Dorf Mylau hatte ein Gast seinen Sauerbraten <u>zurückgehen lassen</u>. (nicht schmecken)

   ....

5. Dem Richter war es nicht <u>vergönnt</u>, am „Corpus Delicti" zu schnuppern. (keine Möglichkeit)

   ....

6. Da <u>musste</u> ein Sachverständiger <u>her</u>. (Meinung, fragen)

   ....

7. Der Richter <u>musste passen</u>. (keinen Rat mehr wissen)

   ....

8. Er wies die Klage der Gastwirtin ab, denn ein „Sauerbraten mittlerer Güte" <u>war nicht zu beweisen</u>. (kein Beweis, erbringen, können *Passiv*)

   ....

9. Ein anderes „typisch deutsches" Fleischgericht ist *Roulade mit Klößen und Rotkraut*. Können Sie die Rezepte für Klöße und Rotkraut ergänzen? Suchen Sie im Internet.

Zutaten für drei Portionen: 500 g Rouladenfleisch (Rind oder Schwein), 30 g Speck (durchwachsen), 1–2 Zwiebeln, Senf, 1 Gewürzgurke, Wurzelwerk (Möhre, Kohlrabi, Sellerie, Porree), Knoblauch, 1/8 Liter Rotwein, Soßenbinder, Fett, Pfeffer, Salz

Zubereitung: Fleisch dünn mit Senf bestreichen, pfeffern, salzen und mit in Scheiben geschnittenem Speck, Zwiebeln und Gewürzgurken belegen. Zusammenrollen und gut zustecken. Ringsum kräftig anbraten, das Fleisch herausnehmen und warmstellen. Bratensaft dabei auffangen. Gemüse kleinschneiden und zusammen mit weiterem Fett im Topf schmoren. Die Rouladen auf das Gemüse legen und mit Rotwein begießen. Offen aufkochen, bis etwas Flüssigkeit verdampft ist. Dann den Deckel auf den Topf legen und die Temperatur soweit verringern, dass das Fleisch nur schmort und nicht kocht. Mindestens 1 1/2 Stunden schmoren, dann die Rouladen herausnehmen und das Gemüse in der Sauce pürieren. Mit Wasser auffüllen und mit Soßenbinder andicken.

Berichten Sie über ein typisches Gericht aus Ihrem Heimatland und dessen Zubereitung.

10. Für Kochrezepte: Bilden Sie Attribute nach dem folgenden Beispiel.

    Bitte nehmen Sie:

    0. Zwiebeln (drei – klein schneiden)   drei klein geschnittene Zwiebeln
    1. Eier (zwei – aufschlagen)   ....
    2. Fleisch (1 kg – in Essig einlegen)   ....
    3. Kartoffeln (fünf – klein – würfeln)   ....
    4. Möhren (zwei – biologisch anbauen)   ....
    5. Petersilie (klein wiegen)   ....
    6. Gartenkräuter (trocknen)   ....
    7. Äpfel (1 Pfund – nicht spritzen)   ....
    8. Sahne (1/2 Liter – schlagen)   ....
    9. Mandeln (200 g – zerkleinern)   ....
    10. Backform (mit Butter bestreichen)   ....

⇨ IHRE GRAMMATIK: Übungen **zu Partizipien** finden Sie auf Seite 196.

11. Welches Wort passt zu Fleisch und/oder welches zu Kuchenteig? Ordnen Sie zu.

    kochen – backen – ausrollen – zerkleinern – schneiden – wenden – braten – marinieren – anbraten – würzen – salzen – klopfen – kneten ...

    Fleisch: ....
    ....
    Teig: ....
    ....

12. Kennen Sie die berühmteste deutsche Wurst – die Currywurst? Haben Sie
    schon mal eine gegessen? Lesen Sie den Text.

Wer erfand die Currywurst?

Vor einiger Zeit trafen sich zwei Currywurstexperten in einer kleinen Buchhandlung in Berlin, um über den Herkunftsort der Leibspeise unzähliger Deutscher zu diskutieren: Der Schriftsteller Uwe Timm und sein Berufskollege Gerd Rüdiger. Die beiden Schöngeister prallten mit ihren Ansichten so heftig aufeinander, dass nach Beobachtung der „Berliner Morgenpost" fast „die Fleischfetzen flogen"*.

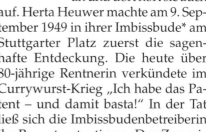

Uwe Timm erzählt in seinem Roman „Die Entdeckung der Currywurst", wie die Hamburgerin Lena Brückner zwei Jahre nach Kriegsende zufällig die herzhafte Würzwurst schuf. Als sie – in der einen Hand den Curry, in der anderen den Ketchup – auf einer Treppe stolperte, geschah das Wunder. Beide Zutaten vermengten sich zu jener Soße, die die Currywurst erst zur Currywurst macht. Von da an verkaufte die Romanheldin das Zufallsprodukt auf dem Hamburger Großneumarkt und von dort aus begann die Spezialität ihren Siegeszug.

Gerd Rüdiger, der in Berlin lebt, widerspricht der Timmschen Darstellung entschieden. „Die Romanvariante ist vielleicht schöner. Aber die Geschichte der Currywurst ist eindeutig eine Berliner Geschichte", kontert der Autor. In seinem Buch „Currywurst. Ein anderer Führer durch Berlin" fängt die Ketchup-Spur in Berlin an und dort hört sie auch auf. Herta Heuwer machte am 9. September 1949 in ihrer Imbissbude* am Stuttgarter Platz zuerst die sagenhafte Entdeckung. Die heute über 80-jährige Rentnerin verkündete im Currywurst-Krieg „Ich habe das Patent – und damit basta!" In der Tat ließ sich die Imbissbudenbetreiberin ihr Rezept patentieren. Das Zeugnis wurde am 21. Januar 1959 ausgestellt.

AP

*die Fleischfetzen flogen = *ist eine Anspielung auf den Ausdruck: die Fetzen flogen =
    eine handgreifliche Auseinandersetzung*
Imbissbude = *Verkaufsstand/Kiosk, an dem man schnell etwas essen kann*

13. Suchen Sie für die unterstrichenen Wörter synonyme Wendungen im Text.

    1. <u>Lieblingsgericht</u>   ....

    2. Ansichten <u>kollidieren</u>   ....

    3. etwas <u>vermischt</u> sich zu   ....

    4. <u>erwidert</u> der Autor   ....

    5. <u>erstaunliche</u> Entdeckung   ....

14. Berichten Sie über „Imbissbuden" in Ihrem Heimatland. Wo gibt es welche? Was bieten Sie an? Wer isst dort? Was sollte ein Ausländer unbedingt mal probieren, was lieber nicht?

15. Erklären Sie die Wendungen rund um die Wurst.

    1.   Das ist mir völlig Wurst/Wurscht.   ....

    2.   Jetzt geht es um die Wurst.   ....

    3.   Alles hat ein Ende, nur die Wurst hat zwei.

    ....

    4.   Man soll nicht mit der Wurst nach dem Schinken werfen.

    ....

So bestellt man in Berlin eine Currywurst ...

Spät war es geworden. Ich ging an einem Currywurst-Imbiss vorbei und blieb stehen. Es war fast acht Stunden her, dass ich eine Currywurst gegessen hatte.

„Abend"

„Abend"

„Ja, ich möchte gern zwei Currywürste, eine Portion Pommes und ein Bier."

„Auf einem Teller?"

„Ja."

„Einpacken oder gleich essen?"

„Zum Hieressen."

„Curry mit oder ohne Darm?"

„Mit."

„Scharf oder nicht so scharf?"

„Mittelscharf."

„Ein Brötchen dazu?"

„Nee."

„Ketchup oder Mayo auf die Pommes?"

„Nur Salz."

„Großes oder kleines Bier?"

„Kleines."

„Schultheiß oder Kindl?"

„Kindl."

„Flasche oder Dose?"

„Dose."

„Kalt?"

„Ja."

Blauhut/Mc Aleer: Zwei Amerikaner im deutschen Exil

D. Ihre Grammatik

Verben mit präpositionalem Kasus

Siehe auch Teil 1, Kapitel 2.

Ich nehme <u>an diesem Kongress</u> teil.
Präpositionalobjekt   ⇨   *teilnehmen an* + Dativ

Ich denke <u>an die letzten Ferien</u>.
Präpositionalobjekt   ⇨   *denken an* + Akkusativ

Lernen Sie das Verb, die Präposition und den Fall des nachfolgenden Objekts gleich zusammen.

---

1. Fragen

Ich warte <u>auf Martin</u>.	*<u>Auf wen</u> wartest du?*	Person
Ich warte <u>auf das Ende des Unterrichts</u>.	*<u>Worauf</u> wartest du?*	Sache
Ärgerst du dich mal wieder <u>über Peter</u>?	*Ja, ich ärgere mich <u>über ihn</u>.*	Person
Ärgerst du dich <u>über den Fehler</u>?	*Ja, ich ärgere mich sehr <u>darüber</u>.*	Sache

2. Nebensätze und Infinitivkonstruktionen

Denk mal <u>darüber</u> nach, was du Julia schenken willst.   (nachdenken über)
Fürchtest du dich <u>davor</u>, nachts allein auf die Straße zu gehen? (sich fürchten vor)

---

1.   Ergänzen Sie die fehlenden Präpositionen und Pronominaladverbien.

1. Ich fürchte mich .... Spinnen. Letzte Woche habe ich mich sogar .... dem Hund meines Freundes erschreckt.

2. Herr Schmitz beneidet seinen Nachbarn .... sein neues Auto.

3. Frau Schulze kümmerte sich .... ihre kranke Mutter. Sie freute sich ...., als es ihrer Mutter wieder besser ging.

4. Der Politiker kämpft .... seine Wiederwahl. In seiner Wahlrede betonte er, dass sich keiner seiner Wähler .... seinen Arbeitsplatz Sorgen zu machen brauche. Die Leute sollten .... ihn und seine Politik glauben und sich .... eine rosige Zukunft freuen.

5. Alle schimpfen ...., dass die Benzinpreise schon wieder erhöht werden.

6. Wir garantieren .... die Haltbarkeit unserer Produkte.

7. Wir bitten Sie .... baldige Mitteilung.

8. Er hat sich immer .... die Interessen der Kollegen eingesetzt.

9. .... welchem Material ist dieses Kästchen?

10. Sie hat .... meinen Brief nicht reagiert. Ob sie sich .... mich geärgert hat?

11. Die rote Krawatte passt überhaupt nicht .... dem grünen Hemd.

12. Es handelt sich .... ein ganz neues Produkt.

13. Unser Umsatz stieg .... 3,5 Prozent.

14. Wir zählen .... den führenden Bauunternehmen der Region.

2. Bilden Sie aus den vorgegebenen Wörtern Sätze. Achten Sie auf die fehlenden Präpositionen.

0. Gespräch – gehen – es – Verkürzung, Arbeitszeit
Bei dem Gespräch ging/geht es um die Verkürzung der Arbeitszeit.

1. wir – sich halten – vorgegeben, Termine
    ....

2. Regierung – sich entscheiden – finanziell, Beteiligung – Projekt
    ....

3. er – überzeugen – Kollegen – seine Idee
    ....

4. Bürger (Pl.) – protestieren – Abriss, Kirche
    ....

5. Immobilienmakler – schätzen – Wert, Haus – 200 000 Euro
    ....

6. Politiker (Sg.) – eingehen – Argumente, Journalist
    ....

7. Maria – arbeiten – Sekretärin – Siemens
    ....

8. Mitarbeiter (Pl.) – rechnen – neu, Jahr – Gehaltserhöhung
    ....

9. er – warnen – Freund – Kauf, Auto

    ....

10. Geschichte – handeln – jung, Mann – Anfang, 19. Jahrhundert

    ....

11. Verkaufsverhandlungen – sich einigen – beide Gesprächspartner – ein, Preis

    ....

12. er – übersetzen – Rede, Ministerpräsident – simultan – Deutsch

    ....

Adjektive mit präpositionalem Kasus

Genauso wie Verben können auch Adjektive in Verbindung mit *sein* mit präpositionalem Kasus verwendet werden.

3. Ordnen Sie den Gruppen die richtige Präposition mit dem richtigen Fall zu.

1. von + Dativ
abhängig sein
begeistert sein
überzeugt sein
enttäuscht sein
entfernt sein

2. ....
ärgerlich sein
böse sein
angewiesen sein
eifersüchtig sein
stolz sein

3. ....
interessiert sein
erkrankt sein
reich sein
schuld sein
beteiligt sein

4. ....
(un)erfahren sein
gut sein
nachlässig sein

5. ....
befreundet sein
verwandt sein
zufrieden sein
beschäftigt sein
fertig sein

6. ....
(un)geeignet sein
verantwortlich sein
(un)wichtig sein
(un)schädlich sein
nützlich sein

7. ....
glücklich sein
erfreut sein
erstaunt sein
traurig sein
verwundert sein
wütend sein

8. ....
zurückhaltend sein
aufgeschlossen sein

9. ....
angesehen sein
(un)beliebt sein

10. ....
freundlich sein
(un)fähig sein
bereit sein
nett sein
entschlossen sein

11. ....
unterteilt sein
verliebt sein

12. ....
verrückt sein

13. ....
adressiert sein
gewöhnt sein

14. ....
(un)empfindlich sein
immun sein

4. Ergänzen Sie die fehlenden Präpositionen und Artikelendungen.

    1. Nach dem harten Training ist der Sportler .... Höchstleistungen fähig.

    2. Das Land ist reich .... Bodenschätzen.

    3. .... d....... gewonnene Bronzemedaille ist die Sportlerin sehr glücklich.

    4. Der junge Mitarbeiter ist .... Protokollschreiben noch unerfahren.

    5. Der Abteilungsleiter ist allen Ideen .... aufgeschlossen.

    6. .... d........ Aufgabe sind wir schon lange fertig.

    7. Unsere Mannschaft ist hoch motiviert. Sie ist .... Sieg entschlossen.

    8. Ich bin .... Ihr........ pünktliche Zusammenarbeit angewiesen.

    9. Der Fahrradfahrer war .... dies........ Unfall nicht schuld.

    10. Die Band ist vor allem .... jungen Publikum beliebt.

5. Bilden Sie aus den vorgegebenen Wörtern Sätze. Achten Sie auf die fehlenden Präpositionen.

    0. Sekretärin – immer freundlich sein – Kunden
        Die Sekretärin ist immer freundlich zu den Kunden.

    1. Verwaltungsmitarbeiterin – verantwortlich sein – Fehler – Rechnung
        ....

    2. Wir – sehr zufrieden sein – Zusammenarbeit
        ....

    3. Germanistikstudentin – beschäftigt sich – Romane von Christa Wolf
        ....

    4. Kritiker (Pl.) – begeistert sein – neu, Film
        ....

    5. Lehrerin – erfreut sein – Leistungen, Schüler (Pl.)
        ....

    6. deutsch, Physiker – maßgeblich beteiligt sein – Erfindung
        ....

    7. Höhe, Rabatt – abhängig sein – Anzahl, bestellte Computer
        ....

    8. Abteilungsleiter (Sg.) – besonders nett sein – junge Mitarbeiterinnen
        ....

    9. Brief – adressiert sein – Direktor persönlich
        ....

Deklination der Adjektive

Siehe auch Teil 1, Kapitel 1.

TYP A | **Adjektive nach**
der/dieser/jener/jeder/mancher/solcher/welcher/beide/sämtliche*/alle*
(*nur Plural)

Nominativ	*der alte Mann*	*die schöne Frau*	*das kleine Kind*	*die reichen Leute*
Akkusativ	*den alten Mann*	*die schöne Frau*	*das kleine Kind*	*die reichen Leute*
Dativ	*dem alten Mann*	*der schönen Frau*	*dem kleinen Kind*	*den reichen Leuten*
Genitiv	*des alten Mannes*	*der schönen Frau*	*des kleinen Kindes*	*der reichen Leute*

TYP B | **Adjektive nach**
ein/mein/dein/sein/ihr/unser/euer/Ihr/kein

Nominativ	*ein alter Mann*	*eine schöne Frau*	*ein kleines Kind*	*keine reichen Leute*
Akkusativ	*einen alten Mann*	*eine schöne Frau*	*ein kleines Kind*	*keine reichen Leute*
Dativ	*einem alten Mann*	*einer schönen Frau*	*einem kleinen Kind*	*keinen reichen Leuten*
Genitiv	*eines alten Mannes*	*einer schönen Frau*	*eines kleinen Kindes*	*keiner reichen Leute*

TYP C | **Adjektive, vor denen kein Artikel steht**

Nominativ	*roter Wein*	*frische Milch*	*kaltes Wasser*	*reiche Leute*
Akkusativ	*roten Wein*	*frische Milch*	*kaltes Wasser*	*reiche Leute*
Dativ	*rotem Wein*	*frischer Milch*	*kaltem Wasser*	*reichen Leuten*
Genitiv	*roten Weines*	*frischer Milch*	*kalten Wassers*	*reicher Leute*

Wie Typ C werden auch: *einige, einzelne, verschiedene, zahlreiche, viele, wenige, manche*, solche*, welche*, sämtliche** dekliniert und die danach stehenden Adjektive.
(*beides möglich: Typ A oder Typ C.)

Nominativ	*viele reiche Leute*
Akkusativ	*viele reiche Leute*
Dativ	*vielen reichen Leuten*
Genitiv	*vieler reicher Leute*

Achtung! viele langjährige Mitarbeiter   alle langjährigen Mitarbeiter
⇧   ⇧   ⇧   ⇧
Adjektiv Adjektiv   *Artikel Adjektiv*
Typ C   **Typ A**

6.   Ergänzen Sie die Endungen der Artikel und Adjektive, wenn nötig.

Es gibt keine Glückspilze oder Pechvögel

Es gibt kein....... ausgesprochen....... Glückspilze, diese Binsenweisheit* bestärkte jetzt ein....... britisch....... Psychologe von der Universität Herfordshire.
In sein....... interessant....... Studie wurden über ein....... länger....... Zeitraum
400 freiwillig....... Kandidaten untersucht, die von sich behaupteten, sie würden ein....... glücklich....... oder unglücklich....... Leben führen.
Einige erzählten zum Beispiel, dass sie genau zur richtig....... Zeit am richtig....... Ort waren, um ein....... toll....... Job zu bekommen. Oder sie hätten auf
ein....... langweilig....... Party, die sie eigentlich gar nicht besuchen wollten,
d....... langgesucht....... Lebenspartner getroffen. Andere wiederum klagten,
dass sie einen Zug versäumten und dann zu ihr....... noch größer....... Pech im
nächst....... Zug ein....... schrecklich....... Unfall hatten. Das „Glück" oder
„Unglück" d....... befragt....... Personen erklärt sich aber nach Meinung des
Wissenschaftlers nicht aus ein....... Laune des Schicksals heraus, sondern aus
der Persönlichkeit jed....... einzeln....... Menschen.
So zeigten bei den Tests die „Glückskinder" d....... besser....... Menschenkenntnis, die sie gegen lügend....... und betrügend....... Zeitgenossen schützte. Der Wissenschaftler kam zu d....... wenig überraschend....... Erkenntnis,
dass d....... alt....... römisch....... Motto: „D....... Tapfer....... hilft das Glück"
immer noch stimmt. Die „Glückspilze" waren in der Regel optimistisch......,
extrovertiert....... und risikofreudig....... Menschen, während sich d....... zu-
rückgezogen....... „Unglücksraben" von frühest....... Jugend an als Versager
betrachteten.

NRZ

*Binsenweisheit = *allgemein bekannte Tatsache*

7.   Ergänzen Sie die Endungen der Artikel und Adjektive, wenn nötig.

Ein....... klein....... Geschichte des Essbestecks

Der Weg von Messern und Löffeln hatte schon in vorchristlich....... Zeiten an
römisch....... Tischen begonnen, an denen vornehm....... Esser saßen oder
vielmehr lagen. Auf ein....... niedrig......., gepolstert....... Bank ließen sich
d....... reich....... Römer von Sklaven bereits zerschnitten....... und angerich-
tet....... Stücke reichen und führten diese per Messer oder Löffel in den

Mund. Die Gabel war damals ein selten vorkommend....... Essgerät, das nur zum Aufspießen groß....... Früchte verwendet wurde. Einfach....... Leute handhaben das schlichter. Sie nahmen nur d....... eisern....... Messer zum Zerkleinern der Speisen, für den Rest gebrauchten sie ihre Finger.

D....... stürmisch....... Zeit der Völkerwanderung im früh....... Mittelalter ließ d....... römisch....... Tafelkultur für einig....... Zeit in Vergessenheit geraten. Erst im 15. Jahrhundert zogen, gemeinsam mit den Tischsitten, die Essgeräte in d....... mitteleuropäisch....... Haushalte ein: schlicht....... Messer aus Eisen mit Horn- oder Holzgriffen, selbstgeschnitzt....... Holzlöffel oder Löffel aus Messing, Zinn oder Silber. Die Gabel stach mit königlich....... Hilfe unter den Esswerkzeugen hervor. Ausgerechnet Heinrich der Dritt......., auch der Sittenlos....... genannt, verschaffte der Gabel ein....... fest....... Platz an der Tafel. Für d....... einfach....... Leute blieb die Gabel suspekt, zum einen, weil man auf dem Wege vom Teller zum Mund die Hälfte der Speisen wieder verlor, zum anderen, weil die Ähnlichkeit der Gabel mit dem Dreizack d....... bös....... Satans d....... oft abergläubisch....... Volk erschreckte.

D....... französisch....... Lebensstil machte an fast all....... deutsch....... Fürstenhöfen des 18. Jahrhunderts Furore, vor allem am Hofe Friedrichs des Groß....... (1730–1789), der ein....... leidenschaftlich....... Anhänger d....... französisch....... Kultur war. Leicht hatte es aber die Gabel trotz all....... königlich....... Unterstützung nicht. England und Schottland widersetzten sich noch lange d....... angeblich sündhaft....... Gabelgebrauch.

Ab dem 19. Jahrhundert übernahm d....... gehoben....... Bürgertum die Esskultur d....... adlig....... Gesellschaftsschicht, später folgte die ganze Bevölkerung. D....... steigend....... Ansprüchen kam das Anwachsen der Besteckindustrie entgegen, die bald das Ess-Besteck als Massenware zu günstig....... Preisen liefern konnte.

Bis ca. 1950 lagen die Benutzer von Messer und Gabel mit 320 Millionen hinter den Stäbchen-Essern (550 Millionen) und den Verwendern der gottgegeben....... handeigen....... Werkzeuge (740 Millionen) zurück. Heute liegt das Verhältnis etwa bei je einem Drittel.

NRZ

8. Ergänzen Sie die fehlenden Endungen der Artikel und Adjektive
   (Typ A und C).

   1. Auf der Buchmesse kann man sich über zahlreich....... neu....... Bücher
      informieren.

   2. Für viel....... alt....... und neu....... Verlage ist es wichtig, auf der Buchmes-
      se auszustellen.

   3. Das Geschäft auf der Buchmesse läuft aber nur bei wenig....... groß.......
      Verlagen gut.

   4. Einige Verleger versuchen sich mit einzeln....... hochbezahlt....... Bestsel-
      lerautoren über Wasser zu halten.

   5. All....... anwesend....... Verlage klagen über d....... hoh....... Mietpreise für
      die Messestände.

   6. Viel....... kleiner....... Verlage können sich in diesem Jahr d....... über-
      höht....... Preise nicht mehr leisten.

   7. Die Messeverwaltung will jetzt mit der Stadt Frankfurt über die Finanz-
      lage viel....... klein....... deutsch....... Verlage sprechen und einig....... groß.......
      Preisnachlässe erzielen.

   8. Der Verantwortliche der Buchmesse betonte heute, dass ein Entgegen-
      kommen der Stadt im Interesse all....... deutsch....... Bücherfreunde sei.

Kapitel 5   Wort und Ton

A. Lachen und lachen lassen

1. Berichten Sie.

   - Lachen Sie oft und gern? Wenn ja, worüber?
   - Welche berühmten Komiker, Kabarettisten, lustigen Filme oder Bücher gibt es in Ihrem Heimatland?
   - Worüber oder über wen macht man in Ihrem Heimatland keine Scherze?
   - Erzählen Sie gern Witze?
   - Wissenschaftler haben den besten Witz der Welt ermittelt. Auf welche Weise könnten sie das getan haben?

2. Lesen Sie den folgenden Text.

Die Deutschen finden praktisch alles lustig

Verstehen Sie Spaß? Diese Frage beschäftigt auch die Wissenschaft. Warum gelacht wird, ob überhaupt und wenn ja, worüber – so lautete das umfangreiche Aufgabenfeld, das ein britisches Expertenteam zu bearbeiten hatte. Nach knochenharter Recherche und gründlicher Analyse wurde in London das Ergebnis vorgestellt: Der beste Witz der Welt.

Jahrelang waren die Mitarbeiter durch den Kosmos der Komik gesurft und ihr unermüdlicher Einsatz brachte revolutionäre Ergebnisse hervor. Im Guinness-Buch der Rekorde sind die witzigen Wissenschaftler sowieso schon vertreten, weil sie zwei Millionen Menschen mehr als 30 000 Witze erzählt haben. Gar nicht einfach. Die Forschung lief auch über das Internet. Man konnte den eigenen Lieblingswitz verschicken und war außerdem aufgerufen, aus einer umfangreichen Auswahl fünf persönliche Hits zu küren. Nach Ländern betrachtet, taten sich hierbei erstaunliche Unterschiede auf. Zur allgemeinen Überraschung lachten die Deutschen am meisten. Sie fanden praktisch alles lustig, was den Forschern dann doch verdächtig vorkam. Hat der Deutsche so viel Humor?

Oder so wenig, dass ihm vorsichtshalber alles lustig erscheint? Das andere Ende der Skala wird von den Kanadiern besetzt. Offenbar lacht der Kanadier überhaupt nicht. Und wenn, dann nur über die Amerikaner. Das kann jetzt hieb- und stichfest belegt werden, weil alle Witze mit messerscharfer Logik zerlegt und haarklein auf ihre Wirkung hin untersucht wurden.

Viel Arbeit fiel hierbei auch bei der Sichtung des Materials an. Mehr als 10 000 Witze mussten aussortiert werden, weil sie schmutzig waren. Eigentlich schade, fanden die Gäste bei der Vorstellung des Top-Hits. Ein Spaßvogel in einem Hähnchenkostüm enthüllte auf dem Covent Garden eine Plakatwand mit dem besten Witz der Welt, der von einem englischen Psychiater stammt.

Und hier ist er:

Zwei Jäger streifen durch den Wald, als einer zusammenbricht. Er scheint nicht mehr zu atmen und die Augen sind glasig. Voller Schrecken ruft der andere Jäger mit dem Handy die Notrufzentrale an und bittet um Hilfe. Keine Panik, bekommt er zur Antwort. Wir sollten uns zunächst versichern, ob ihr Freund wirklich tot ist. Stille, dann ein Schuss, und der Jäger fragt: Alles klar. Und jetzt?

Bonner General-Anzeiger

3. Finden Sie zu den unterstrichenen Ausdrücken Synonyme im Text.

1. die Internetnutzer <u>wurden aufgefordert</u> ....

2. persönliche Hits zu <u>wählen</u> ....

3. was den Forschern <u>merkwürdig erschien</u> ....

4. das kann <u>ganz sicher bewiesen</u> werden ....

5. <u>bis ins Detail</u> untersucht wurden ....

6. <u>beim Durchsehen</u> des Materials ....

7. <u>Mensch, der gerne Späße macht</u> ....

4. Ergänzen Sie die fehlenden Adjektive in der richtigen Form.

gründlich – unermüdlich – messerscharf – knochenhart – witzig – umfangreich (2 x) – allgemein – letzte – lustig – englisch – britisch

Die Frage, warum und worüber gelacht wird, war das .... (1) Aufgabenfeld .... (2) Wissenschaftler. Nach .... (3) Recherche und .... (4) Analyse wurde in London das Ergebnis vorgestellt: Der beste Witz der Welt.

Der .... (5) Einsatz der Mitarbeiter brachte revolutionäre Ergebnisse hervor. Zur .... (6) Überraschung lachten die Deutschen am meisten. Den .... (7) Platz in der Skala nahmen die Kanadier ein. Offenbar lacht der Kanadier überhaupt nicht.

Die .... (8) Wissenschaftler haben zwei Millionen Menschen mehr als 30 000 Witze erzählt. Im Internet konnten Mitwirkende den eigenen Lieblingswitz verschicken und aus einer .... (9) Auswahl die ihrer Meinung nach fünf .... (10) Witze auswählen.

Alle Witze wurden mit .... (11) Logik zerlegt und haarklein auf ihre Wirkung hin untersucht. Der beste Witz der Welt stammt von einem .... (12) Psychiater.

5. Wie könnten die Witze weitergehen? Erfinden Sie eine Pointe.
(Vergleichen Sie Ihre Pointen dann mit den Lösungen auf S. 223.)

---

1. Die Mäusemutter geht mit Ihren fünf Mäusebabys spazieren. Plötzlich prescht eine große Katze aus dem Gebüsch hervor und knurrt: „A-a-a-arrag." Mutter Maus bleibt ganz ruhig. Sie stellt sich auf die Hinterbeine, blickt der Katze in die Augen und sagt „Wau Wau". Die Katze ist verschreckt, schaut nach links, nach rechts, rennt dann so schnell davon, wie sie gekommen ist. Mutter Maus wendet sich an Ihre Sprösslinge: „Da seht ihr, Kinder, ...".

---

2. Es geht aufwärts, sagte der Fisch, als er ....

---

3. Eine Blondine nimmt in einem Flugzeug nach Mallorca in der ersten Klasse Platz. Die Stewardess versucht vergeblich, die Passagierin zu ihrem gebuchten Sitz zu dirigieren. Energisch wird sie vom Chefsteward darauf hingewiesen, dass sie nur ein Ticket für die Economy-Klasse habe und dort auch sitzen müsse. Die blonde Dame schüttelt immer nur den Kopf und versichert, der Platz gefalle ihr, sie bleibe dort sitzen. Der Pilot wird informiert. Er redet eindringlich und ruhig auf die Blondine ein. Plötzlich springt sie auf, 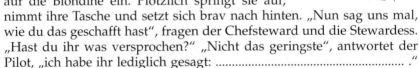 nimmt ihre Tasche und setzt sich brav nach hinten. „Nun sag uns mal, wie du das geschafft hast", fragen der Chefsteward und die Stewardess. „Hast du ihr was versprochen?" „Nicht das geringste", antwortet der Pilot, „ich habe ihr lediglich gesagt: ...."

---

4. Ein Tausendfüßler klagt: Eigentlich würde ich ja auch gern mal Ski fahren, aber ....

5. Ein Chirurg kommt in den Operationssaal, der Patient liegt schon auf dem Tisch. „Was hat der Mann?", fragt er. „Der hat einen Golfball verschluckt", erklärt der Assistenzarzt. Der Chirurg zeigt auf einen anderen Mann, der an der Wand steht. „Und was will der hier?" – „... ."

Lentz/Thoma/Howland: Ganz Deutschland lacht

6. Kleine Wiederholung: Ersetzen Sie die unterstrichenen Ausdrücke durch ein Modalverb und nehmen Sie die entsprechenden Umformungen vor.

0. <u>Es ist unmöglich</u>, dass das ein Witz war!
Das <u>kann</u> kein Witz gewesen sein.

1. Meinen Sie, ich <u>sei nicht in der Lage</u>, darüber zu lachen?
....

2. <u>Ist es erlaubt</u>, über die englische Königin einen Witz zu erzählen?
....

3. <u>Es wird empfohlen</u>, dreimal täglich laut und herzlich zu lachen.
....

4. Witze über Schwiegermütter <u>gefallen</u> mir sehr gut.
....

5. <u>Ich habe gehört, dass</u> man den besten Witz der Welt übers Internet ermittelt hat.
....

6. <u>Ich bin fest davon überzeugt, dass</u> der beste Witz der Welt von einem Engländer stammt.
....

7. Wenn man was über deutschen Humor erfahren will, <u>ist es unbedingt notwendig</u>, sich im Internet einige Webseiten anzusehen.
....

8. <u>Ich wünsche mir</u>, mal einen geistreichen Witz über Lehrerinnen zu hören.
....

9. Sie meinen, die Düsseldorfer haben Humor? Da <u>rate ich Ihnen</u> aber, mal nach Wuppertal zu fahren!
....

10. Es ist wirklich <u>nicht nötig</u>, dass Sie alles komisch finden, was ich sage.
....

7. Wortschatz zum Thema *Lustiges*

7a. Schlagen Sie die unbekannten Wörter im Wörterbuch nach.

- der Humor/der Witz/der Spaß/der Scherz/der Ulk/die Blödelei/ der Nonsens
- Jemand erzählt/reißt einen Witz, dann kann man:
  ... herzlich/gequält/laut/leise/sich scheckig *(umg.)*/sich kring(e)- lig *(umg.)* lachen
  ... kichern*, lächeln, schmunzeln, sich krummlachen *(umg.)*, sich (halb) totlachen *(umg)*, wiehern* *(umg.)*
  ... vor Lachen brüllen/schreien/umfallen/sterben *(umg.)*
- Ich hätte mich vor Lachen biegen/kringeln/kugeln/ausschütten können. *(umg.)*
- Ich konnte mich vor Lachen kaum noch halten.
- Ich kam aus dem Lachen nicht wieder heraus.
- Etwas/Eine Person ist: lustig, witzig, geistreich, komisch, ulkig, al- bern*.

*Worterklärungen:
kichern = *leise, mit hoher Stimme lachen*
wiehern = *in unangenehmer Art laut lachen*
albern = *grundlos heiter, einfältig, dumm*

Achtung!

komisch (1): jemand kann sehr *komisch* sein/etwas irrsinnig *komisch* finden = lustig, zum Lachen reizen

komisch (2): ein *komischer* Mensch/*komisches* Benehmen/*komische* An- sichten = seltsam/merkwürdig/sonderbar

7b. Ordnen Sie den Redewendungen die richtigen Erklärungen zu.

1. der lachende Dritte sein	a) Erst zum Schluss zeigt sich, wer wirklich den Vorteil hat.
2. Wer zuletzt lacht, lacht am besten.	b) Jemand hat es nicht leicht oder wird schlecht behandelt.
3. Jemand hat die La- cher auf seiner Seite.	c) Der hat noch Unannehmlichkeiten vor sich.
4. Dem wird das La- chen noch vergehen!	d) Durch eine witzige Bemerkung z. B. in einer Diskussion bei den Zuhörern einen Lacherfolg erzielen.
5. jemand hat nichts zu lachen	e) Jemand zieht aus dem Streit zweier Perso- nen/Parteien einen Nutzen.

7c. Sprüche und Zitate zum Nachdenken

Was ist Witz? Raffiniert ausgedrückte Vernunft. *(André Chenier)*

Witz beweist nicht mehr als scharfen Geist, Humor ist seelischer Überschuss.

Witz ist Betätigung im Gegenwärtigen, Humor ist Verhältnis zum Ewigen.

Witz schneidet, Humor bindet.

Witz ist Handlung, Humor ist Zustand.

Humor ist, wenn man trotzdem lacht.

Jeder echte Humor stammt aus dem Herzen.

8. Welche positiven Auswirkungen kann Lachen auf den Menschen haben? Erarbeiten Sie einzeln oder in Gruppen Beispiele.

9. Ergänzen Sie die Verben in dem folgenden Text.

aktivieren – verbessern – wissen – sehen – töten – lockern – erweitern – verhängen – zeigen – zerstören – lindern – heben – dürfen

Wie wir aus Umberto Ecos „Der Name der Rose" .... (1), war Lachen früher in den christlichen Kirchen und deren Orden nicht gern .... (2). Lachen .... (3) die Furcht und wenn es keine Furcht gäbe, werde es keinen Glauben mehr geben. Zudem .... (4) Lachen das Gleichgewicht der Seele. Dies war die Ansicht der „Lachgegner" und sie .... (5) für Lachen harte Strafen: Außerordentliches Fasten für einen Lachausbruch oder drei Tage Isolation für Lachen während des Chorgebets.

Heute .... (6) wir lachen, obwohl wir es nicht so oft tun. Kinder zum Beispiel lachen 200 Mal am Tag, Erwachsene nur 10 bis 20 Mal. Aber sollte der Mensch heute noch lachen, angesichts der derzeitigen schwierigen weltpolitischen Lage und der traurigen wirtschaftlichen Situation?

Er sollte! Denn Lachen befreit. Es ist eine kurze, krampfartige Befreiung des Körpers vom Geist. Im Lachen über Todernstes .... (7) ein Mensch, dass es ihm zur Zeit nicht möglich ist, angemessen darauf zu reagieren. Würde er nicht lachen, würde er implodieren*.

Und als Anreiz, ab und zu mehr zu lachen als die durchschnittlichen 10 bis 20 Mal am Tag, hier weitere positive Nebenwirkungen des Lachens:

– Lachen .... (8) das Immunsystem. 20 Minuten nach dem heiteren Erlebnis hat sich die Menge des Abwehrstoffes Immunglobulin A im Körper verdoppelt.

– Lachen .... (9) die Atemmuskulatur.

– Lachen .... (10) chronische Schmerzen.

– Lachen .... (11) die Gedächtnisleistung, stimuliert den Intellekt, hebt das Selbstbewusstsein und .... (12) ganz sicher den Kreis derer, die sich von Ihrer Ausstrahlung anziehen lassen.

*implodieren = *durch Druck von außen eingedrückt werden*

10. Vergleichen Sie Ihre Beispiele aus Aufgabe 8 mit den Aussagen des Textes.

11. Schriftliche Stellungnahme

Wählen Sie eins der beiden angegebenen Themen aus und schreiben Sie einen Aufsatz von ca. 250 Wörtern Länge.

a) Lächeln und Lachen sind Tor und Pforte, durch die viel Gutes in den Menschen hineindringen kann. *(Christian Morgenstern)*

Kann Ihrer Ansicht nach Lachen positive Auswirkungen auf den Menschen haben? Belegen Sie Ihre Ausführungen mit Beispielen.

b) Der deutsche Humor trägt eine Tarnkappe. Immerzu schreit er: „Hier bin ich!" und keiner sieht ihn. *(Alfred Polgar)*

Der deutsche Humor gilt im Ausland als wenig lustig, die Deutschen selbst oft als humorlos. Denkt man in Ihrem Heimatland genauso? Wenn ja, wo liegen Ihrer Meinung nach die Ursachen dafür? Beschreiben Sie, was man in Ihrem Land unter Humor versteht, bei welchen Gelegenheiten und worüber man gern lacht.

12. Lesen Sie die folgenden Gedichte.

Wählen Sie das Gedicht aus, das Ihnen am besten gefällt. Tragen Sie das Gedicht laut vor. Achten Sie auf die Aussprache und Intonation.

Robert Gernhardt (geb. 1937)

Folgen der Trunksucht

Seht ihn an, den Texter.
Trinkt er nicht, dann wächst er.
Misst nur einen halben Meter –
weshalb, das erklär ich später.

Seht ihn an, den Schreiner.
Trinkt er, wird er kleiner.
Schaut, wie flink und frettchenhaft
er an seinem Brettchen schafft.

Seht ihn an, den Hummer,
Trinkt er, wird er dummer.
Hört, wie er durchs Nordmeer keift,
ob ihm wer die Scheren schleift.

Seht sie an, die Meise.
Trinkt sie, baut sie Scheiße.
Da! Grad rauscht ihr drittes Ei
wieder voll am Nest vorbei.

Seht ihn an, den Dichter.
Trinkt er, wird er schlichter.
Ach schon fällt ihm gar kein Reim
Auf das Reimwort „Reim" mehr ein.

* * *

Trost und Rat

Ja, wer wird denn gleich verzweifeln,
weil er klein und laut und dumm ist?
Jedes Leben endet. Leb so,
dass du, wenn dein Leben um ist
von dir sagen kannst: Na wenn schon!
Ist mein Leben jetzt auch um,
habe ich doch was geleistet:
ich war klein *und* laut *und* dumm.

Joachim Ringelnatz (1883–1934)

Die Ameisen

In Hamburg lebten zwei Ameisen,
Die wollten nach Australien reisen.
Bei Altona auf der Chaussee,
Da taten ihnen die Beine weh,
Und da verzichteten sie weise
Dann auf den letzten Teil der Reise.

* * *

Ein männlicher Briefmark*

Ein männlicher Briefmark erlebte
Was Schönes, bevor er klebte.
Er war von einer Prinzessin beleckt.
Da war die Liebe in ihm erweckt.
Er wollte sie wiederküssen,
Da hat er verreisen müssen.
So liebte er vergebens.
Das ist die Tragik der Lebens!

* * *

Bumerang

War einmal ein Bumerang;
War ein Weniges zu lang.
Bumerang flog ein Stück,
Aber kam nicht mehr zurück.
Publikum – noch stundenlang –
Wartete auf Bumerang.

---

* Sprachscherz: Eigentlich heißt es:
Eine männliche Briefmarke.

Heinrich Heine (1797–1856)

Am Teetisch

Sie saßen und tranken am Teetisch
Und sprachen von Liebe viel.
Die Herren waren ästhetisch,
Die Damen von zartem Gefühl.

„Die Liebe muss sein platonisch",
Der dürre Hofrat sprach.
Die Hofrätin lächelt ironisch,
Und dennoch seufzet sie: „Ach!"

Der Domherr öffnet den Mund weit:
„Die Liebe sei nicht zu roh,
Sie schadet sonst der Gesundheit."
Das Fräulein lispelt: „Wieso?"

Die Gräfin spricht wehmütig:
„Die Liebe ist eine Passion!"
Und präsentiert gütig
Die Tasse dem Herrn Baron.

Am Tische war noch ein Plätzchen,
Mein Liebchen, da hast du gefehlt.
Du hättest so hübsch, mein Schätzchen,
Von deiner Liebe erzählt.

Wenn einer, der mit Mühe kaum
gekrochen ist auf einen Baum,
schon meint, dass er ein Vogel wär',
so irrt sich der. (*Wilhelm Busch*)

Christian Morgenstern (1871–1914)

Die unmögliche Tatsache

Palmström, etwas schon an Jahren,
wird an einer Straßenbeuge
und von einem Kraftfahrzeuge
überfahren.

„Wie war" (spricht er, sich erhebend
und entschlossen weiterlebend)
„möglich, wie dies Unglück, ja –:
dass es überhaupt geschah?

Ist die Staatskunst anzuklagen
in bezug auf Kraftfahrwagen?
Gab die Polizeivorschrift
hier dem Fahrer freie Trift?

Oder war vielmehr verboten,
hier Lebendige zu Toten
umzuwandeln, – kurz und schlicht:
Durfte hier der Kutscher nicht –?"

Eingehüllt in feuchte Tücher,
prüft er die Gesetzesbücher
und ist also bald im klaren:
Wagen durften dort nicht fahren!

Und er kommt zu dem Ergebnis:
„Nur ein Traum war das Erlebnis.
Weil", so schließt er messerscharf,
„nicht sein *kann*, was nicht sein *darf*."

Wilhelm Busch (1832–1908)

Es sitzt ein Vogel auf dem Leim

Es sitzt ein Vogel auf dem Leim,
er flattert sehr und kann nicht heim.
Ein schwarzer Kater schleicht herzu,
die Krallen scharf, die Augen gluh.
Am Baum hinauf und immer höher
kommt er dem armen Vogel näher.

Der Vogel denkt: Weil das so ist,
und weil mich doch der Kater frisst,
so will ich keine Zeit verlieren,
will noch ein wenig quinquilieren
und lustig pfeifen wie zuvor.
Der Vogel, scheint mir, hat Humor.

B. Kritiker und Kritiken

1. Berichten Sie.

   - Lesen Sie Kritiken/Rezensionen zu Büchern, Filmen, CDs, Theater- oder Konzertaufführungen, Ausstellungen der bildenden Kunst? Wenn ja, vor oder nach dem Lesen/Sehen/Hören?

   - Wo lesen/hören/sehen Sie die Rezensionen? In Fachzeitschriften, Fernsehzeitschriften, Tageszeitungen, Wochenblättern, im Rundfunk, bei einer Kultursendung im Fernsehen, im Internet o. ä.?

   - Gibt es Ihrer Meinung nach Unterschiede zwischen z. B. einer Rezension im Internet (bei einem Internetbuchhändler) und einer Rezension in einer Zeitung? Wenn ja, beschreiben Sie die Unterschiede.

   - Lassen Sie sich von Kritiken beeinflussen, d. h. zum Beispiel bei schlechten Kritiken vom Kauf eines Buches abhalten oder bei guten Kritiken zum Kauf eines Buches animieren?

2. Jemand hat Ihnen den Roman „Johannisnacht" von Uwe Timm empfohlen. Bevor Sie sich das Buch kaufen, informieren Sie sich über Einzelheiten bei einem Internetanbieter. Dort lesen Sie die folgenden Kurzkritiken.

dtv

Uwe Timm

Johannisnacht
Roman

Johannisnacht (Roman)
Von Uwe Timm
Deutscher Taschenbuch Verlag
245 S., ISBN 3-423-12592-6

Rezension 1

Drei Tage und drei Nächte um die Mittsommernacht verbringt der Ich-Erzähler in Berlin, um für eine Auftragsarbeit über die Kartoffel zu recherchieren. Was er dort erlebt, das erlebt ein „normaler" Mensch nicht in seinem ganzen Leben. Innerhalb von drei Tagen lernt er viele verschiedene Leute kennen. Die persönlichen kleinen Geschichten der Leute werden durch den Autor sehr gut aneinander gereiht. So entsteht ein Roman, der wie ein Mosaik aus vielen kleinen bunten Steinchen zusammengesetzt wurde. Jedes Steinchen hat seine eigenen charakteristischen Typen, Geschichten und seine eigene Atmosphäre. Man bekommt so einen Eindruck der Vielseitigkeit und der Unterschiedlichkeit der Berliner Gesellschaft nach der Wende. Leider fehlt, vielleicht durch diesen Aufbau des Romans, eine wirkliche Geschichte, wodurch der Schluss des Buches ein bisschen unbefriedigend wirkt.

(Yvonne Boomers)

Rezension 2

Uwe Timms Roman „Johannisnacht" beschreibt drei außergewöhnliche Tage, die ein momentan nicht inspirierter Schriftsteller in Berlin verbringt, um Material für einen scheinbar harmlosen Artikel über die Kartoffel zu sammeln. Er trifft dort eine Reihe von Menschen, die ihm erstaunliche Geschichten erzählen und ihn manchmal in wahnsinnige, peinliche oder komische Situationen ziehen, wie einen italienischen Lederverkäufer, der durch das Verkaufen einer Pappjacke dem Helden fast das Leben rettet, Herrn Bucher, der seine Frau verliert und den ganzen Tag klassische Musik in der Gesellschaft eines Tuareg genießt, oder eine verführerische und geheimnisvolle Ex-Literaturstudentin, die jetzt ihren Lebensunterhalt mit Telefonsex verdient. Durch die Aufeinanderfolge von Aktionsszenen und Gesprächen unter vier Augen, die mit dem Kartoffelmotiv nur schlaff verbunden sind, schafft es der Autor, die Aufmerksamkeit und Neugier des Lesers zu wecken. Mit den Protagonisten geht der Leser durch ein immer intensiv lebendes Berlin spazieren, wo sich äußerlich nach der Wende viel verändert hat, die Einstellungen vieler Einwohner, Wessis sowie Ossis, dagegen wie blockiert in der ehemaligen, künstlichen Trennung erscheinen. Dieses vielschichtige Buch würde ich als einen sehr lesenswerten Roman empfehlen. In oft melancholischer Stimmung behandelt es die menschlichen Konsequenzen eines der größten politischen Irrtümer unserer Zeit und trotzdem macht das Lesen großen Spaß.

(Sarah Girard)

Rezension 3

In dem mosaikartigen Buch führt der Ich-Erzähler den Leser in drei Tagen durch Berlin kurz vor der Johannisnacht. Von Anfang an bekommt der Leser den Eindruck, dass dieses kein normal geschriebenes Buch ist: der Ich-Erzähler muss einen Artikel über die Kartoffel schreiben und dazu fliegt er von München nach Berlin, wo er sich wie durch einen Traum bewegt. Die Geschichte hat einen Faden: die Suche nach Informationen über die Kartoffel und die Lösung eines Rätsels: was wollte der Onkel des Erzählers, der Kartoffeln schmecken konnte, auf dem Totenbett mit den Worten „Roter Baum" sagen? Eine fast zwecklose Suche, eine irreale Suche. Ein Vorwand für den Autor, eine Gemäldegruppe ohne Altaraufsatz zu malen. Die Johannisnacht ist eine Nacht der Wende in den Sommer, die Nacht, in der alle magischen Typen, Hexen, Kobolde herauskommen. Der Erzähler trifft einige von ihnen, aus Ost und West-Berlin, aus zwei Welten, die doch getrennt bleiben. Die leichte und witzige Prosa von Uwe Timm verwebt die kleinen Geschichten zu einem spannenden Buch, das sich viele Male lesen lässt.

(Alejandro Flores Jiménez)

Uwe Timm, geb. 1940 in Hamburg, lebt als freischaffender Schriftsteller in Berlin.

Rezension 4

Rahmenroman mit tiefgründigem Humor und Selbst-Ironie. Mit der Ausrede, einen Artikel über die Kartoffel zu schreiben und das entsprechende Material zu sammeln, fährt der Erzähler aus München nach Berlin auf der Suche nach der Bedeutung der letzten Worte seines Onkels, der Kartoffelsorten schmecken konnte. In drei Tagen lernt er alle möglichen merkwürdigen Menschen kennen und sammelt unglaubliche Erfahrungen, wie er sie bisher noch nicht erlebt hatte.

Der Roman ist wie ein Schreibtisch, in dessen Schubladen man seit Jahren eine unglaubliche Menge nutzloser und komischer Dinge übereinander legt und sie dann wiederum vergisst. Und jedes Mal, wenn man eine dieser Schubladen öffnet, springt ein neuer verrückter Charakter heraus und erzählt seine seltsame Geschichte. Und wie so oft im Leben liegt die Lösung des Rätsels ganz offen und scheinbar unübersehbar auf dem Schreibtisch selbst, wo wir nie hingucken.

(Serena Spreafico)

3.   Beantworten Sie die folgenden Fragen.

    – Was erfahren Sie über den Inhalt des Romans?

    – Wie wird der Aufbau des Buches beschrieben?

    – Welche Vergleiche ziehen die Rezensenten?

    – Wie beurteilen die einzelnen Rezensenten den Roman?

	positiv (+)	mittelmäßig (+ –)	negativ (–)	keine Einschätzung
Yvonne				
Sarah				
Alejandro				
Serena				

    – Welche Rezension gefällt Ihnen am besten und warum?

    – Würden Sie nach dem Lesen der Rezensionen das Buch kaufen? Begründen Sie Ihre Entscheidung.

4.   Suchen Sie aus den Rezensionen die Stellen heraus, die die persönliche Meinung der Rezensenten erkennbar werden lassen.

5. Redemittel

5a. Gefallen/Missfallen ausdrücken

Welche Redemittel eignen sich für eine Rezension, welche eher für eine
mündliche, informelle Einschätzung eines Buches (Filmes/Theaterabends
usw.)?

Gefallen	**Missfallen**
– ein ausgezeichnetes/erstklassiges/ bemerkenswertes/gut gemachtes/ beeindruckendes/interessantes/ spannendes/überzeugendes Buch – ... ist/war toll/super/wahnsinnig gut/stark – ... lässt sich gut/einfach/leicht lesen – ... machte betroffen/nachdenklich – ... kann man empfehlen – ... sollte jeder lesen – Dem Autor gelang/gelingt es .../ Der Autor schafft es/versteht es, den Leser zu fesseln/zu unterhalten/mitzureißen ...	– ein mittelmäßiges/nicht gelungenes/langweiliges/nicht überzeugendes/schlecht gemachtes/ schreckliches/ganz furchtbares/grässliches/ grauenhaftes Buch – ... ist/war nicht lesbar/ schwer zu lesen – ... der Autor war nicht in der Lage .../dem Autor gelang es nicht ... – Von einer Lektüre dieses Buches kann ich/man nur abraten!

5b. Allgemeine Redemittel zu Rezensionen

– Der Roman handelt von .../Es geht in diesem Roman um ...
– Der Autor beschreibt/erzählt die Geschichte (eines jungen Mannes) ...
– Der Erzähler/Der Ich-Erzähler/Der Romanheld reist/verbringt/erlebt/trifft ...
– Der Roman ist wie ...
– Der Aufbau des Romans erinnert an ...
– Der Leser erfährt/kann miterleben/taucht ein in .../erhält den Eindruck ...

6. Schreiben Sie selbst eine Rezension über ein Buch, das sie kürzlich gelesen,
    oder einen Film, den Sie gesehen haben.

7.   Sie lesen in einer Zeitung diese Information:

Sehnsucht nach Streit

In der Fernsehsendung „Das literarische Quartett", die 13 Jahre im Zweiten Deutschen Fernsehen lief, wurden von Literaturkritikern 361 Bücher besprochen. Im Dezember 2001 lief die letzte der bei Verlegern und Autoren gleichermaßen umstrittenen Sendung. Jetzt scheint es, als habe das Absetzen der Sendung für den Buchhandel ungeahnte Folgen. Die Umsatzentwicklung im ersten Halbjahr 2002 schnitt im Vergleich zum Vorjahr fast 5 Prozent schlechter ab. Nicht nur die Buchhändler, auch die Verleger zählen zu den „trauernden Hinterbliebenen". Der Klett-Cotta Verlag beispielsweise konnte nach einer Sendung des „Literarischen Quartetts" 300 000 Exemplare des Romans „Mein Herz ist weiß" von dem bis zu diesem Zeitpunkt in Deutschland unbekannten Spanier Javier Marías absetzen. Der Göttinger Wallstein-Verlag verkaufte 7 000 Stück von Ruth Klügers Jugenderinnerungen „weiter leben" nach fabelhaften Rezensionen in allen Zeitungen. Dann wurde das Buch in der Sendung besprochen und in den nächsten drei Monaten verkaufte der Verlag 80 000 Exemplare. Nun wird „Das „literarische Quartett" zur „wichtigsten Kultursendung des Fernsehens" erhoben und Verleger rufen nach einer Ersatzsendung für „den Streit ums Buch".

---

8.   Geben Sie die wesentlichen Informationen, die Sie dem Text entnommen haben, mit eigenen Worten wieder.

9.   Nehmen Sie zu den folgenden Fragen Stellung.

– Gibt es ähnliche Kultursendungen in Ihrem Heimatland?

– Wie finden Sie die Idee, über Literatur im Fernsehen zu streiten?

– Welche Macht können Kritiker Ihrer Meinung nach durch solche Sendungen ausüben? Beurteilen Sie das positiv oder negativ?

– Sollten die Kritiker ihrerseits von jemandem kontrolliert oder kritisiert werden?

– Kennen Sie berühmte oder einflussreiche Kunst-/Kulturkritiker in Ihrem Heimatland?

10.   Ergänzen Sie die fehlenden Präpositionen.

.... der Fernsehsendung „Das literarische Quartett", die 13 Jahre .... Zweiten Deutschen Fernsehen lief, wurden .... Literaturkritikern 361 Bücher besprochen. .... Dezember 2001 lief die letzte der .... Verlegern und

Autoren gleichermaßen umstrittenen Sendung. Jetzt scheint es, als habe das Absetzen der Sendung .... den Buchhandel ungeahnte Folgen. Die Umsatzentwicklung .... ersten Halbjahr 2002 schnitt .... Vergleich .... Vorjahr fast 5 Prozent schlechter ab. .... einer Sendung des „Literarischen Quartetts" konnten 300 000 Exemplare des Romans „Mein Herz ist weiß" .... dem .... diesem Zeitpunkt in Deutschland unbekannten Spanier Javier Marías verkauft werden. Ein Göttinger Verlag verkaufte 7 000 Stück .... Ruth Klügers Jugenderinnerungen „weiter leben" .... fabelhaften Rezensionen .... allen Zeitungen. Dann wurde das Buch .... der Sendung besprochen und .... den nächsten drei Monaten verkaufte der Verlag 80 000 Exemplare. Nun wird „Das literarische Quartett" .... „wichtigsten Kultursendung des Fernsehens" erhoben und Verleger rufen .... einer Ersatzsendung .... „den Streit .... Buch".

⇨ IHRE GRAMMATIK: Übungen **zu verschiedenen Präpositionen** finden
Sie auf Seite 171.

---

11.   Lesen Sie den folgenden Text und wählen Sie das richtige Wort.

Ratlos im Kulturwald

Der Aussage „Es .... (1) so viele Bücher, dass es völlig unmöglich ist, den Überblick zu .... (2).", stimmten in einer Umfrage 38 Prozent der .... (3) sehr zu, weitere 36 Prozent ziemlich zu und nur 8 Prozent meinten, es treffe auf sie gar nicht zu. Noch vor acht Jahren wussten immerhin 14 Prozent der Umfrageteilnehmer genau, was sie lesen sollten. Wie es scheint, ... (4) die Beratung bei der Suche .... (5) dem richtigen Buch eine immer größere Rolle. Die Vorstellung von Bildung, die sich zum Beispiel im Multiple-Choice-Verfahren von Quizsendungen .... (6) Fernsehen offenbart, hat eine breite Basis erreicht. Bildung stellt sich dem modernen Zeitgenossen nicht mehr als .... (7) Unternehmen dar, als eine Wanderung zu immer	1. a) werden O
	    b) kommen O
	    c) erscheinen O
	2. a) erhalten O
	    b) behalten O
	    c) halten O
	3. a) Befragten O
	    b) Bekannten O
	    c) Gefragte O
	4. a) hat O
	    b) spielt O
	    c) nimmt O
	5. a) mit O
	    b) wegen O
	    c) nach O
	6. a) auf O
	    b) am O
	    c) im O
	7. a) offenes O
	    b) offener O
	    c) offenem O		

.... (8) Horizonten oder als ewiges Weiterfragen. Es genügt heute herauszufinden, ob A, B, C oder D die richtige Antwort ist. Das Publikum .... (9) es als Zumutung, in einem Museum selbst auf die Suche nach Kulturschätzen gehen zu müssen – das wirkliche Leben ist schon unübersichtlich genug. Orientierungshelfer in Gestalt bekannter Schauspieler, die, ... (10) sie gar keine besonderen Kenntnisse besitzen, auf CDs ihre Lieblingsstücke von Giuseppe Verdi oder Johann Sebastian Bach zusammenstellen lassen, sind heute heiß .... (11). Auch Fachleute finden gerne Superlative für die von ihnen getesteten literarischen Werke, wie: einer .... (12) Autoren, das beste oder schlechteste Buch seit langem usw. Sie ordnen das Kulturangebot für den Konsumenten als Gegenwelt .... (13) chaotischen Gegenwart.

8. a) neue   O
   b) neuen   O
   c) neuem   O

9. a) fühlt   O
   b) befindet   O
   c) empfindet   O

10. a) weil   O
    b) obwohl   O
    c) trotzdem   O

11. a) begehrt   O
    b) verliebt   O
    c) gewünscht   O

12. a) die größten   O
    b) der größte   O
    c) der größten   O

13. a) zum   O
    b) zur   O
    c) mit   O

C. Musik

1. Sie sind zu Gast in Leipzig und wollen heute Abend mit Freunden in ein Konzert gehen. Vergleichen Sie die Angebote miteinander. Entscheiden Sie sich für eine Veranstaltung und begründen Sie Ihren Entschluss.

Jazz-Konzert

Im Völkerschlacht-denkmal spielt der Leipziger Jazz-Schlag-zeuger Wolfram Dix. Zusammen mit den Tänzern Sebastian Weber und der Inde-rin Smruti Patel kön-nen Sie eine einzigartige Aufführung von Klang und Bewegung miterleben. Eintritt: 5 Euro

Musical

Die Abschlussklasse der Thea-terhochschule präsentiert heute Abend George Gershwins „Crazy for you". Eintritt frei.

Klassisches Konzert

Im Gewandhaus gastiert heute der ehemalige Gewandhauskapellmeister Kurt Masur. Zu hören sind unter anderem Mozarts Konzerte für Klavier und Orchester Nr. 14 und 15. Restkarten ab 20 Euro an der Gewandhauskasse.

Flamenco-Konzert

Höhepunkt in der Moritzbastei: Der in Essen geborene Flamenco-König Rafael Cortéz gastiert mit seiner Gruppe in der Messestadt. Karten für den heißblütigen Flamencoabend ab 10 Euro an der Abendkasse.

Volksmusikabend

Ein besonderes Erlebnis für Volksmusikfreunde: Bayerische Volksmusik live in der Gaststätte „Paulaner". Genießen Sie die Musik bei Bier und bayerischen Spezialitäten. Eintritt: 3 Euro

Rockkonzert

Sonderkonzert in der Großen Oper: Eric Clapton. Nur noch einzelne Karten an der Abendkasse ab 50 Euro erhältlich.

2. Berichten Sie über sich selbst oder fragen Sie Ihre Nachbarin/Ihren Nachbarn und berichten Sie anschließend, was Sie von Ihrer Nachbarin/Ihrem Nachbarn erfahren haben.

   – Welche Musik hören Sie am liebsten?
   – Welche Rolle spielt Musik in Ihrem Leben?
   – Spielen Sie ein Instrument? Wenn ja, welches?
   – Sollten Kinder Ihrer Meinung nach ein Instrument erlernen? Wenn ja, warum?

3. Berichten Sie.

   Kennen und mögen Sie die Musik von Johann Sebastian Bach?

4. Einige biographische Daten zu Johann Sebastian Bach
   Bilden Sie aus den angegebenen Informationen Sätze.

1685	geboren in Eisenach
1695 .	Aufnahme beim älteren Bruder Johann Christoph in Ohrdruf
1700–1702	Besuch der Michaelisschule in Lüneburg
1703	Hofmusiker und Lakai in Weimar
1703-1707	Organist an der Neuen Kirche in Arnstadt
1707	Organist in Mühlhausen
	Eheschließung mit Maria Barbara in Dornheim
1708–1717	Kammermusiker, ab 1714 Konzertmeister am Hof von Sachsen-Weimar
1717–1723	Kapellmeister des Fürsten Leopold von Anhalt-Köthen
1720	Tod seiner ersten Frau (7 gemeinsame Kinder)
1721	Eheschließung mit Anna Magdalena (13 gemeinsame Kinder)
1723	Wahl zum Thomaskantor in Leipzig
1750	gestorben in Leipzig

5. Lesen Sie den folgenden Text.

Johann Sebastian Bach in Leipzig

Im Jahre 1722 suchte die Stadt Leipzig einen neuen Kantor für die Thomaskirche, ein ehrenwertes und anspruchsvolles Amt, denn der Dienst erforderte eine doppelte Qualifikation. Der Thomaskantor musste nicht nur ein ausgezeichneter Kirchenmusiker sein, sondern auch als Lehrer an der Thomasschule arbeiten. Im 16. und 17. Jahrhundert war es den Leipzigern immer gelungen, das Amt mit Bewerbern zu besetzen, die als Musiker und als Pädagogen gleichermaßen bedeutend waren. Ihnen war zu verdanken, dass sich das Thomaskantorat wegen der zahlreichen Messegäste zu einem überregionalen Aushängeschild der Stadt entwickelte.

Im Herbst 1722 fiel die Wahl auf Georg Philipp Telemann. Doch Telemann, der als Musikdirektor in Hamburg tätig war, wollte lieber seinen Neigungen als Opernkomponist nachgehen und erteilte Leipzig eine Absage. Auch mit der zweiten Wahl hatte man kein Glück. Sie fiel auf Christoph Graupner, der als ein Lieblingsschüler der ehemaligen Thomaskantoren galt und als Kapellmeister in Darmstadt eine Anstellung gefunden hatte. Der Landgraf von Hessen-Darmstadt verweigerte Graupner die Freigabe.

Am 22. April 1723 wurde Johann Sebastian Bach, Konzertmeister in Weimar und Kapellmeister des Hofes von Anhalt-Köthen, zum Kantor der Thomaskirche in Leipzig gewählt. Im Vergleich mit Telemann und Graupner erschien Bach als minder qualifiziert. Ihm fehlte eine höhere akademische Ausbildung und so tauchten Zweifel an seiner pädagogischen Eignung auf. Als Kirchenkomponist konnte Bach vergleichsweise wenige, wenn auch bedeutende Kompositionen vorweisen und sein hohes Ansehen als Orgelspieler nützte ihm nicht viel, denn der Organistendienst gehörte nicht zu den Amtspflichten. Heute ist der Name Graupner fast vergessen und Telemann wird oft als ein Vielschreiber abgetan.

Am 5. Mai 1723 erschien Bach in der Ratsstube von Leipzig, wurde vom Bürgermeister Lange in sein Amt berufen, versprach „alle Treu und Fleiß" und unterzeichnete einen Vertrag, in dem seine Pflichten festgehalten waren. Die Erteilung von Lateinunterricht wurde ihm gegen eine Kürzung des Gehalts um 50 Taler im Jahr erlassen. Anschließend musste sich Bach noch einer Prüfung durch den Theologieprofessor Johann Schmid unterziehen.

In den ersten Jahren seiner Amtszeit hat Bach mit unerschöpflicher Phantasie und eiserner Selbstdisziplin eine kaum nachvollziehbare Arbeitsleistung vollbracht. Nahezu Sonntag für Sonntag, zusätzlich noch für die zahlreichen Festtage, die man mit Gottesdiensten beging, sind Kantaten entstanden. Im Verlauf von zweieinhalb Jahren komponierte Bach 150 Kirchenkantaten. 1724 erklang erstmals die Johannes-Passion, 1727 wurde, so die Überlieferung, die Matthäus-Passion erstmals aufgeführt

(1736 wurde sie von Bach überarbeitet). Gegen 1730 schien Bach für eine gewisse Zeit als Thomaskantor zu resignieren. In einem Brief an seinen Jugendfreund beklagt er sich über den sozialen Abstieg vom höfischen Kapellmeister zum Kirchenmusikdirektor und ließ als einzigen Lichtblick die Universität als Ausbildungsstätte der älteren Söhne und die Hoffnung auf ein gutes Salär gelten. Doch auch in den folgenden Jahren sind repräsentative Werke, allen voran das Weihnachtsoratorium (1734/35) entstanden.

Bach litt an Altersdiabetes, die ihm in seinen letzten Jahren das Leben erschwerte und seine Arbeit behinderte. Zu Lähmungserscheinungen kam ein kontinuierliches Nachlassen der Sehkraft. In der größten Not entschied man sich für eine Augenoperation, von deren Folgen Bach sich nicht mehr erholte. Am 28. Juli 1750 verstarb er und wurde drei Tage später auf dem Johannesfriedhof in Leipzig beigesetzt. Seiner Witwe Anna Magdalena Bach wurde noch ein paar Monate Gehalt gewährt, in denen sie die Musikausübung in den Kirchen organisierte. Am Jahresende 1750 musste sie mit den Kindern die Kantorenwohnung verlassen. Sie starb in Armut am 27. Februar 1760.

Nur die 1742 geborene Tochter Regina Susanne konnte noch miterleben, wie sich seit 1800 der Ruhm des Vaters ständig vergrößerte.

Leisinger: Bach in Leipzig

6. Geben Sie nach den folgenden Stichpunkten den Inhalt des Textes wieder.

    1. Aufgaben eines Thomaskantors

    ....

    2. der Verlauf der Wahl des Thomaskantors in den Jahren 1722/1723

    ....

    3. die Eignung Johann Sebastian Bachs für dieses Amt

    ....

    4. die ersten zweieinhalb Jahre in Leipzig

    ....

    5. die letzten Jahre Bachs

    ....

7. Ordnen Sie die passenden Verben aus dem Text zu.

0.	seinen Neigungen ...	vorweisen können
1.	Zweifel an Bachs Eignung ...	unterzeichnen
2.	bedeutende Kompositionen ...	nachgehen
3.	als ein Vielschreiber ...	erteilen
4.	einen Vertrag ...	abgetan werden
5.	Lateinunterricht ...	erholen
6.	eine kaum nachvollziehbare Arbeitsleistung ...	tauchen auf
7.	sich über den sozialen Abstieg ...	vollbringen
8.	sich von den Folgen der Krankheit nicht mehr ...	beklagen

8. Ergänzen Sie die fehlenden Verben.

    erteilen – gehören – festhalten – komponieren – leiden – nachlassen – versterben – beisetzen – erfordern – wählen – erklingen – nützen – gelingen – besetzen – fallen – berufen

    Der Dienst als Thomaskantor .... (1) eine doppelte Qualifikation. Im 16. und 17. Jahrhundert war es den Leipzigern immer .... (2), das Amt mit geeigneten Bewerbern zu .... (3). Im Herbst 1722 .... (4) die Wahl auf Georg Philipp Telemann, der Leipzig aber eine Absage .... (5).

    Am 22. April 1723 wurde Johann Sebastian Bach zum Kantor der Thomaskirche .... (6). Sein hohes Ansehen als Orgelspieler .... (7)

ihm nicht viel, denn der Organistendienst .... (8) nicht zu den Amtspflichten. Am 5. Mai 1723 wurde Bach vom Bürgermeister Lange in sein Amt .... (9). In einem Vertrag waren seine Pflichten .... (10).

In den ersten Jahren seiner Amtszeit .... (11) Bach 150 Kirchenkantaten. 1724 .... (12) erstmals die Johannes-Passion.

In den letzten Jahren .... (13) Bach an Altersdiabetes. Auch seine Sehkraft .... (14). Am 28. Juli 1750 .... (15) er an den Folgen einer Augenoperation und wurde drei Tage später auf dem Johannesfriedhof in Leipzig .... (16).

9. Nominalisierungen
   Verkürzen Sie die folgenden Sätze wie im angegebenen Beispiel.

   0. <u>Weil die Ansprüche an den Thomaskantor hoch waren</u>, erwies sich die Suche nach einem geeigneten Kandidaten als schwierig.
      <u>Wegen der hohen Ansprüche an den Thomaskantor</u> erwies sich die Suche nach einem geeigneten Kandidaten als schwierig.

   1. <u>Es war den ehemaligen Thomaskantoren zu verdanken, dass</u> sich das Thomaskantorat zu einem überregionalen Aushängeschild der Stadt entwickelte.

      ....

   2. <u>Nachdem Georg Philipp Telemann abgesagt hatte,</u> fiel die Wahl zunächst auf Christoph Graupner.

      ....

   3. <u>Wenn man Telemann und Graupner mit Bach verglich</u>, erschein Bach als minder qualifiziert.

      ....

   4. <u>Obwohl Bach ein hohes Ansehen als Orgelspieler genoss</u>, war er nicht die erste Wahl der Leipziger.

      ....

   5. <u>Indem er sehr diszipliniert, fleißig und fantasievoll war,</u> gelang ihm in den ersten zweieinhalb Jahren eine unglaubliche Arbeitsleistung.

      ....

   6. In einem Brief beklagt er sich <u>darüber, dass er vom höfischen Kapellmeister zum Kirchenmusikdirektor sozial abgestiegen war.</u>

      ....

7. <u>Weil seine Sehkraft in den letzten Jahren nachließ</u>, bereitete ihm das Schreiben große Mühe.

   ....

8. <u>Nachdem Johann Sebastian Bach gestorben war</u>, wurde seiner Witwe nur noch ein paar Monate Gehalt gewährt.

   ....

⇨ IHRE GRAMMATIK: Weitere Übungen **zu Nominalisierungen** finden Sie auf Seite 173.

---

10. Berichten Sie.

    Musik im Internet: Suchen Sie im Internet nach Musik? Laden Sie manchmal Musiktitel herunter?

11. Beschreiben Sie die folgende Statistik.

    CD-Absatz und Online-Musikverkauf in den USA
    Prognose, Angaben in Mio. Dollar

	2002	2003	2004	2005	2006	2007
Verkauf von CDs	11 391	10 662	10 705	10 657	10 502	9 930
Online-Abonnements	9	31	61	105	186	313
Download von Alben	0	11	64	157	427	937
Download von einzelnen Stücken	6	34	130	279	515	805
Online-Umsatz gesamt	15	76	256	541	1 129	2 055
Umsatz pro Kunde	0,06	0,31	1,03	2,17	4,48	8,09

    DIE WELT

12. Lesen Sie den folgenden Text und wählen Sie das richtige Wort.

    Downloads retten die Musikindustrie

    Die Musiktauschbörsen im Internet haben nach Angaben des Marktforschungsunternehmens Forrester Research .... (1) als vielfach vermutet keinerlei Einfluss .... (2) den Verkauf von Musik-CDs. Die Behauptung der Musikindustrie, der Umsatzrückgang von 15 % in den vergangenen zwei Jahren sei auf den illegalen Tausch im Internet .... (3), habe

    1. a) nicht   O
       b) genauso   O
       c) anders   O

    2. a) auf   O
       b) in   O
       c) über   O

    3. a) verursacht   O
       b) zurückzugehen   O
       c) zurückzuführen   O

in einer Untersuchung des US-Musik-Mark-
tes nicht bestätigt werden .... (4),
teilte das Unternehmen mit. Auf .... (5)
würden legale Internetdienste und kommer-
zielle Downloadangebote die Umsätze der
Musikindustrie retten. Nach Ansicht eines
Forrester-Analysten seien eine ganze Reihe
anderer Ursachen für die Umsatzeinbußen
.... (6), ... (7) zum
Beispiel die allgemeine wirtschaftliche
Rezession sowie die Konkurrenz durch Vi-
deo-Spiele und DVDs. Eine Befragung
.... (8) 1000 Online-Konsumenten
habe keinerlei Anhaltspunkte dafür gelie-
fert, dass Kunden, die häufig digitale Mu-
sikangebote .... (9), weniger CDs
kaufen würden. Bereits im Jahre 2007 werde
die Musikindustrie mit digitalen Abo- und
Kaufangeboten rund 2 Milliarden Dollar und
.... (10) 17 % ihres Gesamtum-
satzes machen.

DIE WELT

4.	a)	sollen	O
	b)	können	O
	c)	müssen	O
5.	a)	Zeit	O
	b)	Immer	O
	c)	Dauer	O
6.	a)	verantwortlich	O
	b)	wichtig	O
	c)	bestimmt	O
7.	a)	damit	O
	b)	darunter	O
	c)	dafür	O
8.	a)	unter	O
	b)	in	O
	c)	an	O
9.	a)	brauchen	O
	b)	nutzen	O
	c)	nehmen	O
10.	a)	dazu	O
	b)	dafür	O
	c)	damit	O

13. Ergänzen Sie die Verben mit *-hören* in der richtigen Form.

abhören – überhören – anhören – umhören – zuhören – hinhören – weghö-
ren – einhören – mithören

1. Ich habe dir doch genau gesagt, wo wir uns treffen. Hast du mir mal
   wieder nicht ....?

2. Ich suche eine neue Wohnung. Kannst du dich vielleicht mal ein bisschen
   ...., ob bei dir in der Gegend eine Wohnung vermietet wird?

3. Wenn ein Patient Schmerzen in der Lunge hat, muss der Arzt ihn
   ....

4. In meiner Schulzeit musste ich fleißig Englischvokabeln lernen. Abends
   hat mich dann meine Mutter ....

5. Der Chef hat gesagt, dass das Protokoll bis gestern geschrieben sein
   sollte? Das muss ich .... haben.

6. Du kannst ihn doch nicht so einfach beschuldigen. Du musst dir doch erst mal ...., was er dazu sagt.

7. In die zeitgenössische klassische Musik von Hans Werner Henze muss man sich erst ....

8. Da schleicht doch jemand durchs Haus! .... doch mal genau ....!

9. Manchmal kann ich das Gequatsche von Martina nicht mehr ertragen. Dann lasse ich sie weiterreden und .... einfach ....

10. In manchen Fällen ist es der Polizei gestattet, Telefongespräche ....

14. Ordnen Sie den Redewendungen die richtigen Erklärungen zu.

1. Man höre und staune!

2. jmdm. vergeht Hören und Sehen

3. Das/Den/Die kenne ich nur vom Hörensagen.

4. Lass mal was von dir hören!

5. etwas von jemandem zu hören bekommen

a. von jmdm. heftig kritisiert werden

b. etwas/jmdn. nur aus der Erzählung anderer kennen

c. Es ist kaum zu glauben!

d. Man weiß nicht mehr, was mit einem geschieht.

e. Melde dich mal wieder!

Christian Morgenstern
Fisches Nachtgesang

D. Ihre Grammatik

Nachgestellte Attribute im Genitiv Plural

> *Günter Grass ist* <u>*einer*</u>   <u>*der größten deutschen Autoren.*</u>
> ⇩   ⇩
> Platzhalter für *ein (der Autor)*   Attribut im Genitiv Plural

1. Bilden Sie Sätze nach dem folgenden Beispiel.

   0. Venedig ist (ein) – (die, schönst-, italienisch, Stadt)
      Venedig ist <u>eine der schönsten italienischen Städte</u>.

   1. Das ist (ein) – (der, lustigst-, Witz), die ich je gehört habe.

      ....

   2. Götz George ist (ein) – (der, bekanntest-, deutsch, Schauspieler).

      ....

   3. Elisabeth Taylor besitzt (ein) – (der, schönst-, Diamant) der Welt.

      ....

   4. Sie ging mit (ein) – (ihr, best-, Freund) ins Kino.

      ....

   5. Dieses Bild ist (ein) – (das, wertvollst-, Bild) des Museums.

      ....

   6. Bach ist für mich (ein) – (der, bedeutendst-, Komponist) aller Zeiten.

      ....

   7. Er hat bei der theoretischen Fahrprüfung (fünf) – (die, gestellt-, Frage)
      falsch beantwortet.

      ....

   8. Er hat (kein) – (das, Gedicht) gelesen.

      ....

   9. Ihr hat (kein) – (dieses, wundervoll, Geschenk) gefallen.

      ....

   10. (Kein) (mein, Schüler) ist durch die Prüfung gefallen.

      ....

Verschiedene Präpositionen

2.   Ergänzen Sie die fehlenden Präpositionen und Artikelendungen.

    0.   Wir sind <u>mit</u> d<u>em</u> Taxi <u>zum</u> Bahnhof gefahren.

    1.   Der Einbruch geschah ………. d….. Nacht.

    2.   Sie können auch ………. Kreditkarte bezahlen.

    3.   Ich habe heute mal wieder ………. eine Stunde ………. Stau gestanden.

    4.   ………. diesem Straßenlärm kann ich nicht schlafen.

    5.   Die Anzahl der Patentanmeldungen ist ………. d….. letzten Jahren ………. 20 % gestiegen.

    6.   Im Haus …………… befindet sich eine Arztpraxis.

    7.   Das Beurteilungsgespräch findet ………. Jahresende ………. vier Augen statt.

    8.   Ich habe ihn erst ………. kurzem kennen gelernt.

    9.   Das natürliche Heilwasser ………. dieser Gegend soll ………. alle möglichen Krankheiten helfen.

  10.   Herr Müller ist nicht ………. Urlaub, er ist ………. Geschäftsreise.

  11.   Dieses Produkt ist ………. Zeit vergriffen.

  12.   Die Schäden ………. d….. Häusern sind noch ………. letzten Sturm.

  13.   Können wir den Termin ………. zwei Wochen verschieben?

  14.   ………. der Presse wurde bekannt, dass sich der Fußballstar ………. seiner Frau trennen will.

  15.   Die Informationen ………. die Insel sind nur ………. Spanisch.

  16.   ………. des Flusses findet man einige wunderschöne Villen.

  17.   ………. d….. Preisverleihung sah sie den Schauspieler ………. ersten Mal ………. der Nähe.

  18.   Hast du dich meinet………. (………. mir) so beeilt?

19. Der Süddeutschen Zeitung .... gab es .... Thema Kündigungsschutz Auseinandersetzungen .... d..... Sozialdemokraten.

20. Wir waren uns .... vielen Punkten einig.

21. Unsere Preise haben sich .... 240 .... 260 Euro erhöht.

22. Die Versuchsreihe muss .... ein..... längeren Zeitraum laufen, sonst können .... d..... Ergebnissen Fehler auftreten.

23. Das Flugzeug flog .... ein..... Höhe .... 10 000 Metern.

24. .... neuesten Untersuchungen finden sich Frauen .... Verkehrsgeschehen schlechter zurecht als Männer.

25. .... Wunsch bringen wir Ihnen gern das Frühstück .... Zimmer.

26. .... Sommerschlussverkauf bekommt man manche Sachen .... halben Preis.

27. Der Zug hat eine Verspätung .... 30 Minuten.

28. Die Entscheidung fällt .... der nächsten 24 Stunden.

29. .... eines Lehrbuchs kaufte sie sich .... dem Geld eine CD.

30. .... allen Erwartungen konnte der Konflikt friedlich beigelegt werden.

31. Der Autofahrer ist .... d..... Fahrbahn abgekommen und .... einen Baum gefahren.

32. .... des schnellen Eintreffens der Feuerwehr blieb der Schaden gering.

Nominalisierung

Ich gebe Ihnen die neue Preisliste, <u>damit Sie Bescheid wissen</u>.	*<u>Zu Ihrer Information</u> erhalten Sie die neue Preisliste.*
Es ist nicht einfach, <u>die Frage zu beantworten</u>.	*<u>Die Beantwortung der Frage</u> ist nicht einfach.*
⇩	⇩
eher mündlich	eher schriftlich
Alltagssprache	Sprache der Technik, Wissenschaft, Verwaltung, Politik

3. Verkürzen Sie die folgenden Sätze wie im angegebenen Beispiel.

    0. <u>Weil die Ansprüche an den Thomaskantor hoch waren</u>, erwies sich die Suche nach einem geeigneten Kandidaten als schwierig.
    <u>Wegen der hohen Ansprüche an den Thomaskantor</u> erwies sich die Suche nach einem geeigneten Kandidaten als schwierig.

    1. Es bestehen gute Aussichten, <u>dass sich die Situation bald ändert</u>.

    ....

    2. Von Seiten der Gewerkschaften gab es ein paar gute Anregungen, <u>um die Arbeitsmarktlage zu verbessern</u>.

    ....

    3. Wir gewähren nur Rabatt, <u>wenn Sie bar bezahlen</u>.

    ....

    4. <u>Nachdem er seine berufliche Laufbahn beendet hatte</u>, kaufte er sich ein Haus auf den Kanarischen Inseln.

    ....

    5. <u>Weil es für Autofahrer sicherer ist</u>, gilt auf dieser Bergstraße Tempo 30.

    ....

    6. <u>Obwohl sich die Schwimmer auf die Olympischen Spiele gut vorbereitet hatten</u>, zeigten sie enttäuschende Ergebnisse.

    ....

    7. <u>Wenn Sie es wünschen</u>, können Sie CDs mit Hörübungen ausleihen.

    ....

    8. Die Autotür lässt sich schon von Weitem öffnen, <u>indem man einen Knopf auf der Fernbedienung drückt</u>.

    ....

    9. <u>Um sich vor Grippe zu schützen</u>, kann man sich impfen lassen.

    ....

    10. Die Zahlung wird fällig, <u>wenn wir die Waren liefern</u>.

    ....

    11. Jetzt musst du die Aufgaben aber mal lösen, <u>ohne dass ich dir dabei helfe</u>!

    ....

12. Wenn das Raumschiff in die Erdatmosphäre eintritt, können technische Probleme auftreten.

       ....

13. Sie freute sich so sehr, dass sie jeden umarmte.

       ....

14. Du hättest deine Finanzen mal überprüfen sollen, bevor du dir eine Eigentumswohnung kaufst.

       ....

15. Die Firma muss ihre Umsätze steigern, damit alle Arbeitsplätze erhalten bleiben können.

       ....

16. Soweit ich informiert bin, beginnt das nächste Semester erst Anfang Oktober.

       ....

17. Ich hatte genügend Geld bei mir, was ein großes Glück für mich war.

       ....

18. Er weiß über Musik so viel, als wäre er Musikwissenschaftler.

       ....

19. Obwohl die Regierung Maßnahmen ergriff, hat sich die Lage noch nicht wesentlich verbessert.

       ....

20. Er konnte sein Können noch nicht unter Beweis stellen, weil eine Gelegenheit dazu fehlte.

       ....

Kapitel 6   Fortschritt und Stagnation

A. Was heißt Fortschritt?

1. Sammeln Sie in Gruppen oder einzeln alle Gedanken, die Ihnen zu der Frage: *Was heißt Fortschritt?* einfallen. Diskutieren Sie dann in der Gruppe Ihre Resultate.

2. Lesen Sie diesen (etwas längeren) Text.

Vom Mythos, dass alles immer besser wird

Computer helfen uns, schneller und leichter all diejenigen Probleme zu <u>meistern</u>, die wir ohne sie gar nicht hätten. Autos ermöglichen uns, Geschwindigkeiten zu erreichen, die uns ohne sie lebensgefährlich vorkämen. Aber längst nicht immer: im Durchschnitt verbringt jeder Deutsche jährlich 67 Stunden im Stau. In Großstädten werden bis zu 40 Prozent aller gefahrenen Kilometer für die Parkplatzsuche aufgewandt. Die Durchschnittgeschwindigkeit ist dort mittlerweile auf 16 Kilometer pro Stunde gesunken – jeder hethitische Streitwagenfahrer hätte sich vor 3500 Jahren kaputt gelacht.

Und ein Brief, sagen wir von Genua nach Paris, braucht heute mit der Post immer noch so lange wie im 17. Jahrhundert mit der Eildepesche*: drei Tage.

Der Mensch schafft es als einziges Lebewesen, im Flug eine warme Mahlzeit einzunehmen. Wozu <u>anzumerken</u> wäre, dass er diese Fähigkeit <u>einzig und allein</u> entwickeln musste, weil er es für <u>nötig erachtete</u>, mit Hilfe von Maschinen den Vögeln nachzueifern.

Immer, wenn Menschen etwas tun, was die Evolution für die Spezies nicht vorgesehen hatte, sprechen wir von Fortschritt. Seit unsere Urahnen von den Bäumen kletterten, ist es angeblich ständig <u>mit uns bergauf gegangen</u>. Und die bekanntesten Eckdaten aus dem Geschichtsunterricht scheinen in dieses Bild zu passen: Bei den Römern galt ein Dreißigjähriger als so lebensklug und weise, dass er das höchste Staatsamt <u>bekleiden</u> durfte. Die <u>niedlichen</u> Rüstungen der Ritter würden heute keinem Erwachsenen mehr passen. Noch zu Beginn des vorigen Jahrhunderts <u>rackerten sich</u> Arbeiter in 72-Stunden-Wochen zu Tode. Seuchen und Hungersnöte dezimierten die Bevölkerung. Da wird man doch angesichts ständig steigender Lebenserwartung, 35-Stunden-Woche, vollgestopfter Supermärkte und der dank Antibiotika fast ausgerotteten Epidemien von Fortschritt sprechen dürfen!

Doch halt! Die historischen Gegenbeispiele gibt es auch: Der Keltenfürst von Hochdorf (6. Jahrhundert v. u. Z.) war 1,83 Meter groß; Ram-

---

ses II. (13. Jahrhundert v. u. Z.) wurde fast 90, Platon (427–347 v. u. Z.) immerhin 80 Jahre alt. Im mittelalterlichen Nürnberg gab es pro Jahr mehr als 150 Feiertage. Betrachtet man sich die berühmten Bilder der niederländischen Meister, wird man keine Anzeichen für Mangelernährung entdecken. Und mit der Ausrottung der Seuchen ist es auch nicht weit her: bei jeder kleinen Naturkatastrophe sind sie gleich wieder da.

Zu allen Epochen hing die Lebensqualität eher davon ab, welchen sozialen Rang man innehatte. Von einem stetigen Fortschritt kann man kaum sprechen, eher von einem sozial differenzierten Auf und Ab. Was wohl besonders deutlich wird, wenn man an die Zustände in unserer sogenannten Dritten Welt denkt. Ob einer satt oder hungrig und gesund oder krank ist, ob er alt wird oder jung sterben muss, hängt seit uralten Zeiten größtenteils davon ab, ob er am armen oder am reichen Ende des gesellschaftlichen Spektrums lebt, nur dass dieses Spektrum heute kein nationales, sondern ein globales ist.

Zweifellos genießen diejenigen, die es sich leisten können, die vielen Annehmlichkeiten, die ihre Ur- und Ururgroßeltern noch nicht kannten. Ob wir aber soviel besser als die Steinzeitmenschen leben, ist eine Frage des Maßstabes, der Definition von Lebensqualität. Die letzten auf Steinzeitniveau lebenden Jäger und Sammler konnten die Ethnologen noch in diesem Jahrhundert genau studieren. Die Buschmänner am Rand der Kalahari benötigen pro Tag und Erwachsenem weniger als drei Stunden, um alle zu ihrer Gruppe gehörenden Menschen

reichlich mit Eiweiß und allen anderen Nährstoffen zu versorgen. Natürlich musste das Essen auch zubereitet, mussten ein paar Werkzeuge und Waffen und ein bisschen Kleidung angefertigt werden. Dafür waren weitere ein bis zwei Stunden nötig. Das macht, rechnet man acht Stunden Schlaf hinzu, zehn bis zwölf Stunden Freizeit am Tag. Keine schlechte Bilanz. Und wir nennen unsere Gesellschaft eine Freizeitgesellschaft!

Doch zurück auf die Bäume bzw. in den Busch können und wollen wir natürlich nicht. Dazu sind wir zu viele geworden und so ein Leben wäre uns sicher auch zu langweilig. Wahr aber ist, dass die meisten von uns heute bei wesentlich weniger Freizeit wesentlich länger arbeiten müssen, um sich all die Annehmlichkeiten des Fortschritts leisten zu können. Was uns die Arbeit erleichtern und dadurch mehr Muße verschaffen sollte, hat uns in Wirklichkeit die Zeit gestohlen. Nur wer rechtzeitig zur Stelle ist, pünktlich liefert, nur der profitiert. Was wir durch die Beschleunigung von Kommunikation und Mobilität gewinnen, <u>verpufft</u> sofort wieder. Noch mehr kann in der gleichen Zeit erledigt werden.

Was für den persönlichen Lebensgenuss dabei <u>herausspringt</u>, bleibt fraglich, denn Tempowahn bestimmt ja auch unser Freizeitverhalten. Wir stopfen die verbleibenden Stunden zwischen Arbeit und Schlafen mit allen möglichen Aktivitäten voll, nur weil das technisch machbar ist. Den „rasenden Stillstand" nannte der französische Kulturkritiker Paul Virilio diesen Zustand, in den wir uns kollektiv hineinmanövriert haben. Kein schlechtes Bild: Der Götze* des wissenschaftlich-technischen Fortschritts hat uns in ein Karussell gesperrt, das sich immer schneller dreht, aber auf der Stelle rotiert.

Brandau/Schickert: Der kleine Jahrtausendbegleiter

*Worterklärungen:
Eildepesche = *hier: Eilpost*
Götze = *falscher Gott (nach Luther)/ein gottartig verehrtes Wesen*

3. Fragen zum Text: Wählen Sie die richtige Lösung.

1. Wie ist die Grundeinstellung des Autors gegenüber dem Fortschritt?
   - O   a. positiv
   - O   b. teils positiv, teils negativ
   - O   c. skeptisch

2. Wann sprechen wir von Fortschritt?
   - O   a. Wenn der Mensch etwas Artfremdes tut.
   - O   b. Wenn der Mensch seine Zeit sinnvoll nutzt.
   - O   c. Wenn der Mensch in der Lage ist, die Freuden des Lebens zu genießen.

3. Hat der Mensch die Seuchen ausgerottet?
   - O   a. Ja.
   - O   b. Nein.
   - O   c. Nur in Europa.

4. Wie hat sich die Lebensqualität der Menschen entwickelt?
   - O   a. Die Definition von Lebensqualität beantwortet jeder, abhängig von seiner sozialen und ethnischen Zugehörigkeit, anders.
   - O   b. Die Lebensqualität hat sich gegenüber der Steinzeit aufgrund von Freizeitverlust verschlechtert.
   - O   c. Die Annehmlichkeiten der Fortschrittes führten zu einer deutlichen Verbesserung der Lebensqualität.

4.   Beantworten Sie die folgenden Fragen zum Text.

   1.   Was tut der Mensch heute alles, was für seine Spezies eigentlich nicht vorgesehen ist?

   ....

   ....

   2.   Welche Unterschiede gibt es zwischen dem Leben früher und heute?

   ....

   ....

   3.   Welche Rolle spielt der soziale Rang eines Menschen?

   ....

   ....

   4.   Was hat Zeit mit Lebensqualität zu tun?

   ....

   ....

5.   Ordnen Sie den unterstrichenen Ausdrücken aus dem Text synonyme Wendungen zu und nehmen Sie eventuell notwendige Umformungen vor.

unsere Situation verbessert sich – innehaben – bewältigen – sagen – ausschließlich – wichtig finden – Vorteile – übrig bleiben – ohne Nutzen bleiben – nicht erfolgreich sein – hart arbeiten – klein und hübsch

   1.   Probleme <u>meistern</u>   ....

   2.   wozu <u>anzumerken</u> wäre   ....

   3.   <u>einzig und allein</u>   ....

   4.   etwas <u>für nötig erachten</u>   ....

   5.   es ist ständig <u>mit uns bergauf gegangen</u>   ....

   6.   das höchste Staatsamt <u>bekleiden</u>   ....

   7.   <u>niedlichen</u> Rüstungen der Ritter   ....

   8.   <u>rackerten sich zu Tode</u>   ....

   9.   mit der Ausrottung der Seuchen <u>ist es auch nicht weit her</u>   ....

   10. die <u>Annehmlichkeiten</u> des Fortschritts   ....

   11. was wir gewinnen, <u>verpufft sofort wieder</u> ....

   12. was für den persönlichen Lebensgenuss <u>dabei herausspringt</u>   ....

6. Textrekonstruktion: Ergänzen Sie die fehlenden Verben in der richtigen Form.

6a. nacheifern – vorsehen – ermöglichen – anmerken – verbringen – helfen – meistern – sinken – einnehmen – erachten – erreichen – vorkommen – aufwenden

Computer .... (1) uns, solche Probleme zu .... (2), die wir ohne sie gar nicht hätten. Autos .... (3) uns, Geschwindigkeiten zu .... (4), die uns ohne sie lebensgefährlich .... (5). Im Durchschnitt .... (6) jeder Deutsche jährlich 67 Stunden im Stau. In Großstädten werden bis zu 40 Prozent aller gefahrenen Kilometer für die Parkplatzsuche .... (7). Die Durchschnittgeschwindigkeit ist dort mittlerweile auf 16 Kilometer pro Stunde .... (8). Der Mensch schafft es als einziges Lebewesen, im Flug eine warme Mahlzeit .... (9). Wozu .... (10) wäre, dass er diese Fähigkeit einzig und allein entwickeln musste, weil er es für nötig .... (11), mit Hilfe von Maschinen den Vögeln .... (12). Immer, wenn Menschen etwas tun, was die Evolution für die Spezies nicht .... (13) hatte, sprechen wir von Fortschritt.

6b. anfertigen – erleichtern – betrachten – gelten – verpuffen – erledigen – bekleiden – genießen – leisten – benötigen – versorgen – zubereiten – verschaffen – stopfen – entdecken – innehaben

Bei den Römern .... (1) ein Dreißigjähriger als so lebensklug und weise, dass er das höchste Staatsamt .... (2) durfte. .... (3) man sich die berühmten Bilder der niederländischen Meister, wird man keine Anzeichen für Mangelernährung .... (4). Zu allen Epochen hing die Lebensqualität eher davon ab, welchen sozialen Rang man .... (5). Zweifellos .... (6) diejenigen, die es sich .... (7) können, die vielen Annehmlichkeiten, die ihre Ur- und Ururgroßeltern noch nicht kannten. Die Buschmänner am Rand der Kalahari .... (8) pro Tag und Erwachsenem weniger als drei Stunden, um alle zu ihrer Gruppe gehörenden Menschen reichlich mit Eiweiß und allen anderen Nährstoffen zu .... (9). Natürlich musste das Essen auch .... (10), mussten ein paar Werkzeuge und Waffen und ein bisschen Kleidung .... (11) werden. Was uns die Arbeit .... (12) und dadurch mehr Muße .... (13) sollte, hat uns in Wirklichkeit die Zeit gestohlen. Was wir durch die Beschleunigung von Kommunikation und Mobilität gewinnen, ... (14) sofort wieder. Noch mehr kann in der gleichen Zeit .... (15) werden.

Wir .... (16) die verbleibenden Stunden zwischen Arbeit und Schlafen mit allen möglichen Aktivitäten voll, nur, weil das technisch machbar ist.

7. Schriftlicher Ausdruck

In welcher Zeit würden Sie gern leben? Begründen Sie Ihre Ausführungen. Schreiben Sie einen Text von ca. 250 Wörtern.

8. Welche Entwicklungen wird es Ihrer Meinung nach in den nächsten 50 Jahren in den folgenden Bereichen geben? Erstellen Sie Prognosen.

Verkehr/Autos ....

Lebenserwartung/Alter ....

Ernährung ....

Computer/Internet ....

Telefonieren/Kommunikationswege ....

Sprachunterricht ....

Energiequellen ....

Arbeitsleben ....

Bücher ....

Fotografie ....

9. Beschreiben Sie die nebenstehende Graphik.

Investitionen in die Zukunft

Jährliche Ausgaben für Forschung und Entwicklung je Einwohner in Dollar

Land	Betrag
USA	963
Schweden	888
Finnland	848
Schweiz	797
Japan	774
Deutschland	643
Dänemark	577
Niederlande	536
Frankreich	518
Österreich	486
Belgien	484
Großbritannien	453
Irland	313
Italien	249
Tschech. Rep.	193
Spanien	189
Portugal	128
Griechenland	107
Ungarn	100
Polen	67

Quelle: OECD

Stand 1999 bzw. 2000   © Globus 8007

10. Berichten Sie.

– Welche Bedeutung messen Sie selbst der Forschung bei?

– Sollte es Grenzen für Wissenschaftler geben? Wenn ja, welche?

– In welchem Bereich wird Ihrer Meinung nach die Entwicklung am schnellsten gehen?

B. Umwelt

1. Erstellen Sie eine ABC-Liste zum Thema Umwelt. Sie brauchen nicht zu jedem Buchstaben ein Wort zu finden. Vergleichen Sie dann Ihre Liste mit Ihrer Nachbarin/Ihrem Nachbarn.

A	Abfall, Abholzung der Regenwälder, ...	**N**	....
B	....	**O**	....
C	....	**P**	....
D	....	**Q**	....
E	....	**R**	....
F	....	**S**	....
G	....	**T**	....
H	....	**U**	....
I	....	**V**	....
J	....	**W**	....
K	....	**X**	....
L	....	**Y**	....
M	....	**Z**	....

2. Was hat sich in den letzten Jahren verbessert, was hat sich verschlechtert?
Ordnen Sie die Wörter/Wendungen aus Ihrer Liste zu.

verbessert	verschlechtert
....	....
....	....
....	....
....	....
....	....
....	....
....	....

3. Mündlicher Ausdruck

Bereiten Sie (in Gruppen oder einzeln) die Gliederung für einen Vortrag vor.
Das Thema lautet:

Welche Umweltprobleme halten Sie für die bedrohlichsten? Unterbreiten Sie
Vorschläge, wie man sie verringern oder abschaffen könnte. Begründen Sie
Ihre Meinung.

Stellen Sie Ihre Gliederung vor und vergleichen Sie die Gliederungen
miteinander.

⇨ *Hinweise zur Gliederung*
finden Sie auf Seite 129.

4. Wie umweltbewusst sind die
Deutschen?

Beschreiben Sie die Statistik.

5. Berichten Sie.

– Was tun die Menschen in Ihrem Heimatland für die Umwelt?

– Wo sehen Sie Unterschiede
und wo Gemeinsamkeiten
zum Verhalten der Deut-
schen?

**Was die Deutschen
für die Umwelt tun**

Von je 100 Befragten sagen, dass sie immer oder häufig

keine Getränke in Dosen kaufen	87
Früchte und Gemüse der Jahreszeit entsprechend kaufen	83
keine Fertiggerichte kaufen	81
Artikel kaufen, zu denen es eine Nachfüllpackung gibt	72
Kleidung und Textilien aus reinen Naturfasern wie Baum-wolle und Leinen kaufen	59
ungebleichtes und ungefärbtes Toilettenpapier kaufen	51
wiederaufladbare Batterien (Akkus) benutzen	51
Möbel aus einheimischen Hölzern wie Kiefer und Buche kaufen	46
Produkte von Firmen, die sich nachweislich umweltschädigend verhalten, boykottieren	42
Fleisch und Gemüse mit Bio-Zeichen kaufen	28
Waren schon im Laden auspacken	23

Quelle: Umweltbundesamt   Stand 2000   © Globus 6518

6. Umweltthema: Wasser

Was assoziieren Sie mit dem Wort Wasser?

.... ─┐   ┌─ ....

.... ─┤   **Wasser**   ├─ ....

.... ─┘   └─ ....

7. Lesen Sie den folgenden Text.

Wer löscht den Durst?

David Shezi stahl das Wasser, weil er seine Kinder nicht mehr zum Betteln schicken wollte. Mit einem Rohr hatte der Familienvater aus der südafrikanischen Provinz Kwazulu-Natal Wasser in seine Hütte geleitet. Drei Monate blieb die Bastelei unentdeckt. Dann wurde der Afrikaner festgenommen.

Shezi ist einer von rund einer Million Schwarzen in Kwazulu-Natal, die zu arm sind, um sich sauberes Trinkwasser leisten zu können. 15 Prozent der Südafrikaner haben bis heute keinen Wasseranschluss. Stattdessen müssen sie für viel Geld abgefülltes Trinkwasser kaufen. Einige schöpfen sogar Wasser aus den oftmals choleraverseuchten Flüssen der Region.

Dabei kommt Südafrika noch <u>glimpflich</u> davon. In anderen Ländern Schwarzafrikas, aber auch in Asien und dem mittleren Osten ist die Lage noch <u>prekärer</u>. 1,1 Milliarden Menschen haben keinen Zugang zu sauberem Trinkwasser. Fünf Millionen Menschen sterben jährlich an Krankheiten, die Folge fehlenden oder verseuchten Trinkwassers sind.

Und die Zukunft sieht nicht minder <u>düster</u> aus: In den nächsten 20 Jahren soll der globale Wasserverbrauch um weitere 40 Prozent ansteigen. Fast drei Milliarden Menschen werden dann in Ländern mit teils <u>gravierendem</u> Wassermangel leben. In fünf der <u>brisantesten</u> Wassermangel-Regionen – am Ganges, am Jordan, am Nil und an Euphrat und Tigris – wird die Bevölkerung bis 2025 um zwischen 30 und 70 Prozent zunehmen.

Die Süßwasserkrise steht daher ganz oben auf der Agenda der Umweltgipfel. Die Umweltbeauftragten aller Länder haben sich große Ziele gesetzt: Bis 2015 soll sich die Zahl der Menschen, die keinen Zugang zu sauberem Trinkwasser und zu

---

effektiver Abwasserklärung haben, halbieren – angesichts wachsender Bevölkerung, erschöpfter Böden und zunehmender Unwetter eine Herkulesaufgabe. Die Fakten:

- Menschen in 13 Ländern weltweit, 9 von ihnen in Afrika, leben derzeit mit weniger als 10 Litern Wasser pro Tag. Jeder Deutsche dagegen nutzt 130 Liter Trinkwasser pro Tag.
- Über 90 Prozent der Abwässer bleiben weltweit ungeklärt. Gleichzeitig sickert in den Megastädten der Entwicklungsländer die Hälfte des Trinkwassers durch Lecks ins Erdreich. Der Wasserbedarf einer Stadt von der Größe Roms geht in Mexiko-Stadt ungenutzt verloren.
- Verschmutztes Trinkwasser ist weltweit die Krankheitsursache Nummer eins. 80 Prozent aller Krankheiten in den Entwicklungsländern sind auf schlechtes Wasser zurückzuführen.
- Rund 70 Prozent des Trinkwassers werden von der Landwirtschaft verbraucht. 1000 Tonnen Wasser lassen derzeit im Schnitt eine Tonne Getreide wachsen. Die Folge: Viele der größten Flüsse der Erde versickern, bevor sie das Meer erreichen. Grundwasserreservoirs versiegen; Süßwasserbiotope verschwinden.

In Afrika zeigt sich das ganze Ausmaß der Krise. 25 Ländern wird es dort bald an Wasser mangeln. In Äthiopien, Somalia oder im Sudan leiden die Menschen schon heute regelmäßig unter schwerer Dürre.

Die globale Wasserkrise ist kein technisches, sondern ein Managementproblem. Besonders deutlich zeigt sich die Krise in der Landwirtschaft. Die künftige Erdbevölkerung wird nur dann ernährt werden, wenn immer mehr Land landwirtschaftlich bearbeitet wird – doch das funktioniert meist nur mit Bewässerung. Von 10 Tonnen Getreide wachsen weltweit bereits vier Tonnen auf bewässerten Feldern. Daraus folgt, dass die Experten vor allem in der Landwirtschaft gewaltige Einsparungsmöglichkeiten sehen. Schon arbeiten Gentechniker an Getreidesorten, die weniger Wasser verbrauchen und der Trockenheit besser standhalten. Wasserexperten warnen jedoch, dass mehr Wissenschaft und Technik langfristig nicht ausreichen wird, um die Probleme zu lösen. Wasser muss wertvoller werden, erst dann werden Landwirtschaft und Industrie weniger davon verbrauchen.

Der SPIEGEL

8. Textarbeit
    Sind diese Aussagen richtig oder falsch? Markieren Sie die richtige Antwort.

	Richtig	Falsch	Text sagt dazu nichts
1. Es gibt Länder, in denen die Lage der Wasserversorgung viel schlimmer ist als in Südafrika.	☐	☐	☐
2. Die Wasserversorgung ist für die Umweltexperten ein Thema neben vielen anderen.	☐	☐	☐

	Richtig	*Falsch*	*Text sagt dazu nichts*
3. Ziel der Umweltbeauftragten ist es, einen Teil der Wasserprobleme bis 2015 zu lösen.	☐	☐	☐
4. Aufgrund der steigenden Bevölkerungszahlen dürfte das Ziel der Umweltbeauftragten schwierig zu erfüllen sein.	☐	☐	☐
5. Durch den Bau von Kanälen kann das Versiegen des Grundwassers verhindert werden.	☐	☐	☐
6. Wenn Gentechniker Getreidesorten entwickeln würden, die kein oder wenig Wasser verbrauchen, wäre das die Lösung aller Probleme.	☐	☐	☐

9. Geben Sie den Inhalt des Textes anhand der folgenden Schwerpunkte wieder.

1. die Folgen des Wassermangels für David Shezi

....

2. die Folgen des Wassermangels im Allgemeinen

....

3. die Ursachen der Wasserknappheit

....

4. Lösungsvorschläge

....

10. Was kann man miteinander kombinieren?

bewässert	Felder
ungeklärt	Abwässer
gelöst	Bevölkerung
verschmutzt	Flüsse
fehlend	Trinkwasser
choleraverseucht	Probleme
wachsend	

verschmutztes Trinkwasser, ...

....

....

⇨ IHRE GRAMMATIK: Übungen **zu Partizipien** finden Sie auf Seite 196.

11. Ordnen Sie den Adjektiven die passenden Synonyme zu.

groß – ohne schlimme Folgen – bedrückend negativ – konfliktbeladen – nicht gereinigt – schwierig

1. glimpflich davonkommen   ....

2. die Lage ist noch prekärer   ....

3. die Zukunft sieht nicht minder düster aus   ....

4. gravierender Wassermangel   ....

5. brisanteste Wassermangel-Regionen   ....

6. ungeklärte Abwässer   ....

12. Wortschatz: Wasser

12a. Welche Wörter passen nicht zu Wasser?

– kaltes, warmes, kochendes, siedendes, dampfendes, frisches, abgestandenes, klares, sauberes, ungehöriges, reines, trübes, schmutziges, fauliges, faules, hartes, weiches, enthärtetes Wasser

– Wasser rinnt, fließt, strömt, geht, rauscht, versickert, schwimmt, versiegt, steigt an, gefriert, kocht, siedet, sprudelt, verdampft, verdunstet.

12b. Ordnen Sie den Wendungen die fehlenden Verben in der richtigen Form und die Erklärungen zu.

stehen – reichen – waschen – halten – trüben

1. Jemand ist mit allen Wassern ....

2. Jemand kann kein Wässerchen ....

3. Jemand .... sich über Wasser.

4. Jemandem .... das Wasser bis zum Hals.

5. Einer anderen Person das Wasser nicht .... können.

a. Jemand befindet sich in großen Schwierigkeiten.

b. Jemand kann seine eigene Existenz erhalten (in wirtschaftlicher Hinsicht).

c. Jemand kennt alle Tricks.

d. Jemand wirkt völlig harmlos.

e. An die Fähigkeiten eines anderen nicht heranreichen.

13. Rekonstruieren Sie den Text. Ergänzen Sie die passenden Substantive in der richtigen Form.

Landwirtschaft – Einsparungsmöglichkeiten – Getreide – Zugang – Wassermangel – Lecks – Krankheiten – Folge – Wasserverbrauch – Trinkwasser – Flüsse – Wasserbedarf – Trockenheit – Wasseranschluss

Rund eine Million Schwarze in Kwazulu-Natal sind zu arm, um sich sauberes .... (1) leisten zu können. 15 Prozent der Südafrikaner haben bis heute keinen .... (2). Einige schöpfen sogar Wasser aus den oftmals choleraverseuchten .... (3) der Region.

Weltweit haben rund 1,1 Milliarden Menschen keinen .... (4) zu sauberem Trinkwasser. Fünf Millionen Menschen sterben jährlich an .... (5), die .... (6) fehlenden oder verseuchten Trinkwassers sind.

In den nächsten 20 Jahren soll der globale .... (7) um weitere 40 Prozent ansteigen. Fast drei Milliarden Menschen werden dann in Ländern mit .... (8) leben müssen.

Es gibt viele Ursachen des Wassermangels. In den Megastädten der Entwicklungsländer z. B. sickert die Hälfte des Trinkwassers durch .... (9) ins Erdreich. Der .... (10) einer Stadt von der Größe Roms geht in Mexiko-Stadt ungenutzt verloren.

Oder der Wasserverbrauch in der .... (11): 1000 Tonnen Wasser lassen derzeit im Schnitt eine Tonne .... (12) wachsen. Daraus folgt, dass die Experten vor allem in der Landwirtschaft gewaltige .... (13) des Wasserverbrauchs sehen. Schon arbeiten Gentechniker an Getreidesorten, die weniger Wasser verbrauchen und der .... (14) besser standhalten.

14. Bilden Sie zusammengesetzte Substantive mit *Wasser-*

Wasserabfluss ....   ─┐   ┌─   ....

.... ─┤   ├─   ....

.... ─┤   **Wasser-**   ├─   ....

.... ─┤   ─   ─   ├─   ....

.... ─┤   ├─   ....

.... ─┘   └─   ....

15. Schriftliche Stellungnahme

Nehmen Sie zu dem Zitat aus dem Text „Wer löscht den Durst" Stellung:

„Schon arbeiten Gentechniker an Getreidesorten, die weniger Wasser verbrauchen und der Trockenheit besser standhalten. Wasserexperten warnen
jedoch, dass mehr Wissenschaft und Technik langfristig nicht ausreichen
wird, um die Probleme zu lösen. Wasser muss wertvoller werden, erst dann
werden Landwirtschaft und Industrie weniger davon verbrauchen."

Gehen Sie dabei auf die folgenden Punkte ein:

- Was bedeutet „Wasser muss wertvoller werden"?
- Wie ist die Situation des Wasserverbrauchs in Ihrem Heimatland?
- Was können Politiker dafür tun, die globale Wasserkrise einzuschränken?
- Sollte jeder einzelne Mensch einen Beitrag zur Bewältigung der Wasser-
  krise leisten? Wenn ja, was könnte man tun?

Schreiben Sie einen Text von ca. 250 Wörtern.

C. Neues aus der Medizin

1. Berichten Sie über sich selbst oder fragen Sie Ihre Nachbarin/Ihren Nach-
   barn und berichten Sie anschließend, was Sie von Ihrer Nachbarin/Ihrem
   Nachbarn erfahren haben.
   - Würden Sie sich, wenn ein Organ in Ihrem Körper nicht mehr funktionie-
     ren würde, ein Organ eines anderen Menschen oder eines Tieres einsetzen
     lassen?
   - Würden Sie sich einen Chip ins Gehirn einbauen oder einzelne Hirnzellen
     transplantieren lassen, um Ihre Gehirnleistung zu verbessern?

2. Lesen Sie die folgenden Ergebnisse einer Meinungsumfrage.

Ersatzteile gewünscht?

Eine repräsentative Meinungsumfrage des Instituts für Demoskopie Allensbach fördert Erstaunliches zutage:
90 Prozent der Deutschen würden
auf ein Ersatzteil zurückgreifen, um
ihren Körper zu optimieren.

Zwar herrscht überwiegend Skep-
sis vor, wenn der Mensch sich zum
Herrn über sich selbst machen will,
gleichzeitig aber werden bereits rou-
tinemäßig praktizierte Eingriffe wie
zum Beispiel Herzverpflanzung oder
künstliche Befruchtung von einer
deutlichen Mehrheit befürwortet. Das
Herz, vor Jahrhunderten noch Sitz
der Seele, Hort der Liebe und Quelle
gewaltiger Mythologien, ist heute fast
ein auswechselbares Körperteil. Über

90 Prozent würden, wenn das eigene Herz geschädigt ist, ein anderes Herz in ihrem Köper schlagen lassen, dabei wären 8 Prozent auch mit einem tierischen Herzen einverstanden. 26 Prozent aller Befragten würden sich einzelne Hirnzellen transplantieren lassen. Immerhin jeder Fünfte fände es jetzt schon gut, wenn man durch den Einbau eines Chips die Gehirnleistung verbessern könnte, und jeder Zehnte begrüßt die mögliche Verpflanzung von Gehirnen. In der jüngsten Altersklasse der Umfrage, bei den 16- bis 29-Jährigen, verdoppelt sich dieser Anteil sogar. Den Kopf möchte dabei allerdings kaum jemand verlieren. Nur vier Prozent der Befragten würden ihren Schädel auf einen anderen Körper setzen lassen – oder sollte man sagen: immerhin vier Prozent?

3.   Was benennen die folgenden Angaben im Text?

8 Prozent   ....

Jeder Fünfte   ....

Jeder Zehnte   ....

4 Prozent   ....

4.   Wortschatz: Menschliche Organe, Teile und Kleinstteile

Finden Sie den richtigen Artikel und schlagen Sie unbekannte Wörter im Wörterbuch nach.

.... Gehirn	.... Luft-/Speiseröhre	.... Knochen
.... Stirnhöhle	.... Bauchspeicheldrüse	.... Achillessehne
.... Gehörgang	.... Dick-/Dünndarm	.... Knöchel
.... Lunge	.... Blinddarm	......./....... Zeh(e)
.... Rippe	.... Gebärmutter	.... Zelle
.... Schulterblatt	.... Niere	.... Blutgefäß
.... Schlüsselbein	.... Leber	.... Vene
.... Halswirbel	.... Milz	.... Arterie
.... Wirbelsäule	.... Blase	.... Antikörper
.... Bandscheibe	.... Hüftbecken	.... Knorpel
.... Herz	.... Oberschenkel	.... Gewebe
.... Schilddrüse	.... (Knie-)Gelenk	.... weiße/rote Blutkörperchen
.... Magen	.... Ellenbogen	

5. Was kann dem Menschen so alles passieren? Kombinieren Sie.

Er kann:	sich den Magen	brechen
	sich den Knöchel	einklemmen
	sich den Unterarm	ausrenken
	sich die Schulter	verstauchen
	sich die Bandscheibe	verrenken
	sich den Hals	verderben

6. Lesen Sie den folgenden Text.

Wissenschaftler züchten Gewebe und Organe

Noch müssen jährlich Tausende von Patienten sterben, während sie auf ein Spenderorgan warten. Im Bereich der Nierenspende zum Beispiel stehen in Deutschland 3 500 Transplantierten jährlich 12 000 auf der Warteliste gegenüber. Neun Millionen Menschen haben abgenutzte Knorpel, zweieinhalb Millionen Diabetiker leiden unter schmerzhaften Geschwüren, sogenannten offenen Beinen.

Forscher sind davon überzeugt, mit körpereigenem Ersatzgewebe chronische* Krankheiten besser bekämpfen und Alterserscheinungen hinauszögern zu können. Mittelfristig geht es sogar um den Ersatz innerer Organe. Mit Zellen, die Insulin produzieren, sollen Diabetiker behandelt werden. Neue Leberzellen sollen Zirrhosekranke gesunden lassen, künstliche Herzklappen der Herzschwäche abhelfen. Durch die Übertragung von Nervenzellen wird Patienten nach Schlaganfall, Alzheimer oder Parkinson Hoffnung gemacht.

Eine Forschergruppe an der Medizinischen Hochschule Hannover stellt solches Ersatzgewebe her. Dort sind Herzklappen in einem „Bioreaktor" gewachsen – mit Wachstumsfaktoren und Sauerstoff, mehr brauchen die Klappen nicht, um zu gedeihen. Das Prinzip ist einfach: Schweinen oder Schafen werden Herzklappen entnommen, in einer Lösung werden die Zellen abgetötet. Übrig bleibt die Grundsubstanz der Herzklappen. Sie dient als Leitstruktur für Zellen, die einer Vene am Bein des Menschen entnommen wurden. Es dauert dann ein paar Tage, bis zusammenwächst, was nicht zusammengehört: die Venenzellen lagern sich an die Leitstruktur der tierischen Herzklappe an. So wird die Gestaltung von Mutter Natur wenigstens im Ansatz nachgeahmt.

Noch steckt die Gewebezucht in den Anfängen: Leberzellen etwa zu einem Organ zu formen oder künstliche Haut atmungsfähig zu machen, gelingt noch längst nicht. Innere Organe scheinen zu komplex, um sie heute schon mit ihrer Vielfalt aus Zellen und Gefäßen „nachbauen" zu können.

DIE ZEIT

*chronische Krankheiten = *lange anhaltende Krankheiten*

7a. Beantworten Sie schriftlich die folgenden Fragen zum Text.

    1.   Was ist der Nutzen von im Labor gezüchteten Organen?

        ....

        ....

    2.   Welches Beispiel führt der Text an?

        ....

        ....

    3.   Wo sind die Grenzen?

        ....

        ....

7b. Geben Sie den Inhalt des Textes mündlich wieder.

8. Ergänzen Sie die fehlenden Verben in der richtigen Form.

vertreten – heilen – stehen – erhoffen – herstellen – entnehmen – benötigen – nachbauen – überleben – bieten – hinauszögern – gelingen – nachahmen

Weil nicht genug Organe für Transplantationen zur Verfügung .... (1), ... (2) viele Patienten die Wartezeit auf ein neues Organ nicht. Aus menschlichen Zellen gezüchtete Gewebe könnten eine Alternative für diese Patienten .... (3).

Forscher .... (4) die Meinung, mit körpereigenem Ersatzgewebe chronische Krankheiten .... (5) und Alterserscheinungen .... (6) zu können. Man .... (7) sich durch die Übertragung von Nervenzellen eine bessere Behandlung von Krankheiten wie Alzheimer oder Parkinson.

An der Medizinischen Hochschule Hannover wird solches Ersatzgewebe .... (8). Dort wachsen Herzklappen in einem „Bioreaktor". Ausgangsbasis sind Zellen, die dem menschlichen Bein .... (9) wurden und die Struktur von tierischen Herzklappen.

Bei vielen anderen Organen .... (10) es nicht, die menschliche Natur .... (11).

Die Forschung .... (12) noch viel Zeit, um adäquate menschliche Organe .... (13).

9. Sagen Sie Ihre Meinung.

   – Welche Bedeutung messen Sie persönlich dem Bereich der Organ- und Gewebezüchtung in der medizinischen Forschung bei?

   – Wie lange werden Ihrer Meinung nach die Wissenschaftler noch brauchen, um in größerer Anzahl verschiedene lebenswichtige Organe zu erzeugen?

   – Sollten alle Menschen verpflichtet werden, sich im Todesfalle als Organspender zur Verfügung zu stellen?

10. Beschreiben Sie die Statistik.

11. Berichten Sie.

   – Wie ist die ärztliche Versorgung in Ihrem Heimatland? Zu wem geht man, wenn man ein gesundheitliches Problem hat? Wo ist man krankenversichert? Gibt es Wartezeiten für Operationen oder wenn man einen Termin bei einem Spezialisten haben möchte? Gibt es Unterschiede zwischen Stadt und Land?

   – Mit wem (außer dem Arzt) spricht man in Ihrem Heimatland über Krankheiten?

   – Welchen Stellenwert haben in Ihrem Heimatland und für Sie persönlich alternative Heilmethoden (Akupunktur, homöopathische Heilmethoden usw.)?

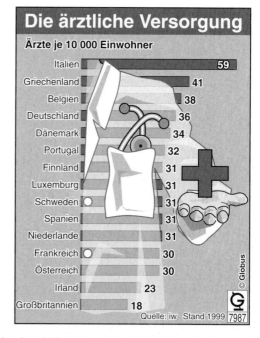

Die ärztliche Versorgung

Ärzte je 10 000 Einwohner

Italien	59
Griechenland	41
Belgien	38
Deutschland	36
Dänemark	34
Portugal	32
Finnland	31
Luxemburg	31
Schweden	31
Spanien	31
Niederlande	31
Frankreich	30
Österreich	30
Irland	23
Großbritannien	18

© Globus

Quelle: iw Stand 1999 7987

12. Auch berühmte Menschen werden krank. Lesen Sie den folgenden Text.

Die Leiden des Marcel Proust

„Während seine Schriften von Logik und Präzision, von heiterer Gelassenheit und bisweilen sogar Weisheit zeugten, führte er ein von entsetzlichem physischen und psychischen Leid geprägtes Leben. Zwar würde mancher sicherlich gern eine Proustsche Haltung zum Leben einnehmen, doch kein vernünftiger Mensch würde wohl im Ernst so leben wollen wie Proust", schrieb Alain de Botton in einem Buch über Marcel Proust. Hier ist ein kleiner Auszug aus einer langen Liste seiner Leiden:

Asthma:
Erste Anfälle mit zehn, weiter bis an sein Lebensende. Sie sind außerordentlich heftig und dauern bis zu einer Stunde bis zu zehnmal täglich. Da die meisten tagsüber auftreten, wird Proust zum Nachtmenschen; er geht um sieben Uhr morgens zu Bett und steht zwischen vier und fünf Uhr nachmittags auf. Es ist ihm nahezu unmöglich, das Haus zu verlassen, vor allem im Sommer, und wenn, dann nur im Schutze einer verdunkelten Droschke. Die Fenster und Vorhänge in seiner Wohnung sind Tag und Nacht geschlossen, er sieht weder Sonne, noch atmet er frische Luft oder treibt Sport.

Empfindliche Haut:
Er verträgt weder Seife noch Creme oder Parfüm. Er wäscht sich mit feingewebten, feuchten Handtüchern und tupft sich mit frischem Leinen trocken (ein normaler Waschvorgang erfordert etwa zwanzig Handtücher, die auf Prousts ausdrückliche Anweisung in die einzige Pariser Wäscherei gebracht werden, die hautfreundliches Waschpulver benutzt, die Blanchisserie Lavigne, wo auch Jean Cocteau waschen lässt). Er gelangt zu dem Schluss, dass ältere Kleider für ihn besser seien als neue und hängt sehr an alten Schuhen und Taschentüchern.

Kälte:
Er friert ständig. Selbst im Hochsommer geht er nur in Mantel und vier Pullovern aus dem Haus. Wenn er eine Soirée besucht, behält er seinen Pelzmantel an. Trotzdem sind seine Hände eiskalt, wie seine Gastgeber erstaunt feststellen. Aus Angst vor einer Rauchvergiftung lässt er sein Zimmer nur notdürftig beheizen und hält sich mittels Wärmflaschen und Wollpullovern warm. Deshalb ist er oft erkältet und ihm läuft ständig die Nase. Am Ende eines Briefes an Reynaldo Hahn klagt er, dass er sich beim Schreiben achtunddreißigmal die Nase habe putzen müssen. Der Brief ist drei Seiten lang.

Höhenangst:
Als er nach einem Besuch bei seinem Onkel in Versailles nach Paris zurückkehrt, wird Proust von Unwohlsein befallen und ist nicht mehr in der Lage, die Treppen zu seiner Wohnung hinaufzusteigen. In einem Brief an seinen Onkel führt er dies später auf den Höhenunterschied zurück, der ihm zu schaffen gemacht habe. Versailles liegt dreiundachtzig Meter höher als Paris.

Bett:
In seines ist er ganz vernarrt, er verbringt die meiste Zeit darin und macht es zu Schreibtisch und Arbeitszimmer in einem. Dient ihm das Bett als Schutz gegen die Grausamkeit der Welt? „Wenn man Kummer hat, tut es so wohl, in die Wärme seines Bettes zu sinken, ja selbst den Kopf unter die Decke zu stecken, um sich dort bar jeder Anstrengung und jeden Widerstands ganz dem Klagen hinzugeben, ächzend wie Zweige im Herbstwind."

A. de Botton: Wie Proust Ihr Leben verändern kann

13. Welche Folgen hatten für Marcel Proust:

– sein Asthma

....

....

– seine empfindliche Haut

....

....

– sein ständiges Frieren

....

....

– seine Höhenangst

....

....

– seine Vorliebe für sein Bett

....

....

14. Ordnen Sie die passenden Verben zu.

0. unter Asthmaanfällen	benutzen
1. keinen Sport	beheizen
2. die Vorhänge	hängen
3. sich mit frischem Leinen	schließen
4. hautfreundliches Waschpulver	treiben
5. an alten Schuhen	verbringen
6. nur im Mantel aus dem Haus	leiden
7. sein Zimmer notdürftig	trockentupfen
8. sich mehrmals die Nase	stecken
9. Unwohlsein auf den Höhenunterschied	hingeben
10. seine Zeit im Bett	gehen
11. den Kopf unter die Decke	zurückführen
12. sich ganz dem Klagen	putzen

15. Berichten Sie. Was tun Sie, wenn Sie sich krank fühlen, z. B.
– bei einer Erkältung (Husten, Schupfen),
– bei einer fiebrigen Grippe,
– bei Kopfschmerzen,
– bei Rücken- oder Nackenschmerzen und bei Muskelkater?

16. Gesundheitsgefahr: Stress

Was stresst Sie? Erstellen Sie eine Reihenfolge der drei Situationen, in denen Sie sich am meisten und am wenigsten gestresst fühlen. Begründen Sie Ihre Auswahl.

Termindruck – unerfreuliche Nachrichten – neue Aufgaben – beim Schlafen gestört werden – im Stau stehen – auf den verspäteten Zug warten – Prüfungen – Gespräche mit Vorgesetzen/Lehrern – Ärger mit dem Lebenspartner – Ärger mit Kollegen/Kommilitonen – nicht/schlecht funktionierende Geräte (Computer/Fernseher usw.) – im Supermarkt in einer langen Schlage stehen

am meisten	am wenigsten
....	....
....	....
....	....

17. Quiz: 12 Thesen zu Thema Stress

Welche Aussage ist Ihrer Meinung nach richtig, welche falsch?
Die Antworten finden Sie auf Seite 230.

	Richtig	Falsch
1. Ältere Menschen haben mehr Stress als Menschen unter 30.	☐	☐
2. Stress ist ein lebenswichtiger Vorgang.	☐	☐
3. Stress hängt immer von der äußeren Situation ab.	☐	☐
4. Der Stress kam mit der modernen Industriegesellschaft.	☐	☐
5. Chefs/Vorgesetzte empfinden häufiger Stress als andere Mitarbeiter.	☐	☐
6. Das beste Mittel gegen Stress ist Nichtstun.	☐	☐
7. Viele Kinder leiden unter Stress.	☐	☐
8. Stress äußert sich unter anderem in Konzentrationsschwäche, Vergesslichkeit und Albträumen.	☐	☐
9. Die Möglichkeit der Selbstbestimmung bei der Arbeit spielt für das Stressempfinden eine große Rolle.	☐	☐
10. Sogar Babys empfinden Stress.	☐	☐
11. Im Alter zwischen 20 und 30 machen Menschen alltägliche Belastungen wie Ärger im Beruf/Studium besonders zu schaffen.	☐	☐
12. Der menschliche Organismus bleibt vom Stress unberührt.	☐	☐

18. Schriftlicher Ausdruck

„Stress ist in unserer heutigen Zeit ganz normal. Man muss einfach damit leben." Nehmen Sie zu diesem Satz Stellung. Nennen Sie die Ihrer Meinung nach besten Mittel gegen Stress. Schreiben Sie einen Text von ungefähr 200 Wörtern.

D. Ihre Grammatik

Partizipialattribute

Einfache Partizipien

fehlendes Trinkwasser	**Partizip I**	*Das Trinkwasser fehlt.* ⇨ aktiv

bewässerte Felder	**Partizip II**	*Die Felder wurden bewässert.* ⇨ passiv
der *eingefahrene* Zug	**Partizip II**	*Der Zug ist eingefahren.* ⇨ aktiv

⇨ Handlung ist abgeschlossen
⇨ Kein Partizip II als Attribut haben:
   – *haben* und *sein*
   – einige intransitive Verben wie *antworten, arbeiten, danken, drohen, gefallen, schaden, schlafen, sitzen, stehen*

Erweiterte Partizipien

Aufgrund der immer weiter steigenden Nachfrage ...   **Partizip I**
Die auf der gestrigen Sitzung besprochenen Themen ...   **Partizip II**

⇨ Erweiterte Partizipien werden oft in der Schriftsprache verwendet.

Gerundiv

die *zu bewässernden* Felder	**zu + Partizip I**	*Die Felder müssen bewässert werden.* ⇨ Notwendigkeit
das sind *zu lösende* Probleme	**zu + Partizip I**	*Die Probleme können gelöst werden.* ⇨ Möglichkeit

⇨ Der Gerundiv wird hauptsächlich in der Schriftsprache verwendet.

1. Bilden Sie Partizipialattribute mit dem Partizip II.

    Das sind ...

    0. von mir <u>gebildete</u> Sätze. (bilden)

    1   bereits .... Argumente. (nennen)

    2. von Arbeitslosigkeit .... Jugendliche. (betreffen)

    3. .... Tatsachen. (beweisen)

    4. im letzten Jahr .... Beiträge. (festgesetzt)

    Das ist/war ...

    5. der lang .... Brief. (ersehnen)

    6. .... Material. (eignen)

    7. eine von 120 Millionen Menschen .... Sprache. (sprechen)

    8. eine nicht .... Chance. (nutzen)

2. Bilden Sie Partizipialattribute mit dem Partizip I und ergänzen Sie die folgenden Sätze. Achten Sie auf die Endungen.

    entwickeln – funktionieren – sinken – hinausgehen – anfallen – entscheiden – zurückhalten – tragen – stammen (2 x) – dauern – steigen – auftreten – bezahlen – wirken – beherrschen – beruhigen

    0. Die Ratten verlassen das <u>sinkende</u> Schiff.

    1. Die .... Nachfrage bringt den Betrieb in personelle Schwierigkeiten.

    2. Wir haben dieses Jahr nur pünktlich .... Kursteilnehmer!

    3. Die sich im Moment gut .... Handelsbeziehungen zwischen den Nachbarstaaten wirken auch politisch stabilisierend.

    4. Dank gut .... Bremsen konnte bei dem Unfall Schlimmeres verhindert werden.

    5. Diese Wand ist eine .... Wand, sie kann nicht abgerissen werden.

    6. Alle aus diesem Gebiet .... Pflanzen stehen unter Naturschutz.

    7. Das alles .... Thema der deutschen Politik war in dieser Woche das Verhältnis Deutschlands zu den Vereinigten Staaten.

    8. Er ist ein sehr .... Mensch.

9. Der aus Madagaskar .... Saphir hat einen Marktwert von ca. 500 000 Euro.

10. Gegen Kopfschmerzen gibt es jetzt ein neues, sehr schnell .... Medikament.

11. Der zur Aufklärung des Falles .... Hinweis kam aus der Bevölkerung.

12. Die Musik hat eine .... Wirkung auf mich.

13. Das ist eine in dieser Region häufig .... Krankheit.

14. Die bereits zwei Jahre .... Auseinandersetzungen der unterschiedlichen Bevölkerungsgruppen sollen in Gesprächen beigelegt werden.

15. Die über unser heutiges Thema .... Fragen werden auf der nächsten Besprechung diskutiert.

16. Alle in diesem Bereich .... Arbeiten werden ab jetzt von zwei Mitarbeitern erledigt.

3. Formen Sie die Relativsätze in erweiterte Patrizipialattribute um.

0. Das Haus, <u>das im Jahre 1567 erbaut worden ist</u>, wurde unter Denkmalschutz gestellt.
   Das <u>im Jahre 1567 erbaute Haus</u> wurde unter Denkmalschutz gestellt.

Schritte zur Umformung:		
Das Haus, das	*im Jahre 1567*	*erbaut worden ist*, ...
⇩	⇩	⇩
Streichen Sie das Relativpronomen.	bleibt unverändert	Streichen Sie die Hilfsverben. Bilden Sie das Partizip (wenn nötig) und ergänzen Sie die Adjektivendung.

1. Die Tiere, <u>die in diesem Gebiet leben</u>, konnten ihren Artenbestand in den letzten Jahren verdoppeln.

   ....

2. Die Wissenschaftler, <u>die lange an diesem Problem gearbeitet haben</u>, konnten eine Lösung finden.

   ....

3. Die alten Schränke, <u>die von Fachleuten restauriert wurden</u>, werden heute versteigert.

   ....

4. Die rasante Entwicklung, die selbst die Fachleute überrascht, schafft eine Vielzahl von Arbeitsplätzen.

   ....

5. Genetiker arbeiten an Getreidesorten, die weniger Wasser verbrauchen.

   ....

6. Gegen den Wassermangel, der das Leben vieler Menschen bedroht, muss auch von Seiten der Industrie etwas getan werden.

   ....

7. Die Wassermengen, die ungenutzt versickern, müssen verringert werden.

   ....

8. Das Herz, das früher noch den Sitz der Seele verkörperte, ist heute ein auswechselbares Körperteil geworden.

   ....

9. Manche Menschen glauben, dass sie mit Hirnzellen, die von Chirurgen transplantiert wurden, ihre Gehirnleistung verbessern können.

   ....

10. Es ist möglich, mit Ersatzgewebe, das dem eigenen Körper entnommen wurde, Alterserscheinungen zu bekämpfen.

    ....

11. Versuche zeigen, dass Herzklappen, die von Schweinen stammen, die Ausgangsbasis für eine menschliche Herzklappe bilden können.

    ....

12. Die Gewebezucht, die noch in den Anfängen steckt, erweckt bei einigen Kranken bereits Hoffnungen.

    ....

4. Ergänzen Sie das Gerundiv (*zu* + Partizip I) und formen Sie die Sätze um wie im folgenden Beispiel.

   ergreifen – untersuchen – verringern – übermitteln – durchführen – beseitigen – erwarten – erledigen – überarbeiten

   0. Das zu verringernde Defizit ist beträchtlich.
      Das Defizit, das verringert werden muss, ist beträchtlich.

   1. Alle noch .... Reparaturen sind bis zum Wochenende abgeschlossen.

      ....

2. Die .... Fehler wurden im Protokoll aufgeführt.

   ....

3. Die .... Textstellen habe ich markiert.

   ....

4. Die .... Maßnahmen werden heute vom Verantwortlichen für Katastrophenschutz erläutert.

   ....

   ....

5. Der von der Staatsanwaltschaft .... Vorfall erregte großes Aufsehen.

   ....

6. Ein Teil des .... Gewinns geht an die Stiftung für behinderte Kinder.

   ....

7. Zu den als erstes .... Aufgaben des Ministers gehört die Reformierung des Gesundheitssystems.

   ....

   ....

8. Ein Teil der .... Daten fehlt.

   ....

Relativsätze

A

Genetiker arbeiten an Getreidesorten,
   ... die weniger Wasser verbrauchen.
   ... deren Einsatz den Wasserverbrauch verringern würde.
   ... von denen sie sich eine Verringerung des Wasserverbrauchs erhoffen.

⇨ Das Relativpronomen richtet sich in Genus und Numerus nach dem Bezugswort im Hauptsatz, im Kasus nach der Stellung im Relativsatz.

Formen	maskulin	feminin	neutrum	Plural
Nominativ	*der*	*die*	*das*	*die*
Akkusativ	*den*	*die*	*das*	*die*
Dativ	*dem*	*der*	*dem*	*denen*
Genitiv	*dessen*	*deren*	*dessen*	*deren*

5. Ergänzen Sie die fehlenden Relativpronomen.

   0. Die Maßnahmen, <u>die</u> die Regierung beschlossen hat, reichen nicht aus

5a. 1. Die Wasserprobleme, mit .... viele Regionen zu kämpfen haben, sind ein zentrales Thema auf Umweltkonferenzen.

   2. Der Südafrikaner David Shezi, ... man Diebstahl von Wasser vorgeworfen hat, musste ins Gefängnis.

   3. Es gibt Länder, in .... die Lage noch viel schlimmer ist als in Südafrika.

   4. Menschen in dreizehn Ländern, von .... neun in Afrika liegen, leiden derzeit unter Wassermangel.

   5. In vielen Großstädten, ... Wassersysteme veraltet sind, versickert kostbares Wasser ins Erdreich.

   6. Es finden zahlreiche Konferenzen statt, auf .... solche Themen diskutiert werden.

   7. Die Wasserkrise, ... sich besonders in der Landwirtschaft zeigt, ist ein globales Problem.

   8. Experten, ... sich seit langem mit den Wasservorräten der Erde beschäftigen, haben sich hohe Ziele gesetzt.

   9. Sie wollen die Zahl der Menschen, ... der Zugang zu sauberem Trinkwasser fehlt, bis 2015 halbieren.

   10. Wasser, ... Verbrauch auch in Europa besser kontrolliert werden muss, ist eines der kostbarsten Güter unserer Erde.

5b. 1. Kennst du die Leute, ... dieses Haus gehört?

   2. Für jemanden, ... noch nie hier war, ist die Umstellung ziemlich schwierig.

   3. Die Urlauber, ... sich über den Baulärm beklagten, konnten das Hotel wechseln.

   4. Mach keine Sachen, von .... du keine Ahnung hast!

   5. Der Junge, ... Mutter im Krankenhaus lag, wurde von seiner Tante versorgt.

   6. Was war das für ein Film, ... ihr euch gestern angeschaut habt?

   7. Das ist eine Sendung, bei .... ich mich immer aufrege.

   8. Gewalt im Fernsehen ist ein Thema, ... viele Gemüter erregt.

9. Jeder, ... es dort gefällt, kann seinen Aufenthalt ohne Probleme verlängern.

10. Alle, ... dieses Examen nicht bestanden haben, dürfen es innerhalb eines Jahres wiederholen.

B

Die Universitätskirche wurde abgerissen, __wogegen viele Bürger protestierten__.
Die Universitätskirche wurde abgerissen, __was viele Bürger verärgerte__.

⇨ Der Relativsatz bezieht sich auf die gesamte Aussage des Satzes.

Es gibt nichts, __wovor ich Angst habe__.
Es gibt nichts, __was ich nicht weiß__.

⇨ Nach: *alles, etwas, manches, nichts, allerlei, vieles, das Beste* ... steht *was* oder *wo* + **Präposition**.

Das alte Haus, __in dem ich wohne__, wird renoviert.
Das alte Haus, __wo ich wohne__, wird renoviert.
Die Stadt, __in die er umgezogen ist__, gefällt ihm gut.
Die Stadt, __wohin er umgezogen ist__, gefällt ihm gut.

⇨ Beide Relativpronomen sind möglich.

Leipzig, __wohin er umgezogen ist__, gefällt ihm gut.

⇨ Nach Städte- oder Ländernamen steht nur *wo* oder *wohin/woher*.

---

6. Ergänzen Sie die fehlenden Relativpronomen.

0. Endlich waren wir mal wieder tanzen, <u>was</u> mir großen Spaß gemacht hat.

1. Die Benzinpreise wurden erneut um zwei Cent erhöht, ... sich die meisten Bürger aber scheinbar schon gewöhnt haben.

2. Gibt es etwas, ... ich dir eine Freude machen kann?

3. Hast du gehört, ... er gesagt hat?

4. Hast du gehört, ... die beiden gesprochen haben?

5. Das ist kein Ort, ... man sich besonders wohlfühlt.

6. Das Tragen eines Mundschutzes ist alles, ... man gegen die Seuche tun kann.

7. Die Situation der Flüchtlinge hat sich verschlechtert, ... sich internationale Hilfsorganisationen große Sorgen machen.

8. In München, ... das Nationale Olympische Komitee tagte, gab es zahlreiche Großveranstaltungen.

9. Vieles, ... ich mir vorgenommen hatte, konnte ich in der kurzen Zeit nicht erledigen.

10. Hast du etwas dabei, ... wir die Wunde verbinden können?

11. Ich weiß nicht, ... ich mich freuen soll.

12. An dem Haus gibt es noch so manches, ... erneuert werden muss.

13. In dem sibirischen Dorf, ... er kommt, können die Temperaturen im Winter bis auf 60 Grad unter Null sinken.

14. Dass ich dort meinen Mann kennen gelernt habe, war das Beste, ... mir passieren konnte.

Lösungsschlüssel

Einführung

S. 13 Übung 2

1. nach meinem Geburtsort/meiner Geburtsstadt **2.** nach meiner Arbeitsstelle/meinem Arbeitsplatz/meinem Arbeitgeber/meiner Firma **3.** nach meinem Alter **4.** nach meiner Adresse/meinem Wohnort **5.** nach meinem Gewicht **6.** nach meinen Hobbys/meiner Freizeitbeschäftigung **7.** nach der Anzahl meiner Kinder **8.** nach meinem Familienstand **9.** nach meinem Lieblingsessen **10.** nach dem Grund meines Kursbesuchs/meiner Teilnahme **11.** nach meinen Erwartungen an den Kurs **12.** nach dem Ende des Kurses/dem letzten Kurstag **13.** nach dem heutigen Datum **14.** nach dem schnellsten Weg zum Bahnhof **15.** nach der Entfernung des Bahnhofs vom Unterrichtsgebäude

Kapitel 1

1 – A. Alle reden vom Wetter – wir auch

S. 16 Übung 4 *(Auswahl)*

A. die Aufheiterung **B.** die Bewölkung, der Blitz; es blitzt **D.** der Donner, es donnert **E.** das Eis; der Eiszapfen, der Eiskristall; eisig **F.** der Frühnebel, **G.** das Gewitter, die Gewitterwolke, es gewittert **H.** der Hagel, der Hagelschauer, es hagelt, der Himmel, die Hitze, das Hoch, die Höchsttemperatur **K.** die Kälte, kalt **P.** der Pulverschnee **Q.** die Quellwolke **R.** der Regen, der Regentropfen, der Regenschauer, der Regenschutz, es regnet (in Strömen) **S.** der Schauer, der Schnee, der Schneesturm, es schneit; die Sonne, der Sonnenschein, sonnig, der Sturm, die Sturmböe, es stürmt **T.** der Tageshöchstwert, die Temperatur, die Temperaturschwankung, das Tief **U.** das Unwetter; **V.** die Vorhersage **W.** die Wärme, warm, der Wind, es windet, die Wolke, das Wolkenfeld, Wetterbedingungen, Wetterbericht, Wetterdienst, Wetterfrosch, Wetterkarte, Wettersturz

S. 17 Übung 8

0. i **1.** g **2.** d **3.** b **4.** e **5.** f **6.** a **7.** h **8.** j **9.** c

S. 17 Übung 9

1. zum; zum; bei; An den; Im; auf/bis auf **2.** In den; Im; mit; in der; bis, Im; auf/um **3.** Am; von; bis; Am; zur; bei; an der; am

S. 19 Übung 12

1. 1064 Bundesbürger wurden vom Institut Allensbach befragt/interviewt.
2. 54 Prozent der Befragten sehen einen Zusammenhang zwischen dem Wetter und ihrer Gesundheit. Sie sind davon überzeugt, dass das Wetter Einfluss

auf ihre Gesundheit hat. **3.** Ein Drittel der Wetterfühligen (der Befragten, die glauben, dass das Wetter Einfluss auf ihre Gesundheit hat) war im Jahr 2000 mindestens einmal nicht in der Lage, normale Tätigkeiten auszuüben. **4.** Die Mehrzahl der Interviewten klagte über Kopfschmerzen. **5.** Die Arbeitsunfähigkeit hat ungefähr 10 Tage angehalten. **6.** 66 Prozent der befragten Frauen glauben, dass es einen Zusammenhang zwischen dem Luftdruck und ihren Beschwerden gibt.

S. 19 Übung 13
1. schreiben ... zu **2.** außerstande, nachzugehen **3.** verursachte **4.** leiden unter **5.** sich ... einzugestehen

S. 20 Übung 14
1. war **2.** sehen **3.** fand statt **4.** wissen **5.** zutrauen **6.** fühlte **7.** nachzugehen **8.** dauerte **9.** klagte **10.** verzeichnen **11.** führt **12.** leiden

1 – B. Weltsprachen

S. 22 Übung 2
1. Der Autor begegnet der englischen Sprache eigentlich überall in der Großstadt, z. B. im Geschäft eines Münchner Großbäckers, auf Plakaten eines Autoherstellers, auf der Post und im Büro. **2.** Früher, z. B. zur Zeit Shakespeares, sprachen nur vier Millionen Menschen Englisch, heute sind es anderthalb Milliarden. Eine halbe Milliarde davon spricht Englisch als Muttersprache. **3.** Als Gründe werden der flexionsarme Aufbau der englischen Sprache angeführt und ihre phonosymbolische Kraft. Außerdem wird sie mit Fortschritt, unkompliziertem Denken und amerikanischer Lebensart gleichgesetzt. **4.** Früher waren Experten der Meinung, der Einfluss des Englischen auf die deutsche Sprache würde sich auf den Wortschatz beschränken, heute glauben sie, dass sich auch die grammatischen Strukturen verändern. Unterschiedliche Auffassungen bestehen über die Verbreitung der englischen Sprache: Einige sind davon überzeugt, dass Englisch zur Welthilfssprache wird und nur jede zehnte der gesprochenen Sprachen dieses Jahrhunderts überlebt. **5.** a) Es gibt ganz normale Leute, die es stört, wenn sie z. B. auf einer Speisekarte englische Redewendungen lesen. b) Autoren der dritten Welt befürchten den Verlust der Eigenheiten ihrer Landessprache und eine Entfremdung von der eigenen Kultur. c) Franzosen, Frankokanadier und Polen versuchen, mit Gesetzen die eigene Sprache zu retten.

S. 23 Übung 3
1. erkennen/entschlüsseln/begreifen **2.** (künstlerisch) gestaltet/entworfen **3.** gestrichen/rückgängig gemacht **4.** angefertigt/gestaltet **5.** heruntergeladen **6.** markiert/hervorgehoben **7.** verringert den Abstand **8.** (sie) zeigten kein Interesse daran **9.** unverändert/unbeeinflusst **10.** veröffentlichen **11.** geschrieben

S. 23 Übung 4
1. aufzugeben, lautet **2.** ausgeprägt **3.** aufhalten **4.** findet/finde *(KI)* statt **5.** fasst **6.** vollziehen **7.** beeinflussen **8.** herangewachsen **9.** durchsetzen

10. veröffentlichen 11. regt sich 12. betrachten, vernichtet, herbeiführen
13. vorgehen

S. 24 Übung 6
Das sind alles deutsche Wörter, die im Englischen benutzt werden.

S. 25 Übung 8
1. Einfluss 2. Tendenzen/Veränderungen/Entwicklungen 3. Entwicklung
4. Erstsprache 5. Fortschritt 6. Denken 7. Lebensart 8. Wortschatz 9. Veränderung 10. Grammatik 11. Welthilfssprache 12. Widerstand 13. Entfremdung
14. Eigenheiten 15. Rückmarsch

S. 26 Übung 11
1. f 2. a 3. b 4. e 5. g 6. c 7. h 8. d

1 – C. Lebenswege

S. 31 Übung 4
Negative Veränderungen: körperlich: Probleme beim Treppensteigen, die Muskeln werden durch Fett ersetzt, die Taillenweite wächst, die Haare werden dünner; psychisch: das Gehirn verliert an Leistungskraft, die Aufnahmegeschwindigkeit und das Reaktionsvermögen lassen nach
Positive Veränderungen: Fachkompetenz, Sozialkompetenz, Ausdrucksvermögen und die Fähigkeit, Probleme zu lösen, verbessern sich

S. 31 Übung 5
Zunahme: (soziale Fähigkeiten) verbessern sich, steigende (Erfahrung)
Abnahme: (der Durchmesser der Haare) verringert sich um (20 Prozent), (das Älterwerden als) Abstieg; (das Gehirn) verliert an (Leistungskraft), (das Arbeitsgedächtnis) wird schlechter, (das Reaktionsvermögen) lässt nach, (altersbedingte) Abwärtsentwicklungen, ein trauriger Abstieg, sinkende (Schnelligkeit)

S. 31 Übung 6a
1. vereinheitlicht 2. verfeinert 3. verdeutlichen 4. verdreifacht sich 5. vermehrt 6. vereinfacht 7. verblöden 8. verkürzt

S. 32 Übung 6b
1. veröffentlicht 2. vervollständigt 3. verteilt 4. verringert 5. versetzt 6. verschoben 7. verdünnt 8. verstaatlicht

S. 32 Übung 7
1. beschäftigt 2. beschreiben 3. festgestellt 4. zurückentwickeln 5. wächst
6. verringert 7. mögen 8. machen 9. großgezogen 10. erfüllt 11. geht 12. belegt 13. verzeichnen 14. verliert 15. verbessern

S. 33 Übung 8
beim täglichen Treppensteigen, durch Fett ersetzt, im Laufe der Zeit, verringert sich um 20 Prozent, Nach Meinung der Biologen, für den körperlichen Abstieg, vom Körper, Energie für Gene

1 – D. Ihre Grammatik

S. 36 Übung 1

1. briet an, schob, Die Köchin hat das Fleisch auf beiden Seiten angebraten, dann hat sie den Braten in den Ofen geschoben. **2.** zerbrach, Ein Glas ist in der Spülmaschine zerbrochen. **3.** verband, Die Künstler Pablo Picasso und Henry Matisse hat eine lebenslange Freundschaft verbunden. **4.** biss, Der Hund hat den Jungen in die Hand gebissen. **5.** gefiel, Das Konzert hat mir sehr gut gefallen. **6.** drang, Der Dieb ist über die Decke in das Gebäude eingedrungen. **7.** gelang, Der Versuch ist beim erstem Mal gelungen. **8.** galt, Das Sonderangebot hat nur bis 31. Dezember gegolten. **9.** genossen, Wir haben die Sonne und das wunderbare Essen in Italien sehr genossen. **10.** erklang, Zur Eröffnung der Festspiele ist die Nationalhymne des Gastlandes erklungen. **11.** hielt, Der Zug hat zwischendurch nur in Brüssel gehalten. **12.** stieg, Die Lebenserwartung bei Frauen ist durchschnittlich um 3 Jahre gestiegen. **13.** lag, Der Student hat mittags um 12.00 Uhr noch immer in seinem Bett gelegen. **14.** zerriss, schmiss, Er hat den Bußgeldbescheid für Falschparken zerrissen und ihn einfach in den Papierkorb geschmissen.

S. 37 Übung 2

1. Die Firma sandte/sendete dem Kunden die Ware nach Hause. (hat gesandt/gesendet) **2.** Das Paket kam beim Empfänger nie an. (ist angekommen) **3.** Andreas bat seinen Freund um Rat. (hat gebeten) **4.** Die Sonne schien gestern den ganzen Tag. (hat geschienen) **5.** Er befand sich in einer schwierigen Lage. (hat sich befunden) **6.** Frau Menzig rief zweimal in der Woche/die Woche ihre Tochter an. (hat angerufen) **7.** Maria verließ ihren Freund nach einem Streit. (hat verlassen) **8.** Frau Kleist hob die Briefe ihres verstorbenen Mannes auf. (hat aufgehoben) **9.** Der Künstler verbrachte seine Kindheit in Moskau. (hat verbracht) **10.** Der Wind blies die Blätter von den Bäumen. (hat geblasen) **11.** Wir fuhren letztes Jahr nicht in den Urlaub. (sind gefahren) **12.** Die Universität bot sehr guten Schülern ein Stipendium an. (hat angeboten) **13.** Unser Nachbar gewann im Lotto zwei Millionen Euro/ gewann zwei Millionen Euro im Lotto. (hat gewonnen) **14.** Der Wissenschaftler bewies seine Theorie. (hat bewiesen)

S. 39 Übung 3

1. in die **2.** in die **3.** auf die **4.** auf die **5.** an den **6.** nach **7.** nach **8.** an, nach **9.** an den **10.** in die **11.** zu unseren, nach **12.** zu deiner, nach **13.** ins **14.** ins **15.** zu **16.** ins **17.** ins **18.** zum, in die **19.** ins/in das, im/auf dem **20.** vor den

S. 39 Übung 4

1. im **2.** im **3.** – **4.** am **5.** am **6.** zu/an(süddt.)/ – **7.** – **8.** zur **9.** nach **10.** in den **11.** zwischen **12.** – **13.** in diesem (– = *keine Präposition*)

S. 40 Übung 5

1. Vom, bis **2.** Ab, im **3.** In **4.** In, zur **5.** im, bis auf/auf **6.** von, nach **7.** In, bis zu/bis **8.** –

S. 42 Übung 6a

1. Sie kann/könnte zwei Stunden später kommen. **2.** Der Täter kann/könnte ein Mitarbeiter des Sicherheitsdienstes gewesen sein. **3.** Er kann/könnte einen anderen Zug genommen haben. **4.** Die Nachbarin kann/könnte möglicherweise etwas nicht gehört oder bemerkt haben. **5.** Er kann/könnte sich geirrt haben.

S. 42 Übung 6b
1. Er müsste sich noch in Brasilien aufhalten. **2.** Diese Angaben müssten stimmen. **3.** Er müsste dieses Jahr noch ins Ausland versetzt werden. **4.** Sie müsste den Brief gestern Abend noch abgeschickt haben.

S. 43 Übung 7
1. Er wird/dürfte das Geld ausgegeben haben. **2.** Er wird/dürfte wieder nach Italien gefahren sein. **3.** Er wird/dürfte eine Erbschaft gemacht haben. **4.** Sie wird/dürfte noch im Stau stehen. **5.** Sie wird/dürfte das Bild verkauft haben. **6.** Er wird/dürfte noch arbeiten. **7.** Sie wird/dürfte Angst gehabt haben. **8.** Er wird/dürfte keine Karte mehr bekommen haben.

S. 44 Übung 8
1. Der Täter muss einen Schlüssel gehabt haben. **2.** Der Täter muss den Code gekannt haben. **3.** Der Täter muss etwas Bestimmtes gesucht haben. **4.** Der Täter muss alle Wertgegenstände mitgenommen haben. **5.** Der Täter muss ein gutes Verhältnis zu dem Hund gehabt haben. **6.** Frau Müller muss den Einbruch nur vorgetäuscht haben.

S. 44 Übung 9 *(Beispielsätze)*
1. Der Wein kann noch nicht alle sein. Ich habe die Flasche doch eben erst geöffnet./Ich habe doch gestern erst 6 Flaschen gekauft. o. ä. **2.** Der Fernseher kann nicht kaputt sein. Er ist doch ganz neu./Der Monteur war doch erst gestern da. o. ä. **3.** Die deutsche Mannschaft kann nicht ins Finale kommen. Sie hat doch keinen guten Torwart/keine guten Spieler./Die Mannschaft ist in einer schlechten Form. o. ä. **4.** Die Zeitung kann diesen Artikel nicht veröffentlichen. Sie hat ja gar keine Beweise./Sie schadet sich damit nur selbst. o. ä.

S. 45 Übung 10 *(Es ist nur eine Möglichkeit angegeben.)*
1. Es ist ausgeschlossen, dass diese Rechnung stimmt. **2.** Vermutlich liegen die Verluste der Firma viel höher. **3.** Höchstwahrscheinlich sind ihm die Ergebnisse bekannt. **4.** Ich bin sicher, dass ich meinen Ring im Schwimmbad verloren habe. **5.** Wahrscheinlich kommt er heute nicht mehr. **6.** Paul hat das sicher nicht gewusst. **7.** Zweifellos hat die Polizei die Verdächtigen abgehört. **8.** Ich nehme an, dass der Firmenchef den zuständigen Beamten bestochen hat.

S. 46 Übung 11
1. Lies mal das Buch, es kann/könnte dir gefallen. **2.** Er kann die Tür nicht richtig abgeschlossen haben. **3.** An der Abendkasse muss es noch Karten geben. **4.** Das wird/dürfte eine Lüge sein. **5.** Der amerikanische Sprinter kann/könnte heute Weltrekord laufen. **6.** Es müsste noch einen anderen Eingang in das Gebäude geben.

Kapitel 2

2 – A. Sport

S. 47 Übung 2 *(Auswahl)*
A. Angeln **B.** Basketball, Biathlon (Skilanglauf + Schießen), Boxen **D.** Diskuswerfen **E.** Eishockey, Eiskunstlauf, Eisschnelllauf **F.** Fußball **G.** Gehen, Gewichtheben, Golf **H.** Handball, Hammerwerfen, Hochsprung, Hürdenlauf **J.** Judo, **K.** Kajakfahren, Karate, Kanufahren, Kugelstoßen, Kurzstreckenlauf, **L.** Laufen, Langstreckenlauf, **N.** Nordische Kombination (Skispringen + Skilanglauf) **R.** Radfahren, Ringen, Rennrodeln, Rudern, **S.** Schießen, Schwimmen, Segeln, Siebenkampf, Skifahren, Skispringen, Synchronschwimmen **T.** Tennis, Triathlon, Turnen, **V.** Volleyball **W.** Wasserball, Wasserspringen, Weitspringen, **Z.** Zehnkampf
Anmerkung:
– Angeln; ich angle; *dasselbe gilt für*: Boxen, Gehen, Laufen, Rudern, Schießen, Schwimmen, Segeln, Turnen
– Skifahren: ich fahre Ski; *dasselbe gilt für*: Radfahren, Kajakfahren, Kanufahren
– in Kombination mit *spielen*: Handball spielen; ich spiele Handball; *dasselbe gilt für* alle Ballsportarten einschließlich Tennis und Golf
– in Kombination mit *machen*: Judo; ich mache Judo; *dasselbe gilt für* die meisten anderen Sportarten, z. B. in der Leichtathletik (Diskuswerfen, Hammerwerfen, Hochsprung, Hürdenlauf, Kugelstoßen usw.) Biathlon, Eiskunstlauf, Eisschnelllauf, Gewichtheben, Nordische Kombination, Ringen, Skispringen usw.

S. 49 Übung 6
1983 begann Heike Drechslers Karriere. Sie wurde in Helsinki Weltmeisterin im Weitsprung. **1992** wurde sie Olympiasiegerin und bewies damit, dass sie auch nach der politischen Wende erfolgreich war. **1995** Heike fand den Weitsprung langweilig und hatte Motivationsprobleme. In Heikes Ehe kriselte es. Sie verliebte sich in einen anderen Mann, ließ sich scheiden. Bei den Weltmeisterschaften blieb sie erfolglos. **1996** konnte sie sich wieder motivieren. Sie trennte sich von ihrem Trainer und zog zu ihrem Freund. An den Olympischen Spielen in Atlanta konnte sie wegen einer Verletzung nicht teilnehmen. **1999** ist sie wieder verletzt (mehrmals) und muss die Teilnahme an der Weltmeisterschaft absagen. Der Unterschied zwischen Wollen und Können scheint immer größer zu werden. **2000** wurde sie zum zweiten Mal Olympiasiegerin, nachdem es ihr fast niemand mehr zugetraut hatte.

S. 50 Übung 7
1. gewann **2.** holte **3.** geriet **4.** trainiert **5.** fand **6.** motivieren **7.** suchte **8.** entschloss **9.** teilzunehmen **10.** überforderte **11.** bemerkten **12.** ging **13.** schied aus **14.** aufgeben **15.** absagen **16.** zerplatzte **17.** fing an **18.** erzielte **19.** belohnt

S. 51 Übung 9
a) **1.** erringen, feiern **2.** gewinnen **3.** erringen, belegen **4.** besiegen **5.** befördert **6.** aufsteigen **7.** erringen, feiern **8.** machen **9.** schreiten **10.** gekrönt

11. wünschen **12.** erleiden, einstecken **13.** verlieren **14.** absteigen **15.** bleiben
b) 1. der Verlierer **2.** verlieren **3.** absteigen **4.** der Misserfolg/die Niederlage
5. erfolgreich

S. 53 Übung 11
1. weil **2.** um **3.** damit **4.** indem **5.** wenn **6.** obwohl **7.** dadurch, dass

2 – B. Wahlen und Politik

S. 55 Übung 1b.
1. bestätigt **2.** erlitt **3.** verlor/erhielt nur **4.** erzielen **5.** gaben ab **6.** führte **7.** erhielt/erzielte/errang, bilden

S. 57 Übung 6
1. getroffen **2.** gefallen **3.** erzielt **4.** hervorgegangen **5.** gehalten **6.** lag/liegt
7. genommen **8.** bilden **9.** fassen **10.** bestimmen **11.** erlitten **12.** geraten **13.** gestellt **14.** geübt

S. 57 Übung 7
1. erwartetes **2.** deutliches **3.** niedrige **4.** langweiliger **5.** geringer **6.** allgemeine/ungefähre **7.** wenig/geringes **8.** überzeugendes/gutes

2 – C. Erfolg im Beruf

S. 62 Übung 2
Nach Aussagen des Textes sind für die Karriere wichtig: Integrität, Respekt, Anstand, Teamfähigkeit, Lernbereitschaft, Kommunikationsstärke, Ergebnisorientierung, unternehmerisches Denken, strategisches, vernetztes Denken Weniger wichtig für die Karriere sind: Durchsetzungsvermögen, Entscheidungsfreude, Karriereorientierung, Risikobereitschaft

S. 64 Übung 3
1. falsch **2.** falsch **3.** Text sagt dazu nichts **4.** richtig **5.** richtig **6.** falsch

S. 64 Übung 4
1. herausfinden **2.** achtet **3.** leistet **4.** erfüllen **5.** ergaben **6.** gestiegen **7.** liegen
8. reichen **9.** aufzusteigen **10.** vorweisen **11.** steht **12.** verbindet

S. 65 Übung 6
1. unterschiedlich **2.** richtig **3.** karrierebewusst **4.** geldgierig **5.** menschlich
6. integer **7.** anständig **8.** sozialkompetent **9.** teamfähig **10.** lernbereit **11.** entscheidungsfreudig **12.** ergebnisorientiert

S. 72 Übung 11
1. selbstständiges Arbeiten gehört zu meinen Stärken **2.** Kritik beschäftigt mich **3.** ich bin oft ungeduldig **4.** etwas mit Nachdruck durchsetzen **5.** die Kollegen fühlen sich gelegentlich am Prozess nicht beteiligt **6.** Kollegen kritisieren (etwas) **7.** ich sollte klarer meine Meinung sagen

2 – D. Ihre Grammatik

S. 74 Übung 1

1. Nachdem sie ihre Mutter besucht hatte, ging sie mit Michael essen./Bevor sie mit Michael essen ging, besuchte sie ihre Mutter. **2.** Sie verließ den Raum, ohne ihn abzuschließen. **3.** Statt/Anstatt zum Seminar zu gehen, sah sie sich im Kino einen Film an. **4.** Wenn man hart trainiert, kann man zu den Besten gehören./Man kann zu den Besten gehören, indem man hart trainiert. **5.** Das Gerät lässt sich sehr einfach bedienen, wenn/indem man vorher die Gebrauchsanweisung liest. **6.** Weil sofort Maßnahmen ergriffen wurden, konnte vielen Menschen geholfen werden. **7.** Obwohl ich pünktlich losgefahren bin, kam ich mit drei Stunden Verspätung an. **8.** Er betritt jeden Morgen das Büro, ohne zu grüßen. **9.** Du kannst erst ins Kino gehen, nachdem/wenn du deine Aufgaben gemacht hast. **10.** Peter muss fleißig sparen, damit er sich nächstes Jahr ein Auto kaufen kann/um sich nächstes Jahr ein Auto kaufen zu können.

S. 76 Übung 2

Temporalsätze: 1. Noch bevor sie das Studium abgeschlossen hatte, bewarb sie sich bei verschiedenen Firmen um eine Stelle. **2.** Während sie ein Praktikum absolvierte/machte, konnte sie Erfahrungen in einigen Bereichen des Personalmanagements sammeln. **3.** Nachdem er die Schule beendet hatte, begann er seine Ausbildung zum Koch.

Konditionalsätze: 4. Wenn es regnet, laufe ich gerne am Stand entlang. **5.** Wenn man ein bisschen Humor hat/humorvoll ist, schafft man vieles. **6.** Wenn wir siegen/gewinnen/einen Sieg erringen, bekommen alle Mannschaftsmitglieder eine Prämie.

Kausalsätze: 7. Weil es einen Schneesturm gab, wurde die Autobahn gesperrt. **8.** Das Publikum klatschte, weil es sich über den geglückten Sprung der Eiskunstläuferin freute. **9.** Die Siegerin des 100-Meter-Laufs weinte, weil sie so glücklich war.

Konzessivsätze: 10. Obwohl er Zahnschmerzen hat, geht er nicht zum Zahnarzt. **11.** Obwohl er vergesslich ist/immer alles vergisst, konnte er sich an jedes Detail der Geschichte erinnern. **12.** Obwohl einige Pannen passierten/es einige Pannen gab, wurde die Premiere ein großer Erfolg.

Modalsätze: 13. Man kann die Tür nur öffnen, indem man einen Sicherheitsschlüssel benutzt. Man kann die Tür nur dadurch öffnen, dass man einen Sicherheitsschlüssel benutzt. **14.** Wir können neue Kunden gewinnen, indem wir die Preise senken. Wir können dadurch neue Kunden gewinnen, dass wir die Preise senken. **15.** Man kann die Gedächtnisleistung verbessern, indem man (das Gedächtnis) ständig trainiert. Man kann die Gedächtnisleistung dadurch verbessern, dass man (das Gedächtnis) ständig trainiert.

Finalsätze: 16. Damit er seinen Wortschatz erweitert/Um seinen Wortschatz zu erweitern, liest er viele deutsche Bücher. **17.** Sie fuhr drei Wochen an die Ostsee, um sich zu erholen/damit sie sich erholen kann. **18.** Er läuft jeden Abend zehn Kilometer, um seine Kondition zu verbessern/damit er seine Kondition verbessert.

S. 78 Übung 3

1. Er war sehr vorsichtig/Er ergriff viele Vorsichtsmaßnahmen, trotzdem wurde ihm sein Fotoapparat gestohlen. **2.** Der Fotograf wollte seine technische Ausrüstung optimieren, dafür hat er viel Geld ausgegeben. **3.** Sie unterstützt aktiv das neue Umweltprojekt, denn sie liebt die Natur./Sie liebt die Natur, deshalb/deswegen/demzufolge ... unterstützt sie aktiv das neue Umweltprojekt. **4.** Die Verträge wurden offiziell unterzeichnet, danach/anschließend fand ein Empfang der Gäste im Rathaus statt. **5.** Die Veranstaltung war gut organisiert, trotzdem tauchten bei der Durchführung mehrere Probleme auf. **6.** Das Innenministerium warnte vor terroristischen Anschlägen/Das Innenministerium sprach eine Warnung vor terroristischen Anschlägen aus, deshalb/deswegen/demzufolge ... wurden die Sicherheitsvorkehrungen auf allen Bahnhöfen verstärkt. **7.** Morgen ist die Sitzung, davor/vorher müssen noch alle Teilnehmer über die Änderung der Tagesordnung informiert werden. **8.** Er will den Gipfel unbedingt besteigen, dafür unternahm er große Anstrengungen. **9.** Die Museen hatten in diesem Jahr viele Besucher/wurden viel besucht/konnten viele Besucher verzeichnen, trotzdem klagen sie über Einnahmeverluste. **10.** Die Besucherzahlen sind gut/es kamen viele Besucher, deshalb/deswegen/demzufolge ... wird die Ausstellung um drei Monate verlängert. **11.** Das Wetter war sehr trocken/Es hat kaum geregnet, deshalb/deswegen/demzufolge ... hat die Waldbrandgefahr stark zugenommen.

S. 80 Übung 4

1. Einfluss ausüben **2.** Entscheidungen treffen **3.** Begeisterung zeigen **4.** Anforderungen stellen **5.** Rücksicht nehmen **6.** etwas zum Anlass nehmen **7.** Weichen stellen **8.** etwas in Betracht ziehen **9.** Anstoß nehmen **10.** Kritik üben **11.** auf Distanz gehen **12.** einen Standpunkt vertreten

S. 80 Übung 5

1. nahm **2.** genommen. **3.** gestellt **4.** zeigten **5.** vertritt **6.** gingen **7.** übten **8.** nahmen **9.** gezogen **10.** getroffen, gestellt **11.** ausüben

S. 81 Übung 6

1. etwas in Angriff nehmen **2.** zu Wort kommen **3.** in Mode kommen **4.** Eindruck machen **5.** auf einem Standpunkt stehen/bestehen **6.** sich ein Beispiel nehmen **7.** ein Gespräch führen/haben/suchen **8.** in Erfüllung gehen **9.** sich an die Arbeit machen/setzen **10.** sich mit jemandem in Verbindung setzen **11.** eine Rolle spielen/übernehmen

S. 82 Übung 7

1. gemacht **2.** führte **3.** gehen **4.** nehmen **5.** gekommen. **6.** machen/setzen **7.** gekommen. **8.** setzen. **9.** spielt **10.** stehe **11.** nehmen

S. 82 Übung 8

1. entschieden **2.** angesprochen/angeschnitten **3.** informiert **4.** beauftragt **5.** bezweifle **6.** bemüht **7.** beansprucht **8.** beendet

Kapitel 3

3 – A. Ein gewöhnlicher Fernsehtag

S. 86 Übung 5

Der Nachrichtensender *Phoenix* **beginnt** den Tag mit einer *BBC*-Dokumentation über die Varus-Schacht. Eine Stimme **schildert/beschreibt** ohne Scheu die Hinrichtung der Gefangenen. Wer danach noch nicht genug hat, kann auf der Spur des Schreckens **bleiben.** Auf *VOX* **erleben** wir einen Bombenalarm in der Schule, ein schwarz maskierter Mann **hält** eine Fernzündung in der Hand. Ein anderer Mann **zielt** mit einer Pistole auf ihn. Mittags **bemühen** sich sechs Talkshows um die Gunst der jüngeren Zuschauer. Sie **erreichen/erzielen** an diesem Dienstag bei den unter 49-Jährigen einen Marktanteil von 18 Prozent. Hier **kommen** solche Jugendlichen zu Wort, die das bildungsbürgerliche öffentlich-rechtliche Fernsehen bisher **ausgesperrt/vernachlässigt** hat. Die grauenhaftesten Bilder dieses Fernsehtages sind im Boulevardmagazin „Brisant" zu **sehen.** Zeit, die furchtbaren Bilder zu **verarbeiten, bleibt** dem Zuschauer nicht. Ein schrecklicher Filmbericht **folgt** dem nächsten. Am Abend können wir **feststellen:** Die Nachrichten **bieten** den härtesten Stoff. Hier **stellt** sich die Frage, ob nicht das Fernsehen Rücksicht auf jugendliche Seelen bei den Nachrichten **nehmen** soll? Denn welche Informationen **liefert** ein bleicher Brustkorb, außer dass er Schreckensgefühle **erregt/erzeugt?**

S. 90 Übung 10

1. stellt, zurückkehren **2.** besitzen **3.** bieten an **4.** benutzt, machen **5.** mögen **6.** eingesetzt **7.** verliert **8.** entstehen **9.** warnen, gerät **10.** wehren, beeinflusst

3 – B. Reale Gräuel: Nachrichten

S. 94 Übung 6

1. empfing **2.** aufgehoben/verschärft **3.** entlassen, vorstellen/präsentieren/bekannt geben **4.** erlassen/verabschiedet/besprochen/diskutiert/abgelehnt/zurückgewiesen **5.** gewählt/gebildet **6.** geehrt/ausgezeichnet **7.** eröffnete, betonte/unterstrich **8.** entdecken/finden/bergen/heben **9.** geschieden, zugesprochen **10.** gesenkt/erhöht **11.** beerdigt/beigesetzt/bestattet **12.** überschwemmt/überflutet

S. 95 Übung 7

1. abgesehen **2.** übersehen **3.** absehen **4.** ansehen **5.** umgesehen **6.** übersehen **7.** zusehen **8.** hinsehen **9.** nachsehen **10.** ansehen **11.** sah nach **12.** wegzusehen

3 – C. Neues über Männer und Frauen

S. 98 Übung 4

1. Frauen können räumlich schlechter sehen als Männer, sie haben demzufolge mehr Probleme im Verkehr, unter anderem beim Einparken. Auch beim Kartenlesen machen sich die Orientierungsprobleme bemerkbar. **2.** Unterschiede bestehen in der Quantität, das heißt, Frauen reden mehr. Ihr Sprachgebrauch ist von sozialen Aspekten geprägt, bei Männern handelt es sich eher um eine „Berichtssprache". **3.** Frauen hören aktiver zu, sie verfügen über fünf „Zuhörlaute" und sechs verschiedene Gesichtsausdrücke beim Zuhören. Männer dagegen produzieren nur drei Zuhörlaute und ihr Gesicht bleibt beim Zuhören fast unverändert.

S. 98 Übung 5

1. Männer mussten früher wilde Tiere jagen und entwickelten zur Ortung ihrer Beute den „Tunnelblick". Die Aufgabe der Frauen war es, die Kinder zu beaufsichtigen, sie entwickelten deshalb den „Breitband-Nahblick". **2.** Die Sprache der Männer beschränkte sich auf den Austausch wesentlicher Informationen beim Jagen. Die Sprache der Frauen spielte für den sozialen Zusammenhalt eine große Rolle. **3.** Der unveränderte Gesichtsausdruck war für den männlichen Krieger wichtig, damit der Gegner seine Pläne nicht durchschauen konnte.

S. 98 Übung 7

1. sich mäßig amüsieren **2.** finden sich besser zurecht **3.** wimmelt es von **4.** beschränkte sich auf den Austausch essenzieller Informationen **5.** ganz Ohr

S. 99 Übung 8

1. amüsieren **2.** belegt **3.** kommen, fragen **4.** festigte **5.** verfügen **6.** folgen **7.** raten, nennen **8.** geht, fasziniert **9.** erklären **10.** liegen **11.** produziert, erlebt mit **12.** bleibt

S. 100 Übung 9

1. nach **2.** im, zum, an **3.** vor, zur, zu, im **4.** zwischen, in, mit, mit, auf, auf

S. 101 Übung 11

a) Frauen haben ein kleineres Gehirn, was aber effektiver arbeitet als das der Männer. Die Verbindungen zwischen den beiden Gehirnhälften sind bei Frauen stärker, wodurch die beiden Hälften vermutlich besser miteinander kommunizieren können. Frauen haben einen höheren Anteil „grauer Gehirnzellen". **Männer** haben ein größeres Gehirnvolumen. Die Verbindung zwischen linker und rechter Gehirnhälfte ist schwächer ausgeprägt, wodurch Männer Sprache fast ausschließlich in der linken Gehirnhälfte verarbeiten.
b) Männer und Frauen schneiden bei IQ-Tests gleich gut ab.

S. 101 Übung 12

1. das, -e, -e **2.** das **3.** die, -e **4.** die, -e, der, -en **5.** die, -e **6.** das – das **7.** die **8.** der **9.** das **10.** die **11.** die **12.** eine, -e **13.** der, -e **14.** ein, -er

S. 102 Übung 13

1. Durchschnitt **2.** IQ-Tests **3.** Spektrum **4.** Leistungen **5.** Effektivität **6.** Anteil **7.** Denken **8.** Differenz **9.** Verbindung **10.** Hälften **11.** Nervenzell-Netzwerke **12.** Begabungsvorteil **13.** Mühe **14.** Langzeitgedächtnis **15.** Unterschieden **16.** Ähnlichkeiten **17.** Verhaltensweisen

S. 103 Übung 14

1. a **2.** b **3.** c **4.** b **5.** b **6.** b **7.** a **8.** b

3 – D. Ihre Grammatik

S. 106 Übung 1

1. müsse es doch bei der Lufthansa eine undichte Stelle geben. **2.** jetzt erst mal überprüft werden **müsse**, ob es überhaupt mit den Gesetzen **überein-stimme**, solche Details aus dem Leben von Politikern zu veröffentlichen. **3. werde** in jedem Fall Strafantrag gegen die Zeitung stellen. **4.** aber das un-korrekte Verhalten von Politikern, nicht das Verhalten der Zeitung zur Dis-kussion **stehe**. **5. sei** dafür, dass der Bundestag selbst eine Untersuchung **einleite**, um die Schuldigen zu finden. **6.** im Dienst erworbene Flugmeilen privat genutzt **habe**. Er **werde** von allen **seinen** politischen Ämtern zurück-treten. **7. reagiere** der Kollege F. jetzt über. Das **sei** keine kluge Entschei-dung. **8.** nicht alle Politiker, die mal einen ganz kleinen Fehler begangen **hät-ten**, zurücktreten **könnten**. **9. solle** sich ein Politiker zu seinem Fehlverhal-ten bekennen und daraus die Konsequenzen ziehen. Das **sei** seine morali-sche Pflicht. **10.** dann der ganze Bundestag zurücktreten **müsse**.

S. 107 Übung 2

1. sei **2.** könne **3.** liege **4.** einbaue **5.** lasse **6.** führe **7.** hätten **8.** reiche aus **9.** müssten *(bezieht sich auf: Gespräche)* **10.** würden suchen **11.** werde **12.** stehe bereit **13.** richte ein

S. 108 Übung 3

1. lasse **2.** müsse **3.** befinde **4.** sei **5.** sei **6.** habe **7.** freue **8.** habe **9.** sei **10.** habe **11.** hätten **12.** sei **13.** abschneide

S. 109 Übung 4

1. Er widersprach Frau Müller. **2.** Er fragte nach dem schnellsten Weg zum Bahnhof. **3.** Er bot Maria seine Hilfe an. **4.** Er sagte ihr eine große Zukunft vor-aus. **5.** Er zweifelte daran, ob die Angaben stimmen. Er zweifelte an der Rich-tigkeit der Angaben. **6.** Er erinnerte sie/ihn an ihr/sein Versprechen. **7.** Er empfahl ihr/ihm das Deutsche Museum/einen Besuch des Deutschen Muse-ums. **8.** Er kritisierte Pauls Verhalten in der Sitzung. **9.** Er träumte von einem Lottogewinn. **10.** Er richtete Gabi Grüße von Dr. Novald aus. **11.** Er schwärmte von dem Konzert. **12.** Er weigerte sich, mit dem Riesenrad zu fahren. **13.** Er vermutete, dass bei den Nachbarn eingebrochen wurde. Er vermutete einen Einbruch bei den Nachbarn. **14.** Er sagte die Arbeit an dem Projekt zu.

S. 110 Übung 5

1. Frau Müller soll im Urlaub einen anderen Mann kennen gelernt haben. **2.** Unsere Sparkassenfiliale an der Ecke soll geschlossen werden. **3.** Alle klei-nen Filialen, die nicht mehr rentabel sind, sollen zugemacht werden. **4.** Die Preise für Zigaretten sollen wieder angehoben werden. **5.** Die Prinzessin soll unter Essstörungen gelitten haben **6.** Sie soll ihre Krankheit jetzt überwun-den haben.

S. 111 Übung 6

1. Herr G. soll dienstlich erworbene Flugmeilen für private Zwecke genutzt haben. **2.** Herr G. will alle privaten Reisen auch privat bezahlt haben. **3.** Oberbürgermeister K. soll 500 000 Euro von einem ihm bekannten Unternehmer angenommen haben. **4.** Der Oberbürgermeister will niemals Geld angenommen haben. **5.** Der Bundestagsabgeordnete soll früher Informant des Staatssicherheitsdienstes der DDR gewesen sein. **6.** Der Bundestagsabgeordnete will nie irgendwelche Kontakte zur Staatssicherheit gehabt haben. **7.** Das Arbeitsamt soll im großen Stil Statistiken gefälscht haben und das soll dem Ministerium für Arbeit bekannt gewesen sein. **8.** Im Ministerium will niemand von gefälschten Statistiken gewusst haben.

S. 113 Übung 7 *(Beispielsätze)*

1. Während Männer früher wilde Tiere jagen mussten, blieben die Frauen in der Höhle. **2.** Bei den Männern hat sich im Laufe der Evolution der Tunnelblick herausgebildet, im Gegensatz dazu entwickelte sich bei den Frauen der Breitband-Nahblick. **3.** Frauen leiden unter Orientierungsschwierigkeiten, wohingegen Männer ohne Mühe Stadtpläne lesen können. **4.** In der Steinzeit beschränkte sich die Kommunikation des Mannes auf den Austausch essenzieller Informationen, demgegenüber hatte die Kommunikation der Frauen soziale Bedeutung. **5.** Während Frauen über fünf Zuhörlaute verfügen, benutzen Männer nur drei. **6.** Eine Frau kann zwei Gesprächen gleichzeitig folgen, ein Mann ist dagegen manchmal schon mit einem Gespräch überfordert. **7.** Während ein Mann, der nach getaner Arbeit nach Hause kommt, schweigen will, möchte seine Frau sofort den ganzen Tag mit ihm durchsprechen. **8.** Im Gegensatz zu einer Frau, die innerhalb von zehn Sekunden durchschnittlich sechs verschiedene Gesichtsausdrücke produziert, bleibt das Gesicht des Mannes beim Zuhören nahezu gleich. **9.** Frauen verarbeiten Sprache in der linken und rechten Gehirnhälfte, im Gegensatz dazu nutzen Männer fast ausschließlich die linke. **10.** Frauen denken mit Powerbooks, dagegen denken Männer mit Tischcomputern. **11.** Während Frauen mehr graue Gehirnzellen haben, überwiegen bei Männern die strahlend weißen. **12.** Männer erzielen bessere Ergebnisse in Mathematik, dagegen besitzen Frauen bessere sprachliche Fähigkeiten. **13.** Frauen machen beim Sprechen selten Fehler, Männer benötigen demgegenüber viele Ähs und Pausen. **14.** Während früher die Wissenschaftler aus den Unterschieden zwischen den Geschlechtern die Unterlegenheit der Frau ableiteten, suchen sie heute nach anderen Erklärungen.

S. 114 Übung 8

1. Einerseits will er gern im Urlaub weit wegfahren, andererseits will er sich um seinen Garten kümmern. **2.** Sie kann weder ein Telefongespräch auf Spanisch führen noch kann sie einen spanischen Geschäftsbrief schreiben. **3.** Sie möchte nicht nur zuhören, sondern sich auch aktiv am Gespräch beteiligen. **4.** Wir können Ihnen einerseits einen Standardkurs anbieten, andererseits können wir auch ein maßgeschneidertes Kursprogramm für Sie zusammenstellen. / Wir können Ihnen nicht nur einen Standardkurs anbieten, sondern auch ein maßgeschneidertes Kursprogramm für Sie zusammenstellen.

5. Entweder du arbeitest in den nächsten drei Tagen den Rückstand auf oder du bekommst Probleme mit dem Chef. **6.** Ich habe ihn überall gesucht. Er war weder im Büro noch hat er in seinem Lieblingsrestaurant gegessen. **7.** Einerseits wollen viele Leute was für die Umwelt tun, andererseits weigern sie sich, mit öffentlichen Verkehrsmitteln zur Arbeit zu fahren. **8.** Die Polizei hat weder den Tatort gründlich untersucht noch ist sie Hinweisen aus der Bevölkerung nachgegangen. **9.** Wir können entweder mit dem Taxi zum Flughafen fahren oder wir können den Zug nehmen/oder wir nehmen den Zug. **10.** An der Veranstaltung nahmen nicht nur ehemalige Schüler teil, sondern es kamen auch einige ehemalige Lehrer. **11.** Marie ist keine besonders gute Hausfrau. Sie kann weder kochen noch macht sie gern sauber. **12.** Es ist mir egal, wo wir uns treffen. Das Gespräch kann entweder bei uns in der Firma stattfinden/Entweder das Gespräch findet bei uns in der Firma statt oder wir kommen zu Ihnen. **13.** Einerseits ist er abends immer sehr müde, andererseits will er nach der Arbeit etwas für seine Gesundheit tun und ins Fitnessstudio gehen. **14.** Er lernt Deutsch nicht nur für sein Studium/Er lernt nicht nur für sein Studium Deutsch, sondern er will auch auf Deutsch E-Mails schreiben.

Kapitel 4

4 – A. Glücks- und andere Gefühle

S. 118 Übung 4
1. tun 2. schlittern 3. nachgehen 4. machen 5. vertreiben 6. achten 7. sehen 8. leiden 9. gefangen fühlen 10. schaffen 11. verherrlichen 12. hoffen

S. 118 Übung 5
a) der Glückspilz – jemand, der unvermutet Glück hat; **die** Glückssträhne – anhaltendes Glück, z. B. beim Spielen; **der** Glücksfall – als besonders erfreulich empfundener Umstand; **die** Glückssache – etwas ist einem glücklichen Zufall zu verdanken; **der** Glückstreffer – ein von einem glücklichen Zufall begünstigter Treffer, z. B. Lottogewinn; **der** Glücksklee – Kleeblatt mit vier Blättern, das, wenn man es findet, Glück verheißt; **der** Glückskäfer – Marienkäfer, soll, ähnlich dem Kleeblatt, Glück bringen; **der** Glückspfennig – Pfennigstück, gilt ebenfalls als Glückbringer; **das** Glückskind – jemand, der immer Glück hat; **das** Glückspiel – Spiel, das von Zufällen abhängt
b) 1. a **2.** h **3.** c **4.** g **5.** d **6.** f **7.** b **8.** e

S. 119 Übung 6
1. tun 2. Anteil, höher 3. (die) Beobachtung, (die) Wahrnehmung 4. dadurch, dass 5. Freude, Ärger 6. negatives, (selbst) bestimmen/gestalten 7. erwiesen 8. von, für das 9. im Griff 10. ratsam/empfehlenswert/wünschenswert/gut; schenken

S. 121 Übung 9 *(Beispiele)*
das Glück: glücklich sein, sich glücklich fühlen, jemanden beglücken/

glücklich machen; **die Freude:** sich freuen über/auf, etwas freut mich, erfreut sein über, sich (z. B. bester Gesundheit) erfreuen; sich an etwas erfreuen; **die Sorge:** sich Sorgen machen um/besorgt sein um/sich sorgen um/für jemanden sorgen; **der Neid:** jemandem etwas neiden, jemanden um etwas beneiden, neidisch sein auf; **die Liebe:** jemanden/etwas lieben, verliebt sein in, beliebt sein wegen/bei; **die Aufregung:** sich aufregen über/wegen, aufgeregt sein über/wegen; **die Furcht:** sich fürchten vor (der Prüfung) (= Angst haben), etwas befürchten, etwas ist furchtbar; fürchten um (= sich Sorgen machen um); **die Trauer:** trauern um jemanden, etwas betrauern (den Tod eines Menschen), traurig sein über; **die Wut:** wütend sein auf jemanden/über etwas, jemand/etwas (ein Sturm) wütet; **der Mut:** mutig/muterfüllt/mutlos sein; **die Rache:** sich rächen an jemandem wegen etwas, rachsüchtig sein

S. 122 Übung 11

Hinweis: Im Juli und August 2002 kam es in großen Teilen Deutschlands zu Überschwemmungen. Häuser, Geschäfte, Schulen, Kirchen, Straßen usw. wurden dabei zerstört.

4 – B. Das Reich der Sinne

S. 124 Übung 4

Unsere Sinne können ... gereizt werden, mit Reizen überflutet werden, überfordert werden, verkümmern, veröden, verwahrlosen, unausgewogen angesprochen werden.

S. 124 Übung 5

Eine kürzlich veröffentlichte Studie der Universität Oxford kommt zu dem Schluss, dass die für den Menschen so wichtigen Sinne unausgewogen beansprucht würden. Besonders der sehr emotionale Tastsinn verwahrlose. Berührung sei nicht nur wichtig für unser emotionales Wohlergehen, sondern auch für die sensorische, kognitive, neurologische und physische Entwicklung des Menschen.

S. 126 Übung 7

Riechen: schlecht riechen, die Riechzellen, der Riechsinn, der Geruch
Schmecken: die Geschmacksrichtungen: süß, salzig, sauer, bitter, winzige Geschmacksknospen; der Geschmack, die Geschmacksbotschaft, die Geschmacksempfindung, der Feinschmecker
Tasten: der Tastsinn, die Hände, die Fingerspitzen, die Hautoberfläche, fühlen/mitfühlen, die Berührung, gestreichelt werden
Hören: das Geräusch, die Geräusche, die Stille, hören, die Töne, die Klänge, der Lärm, das Tropfen, das Schnarchen, das Quietschen
Sehen: der Sehsinn, visuelle Datenverarbeitung, die Netzhaut, das Sehen, das Gesichtsfeld, das Auge, das Grau, der Hintergrund, hell, blau

S. 126 Übung 8

1. c) verloren **2.** a) in **3.** c) verfügen **4.** b) hervorgerufene **5.** a) bewegen

6. c) auf **7.** c) Nachdem **8.** a) davon **9.** b) beschränkt **10.** b) dem **11.** c) unser
12. a) stellen **13.** a) beschäftigt **14.** b) auf die **15.** c) darauf **16.** c) die Irre

S. 127 Übung 9
positiv: duften, schlemmen, streicheln
neutral: riechen, schnuppern (umg.), klingen, hören, rattern (umg.), kosten,
abschmecken, betrachten, berühren, anfassen, ertasten, kratzen
negativ: stinken, quietschen, hinunterwürgen, glotzen, antatschen, (kratzen)

4 – C. Essen

S. 131 Übung 4
„Die Zusammensetzung der Nährstoffe, die wir **zu** uns nehmen, ist **seit** Mitte der sechziger Jahre fast gleich geblieben", sagt Professor Müller. Die Kohlenhydrate, die man aufnimmt, **durch** Nudeln, Brot und Reis etwa, entsprächen ziemlich genau dem heutigen Energieverbrauch, doch werde **nach** wie
vor viel zu Fetthaltiges gegessen. „Vom Durchschnitt der Bevölkerung werden
40 Prozent der benötigten Energie als Fett verzehrt. Das ist zu viel, es sollten
nur 20 Prozent sein." Der Energielieferant Fett wird **in** Deutschland besonders
durch den Verzehr **von** tierischen Produkten wie Fleisch, Wurst, Milch und
Käse bereitgestellt. Die Ernährungswissenschaftler stellen dieser fettorientierten Ernährung schon **seit** langem die Ernährung **nach** dem Motto „Five a
day" entgegen. Fünf Portionen Obst oder Gemüse **am** Tag wäre eine ideale Ernährung, sagt Müller. Ein 80 Gramm schwerer Apfel ist **zum** Beispiel eine
Portion. Doch „Five a Day", das natürlich **mit** Fleisch und Wurst **in** Maßen,
Nudeln oder Reis kombiniert werden kann, bleibt **in** Deutschland Illusion:
Wir essen nur eineinhalb Portionen Obst und Gemüse **am** Tag. **Bei** seinen Untersuchungen **an/mit/unter** Schulkindern **in** Kiel hat Müller festgestellt, dass
besonders **in** sozial schwach gestellten Familien Übergewicht und falsche Ernährung vorkommen. Der Verbrauch **von** Colagetränken, Salzgebäck und
Fastfood sei dort eindeutig höher, die Auswahl **an** Lebensmitteln deutlich eingeschränkt. Hinzu komme ein größerer Fernsehkonsum, meist gleichbedeutend **mit** weniger Bewegung.

S. 132 Übung 5
1. knusprig **2.** süß **3.** zäh **4.** frisch, welk/verwelkt **5.** sauer **6.** schal/abgestan-
den **7.** scharf **8.** fade **9.** zerkocht **10.** gebundenen

S. 134 Übung 8 ?
1. Sie konnten sich nicht **damit rechtfertigen**, nicht Mensch zu sein. **2.** Noch
im 18. Jahrhundert **wurde** in England ein Schwein **zum Tode verurteilt**. **3.** In
der modernen Welt **werden keine Tiere mehr angeklagt**. **4.** In der Gaststätte
„Schützenhaus" im Dorf Mylau hatte **einem** Gast **sein** Sauerbraten **nicht
geschmeckt**. **5. Der** Richter **hatte keine Möglichkeit**, am „Corpus Delicti"
zu schnuppern. **6.** Da **wurde** ein Sachverständiger **nach seiner Meinung gefragt**. **7.** Der Richter **wusste keinen Rat mehr**. **8.** Er wies die Klage der Gastwirtin ab, denn **für einen** „Sauerbraten mittlerer Güte" **konnte kein Beweis
erbracht werden**.

S. 135 Übung 10

1. zwei aufgeschlagene Eier 2. 1 kg in Essig eingelegtes Fleisch 3. fünf klein gewürfelte Kartoffeln 4. zwei biologisch angebaute Möhren 5. klein gewiegte Petersilie 6. getrocknete Gartenkräuter 7. 1 Pfund nicht gespritzte Äpfel 8. einen halben Liter geschlagene Sahne 9. 200 g zerkleinerte Mandeln 10. eine mit Butter bestrichene Backform

S. 135 Übung 11

Fleisch: kochen, zerkleinern, schneiden, wenden, braten, marinieren, anbraten, würzen, salzen, klopfen

Teig: backen, schneiden, ausrollen, wenden, würzen, klopfen, kneten

S. 136 Übung 13

1. Leibspeise 2. Ansichten prallen aufeinander 3. beide Zutaten vermengten sich zu einer Soße 4. kontert der Autor 5. sagenhafte Entdeckung

S. 137 Übung 15

1. Das ist mir völlig gleichgültig. 2. Jetzt muss man sich anstrengen, jetzt wird es wichtig. 3. Alles muss einmal aufhören. 4. Man soll nicht etwas Geringes opfern, um etwas Großes zu bekommen.

4 – D. Ihre Grammatik

S. 138 Übung 1

1. vor, vor 2. um 3. um, darüber 4. für/um, um, an, auf 5. darüber 6. für 7. um 8. für 9. Aus 10. auf, über 11. zu 12. um 13. um 14. zu

S. 139 Übung 2

1. Wir halten/hielten uns an die vorgegebenen Termine. 2. Die Regierung entscheidet/entschied sich gegen/für eine finanzielle Beteiligung an dem Projekt. 3. Er überzeugt/überzeugte die Kollegen von seiner Idee. 4. Die Bürger protestierten gegen den Abriss der Kirche. 5. Der Immobilienmakler schätzt/schätzte den Wert des Hauses auf 200 000 Euro. 6. Der Politiker geht/ging auf die Argumente des Journalisten ein. 7. Maria arbeitet/arbeitete jetzt als Sekretärin bei Siemens. 8. Die Mitarbeiter rechnen im neuen Jahr mit einer Gehaltserhöhung. 9. Er warnt/warnte den Freund vor dem Kauf des Autos. 10. Die Geschichte handelt von einem jungen Mann Anfang des 19. Jahrhunderts. 11. Bei den Verkaufsverhandlungen einigten sich beide Gesprächspartner auf einen Preis. 12. Er übersetzt/übersetzte die Rede des Ministerpräsidenten simultan ins Deutsche.

S. 140 Übung 3

1. von + Dat 2. auf + Akk 3. an + Dat 4. in + Dat 5. mit + Dat 6. für + Akk 7. über + Akk 8. gegenüber + Dat 9. bei + Dat 10. zu + Dat 11. in + Akk 12. nach + Dat 13. an + Akk. 14. gegen + Akk

S. 141 Übung 4

1. zu 2. an 3. Über die 4. im 5. gegenüber 6. Mit der 7. zum 8. auf Ihre 9. an diesem 10. beim

S. 141 Übung 5
1. Die Verwaltungsmitarbeiterin ist/war für den Fehler in der Rechnung verantwortlich. **2.** Wir sind/waren mit der Zusammenarbeit sehr zufrieden. **3.** Die Germanistikstudentin ist/war mit den Romanen von Christa Wolf beschäftigt. **4.** Die Kritiker sind/waren von dem neuen Film begeistert. **5.** Die Lehrerin ist/war über die Leistungen ihrer Schüler erfreut. **6.** Der deutsche Physiker ist/war an der Erfindung maßgeblich beteiligt. **7.** Die Höhe des Rabatts ist/war von der Anzahl der bestellten Computer abhängig. **8.** Der Abteilungsleiter ist/war zu jungen Mitarbeiterinnen besonders nett. **9.** Der Brief ist/war an den Direktor persönlich adressiert.

S. 143 Übung 6
Es gibt keine ausgesprochenen Glückspilze, diese Binsenweisheit bestärkte jetzt ein britischer Psychologe von der Universität Herfordshire. In seiner interessanten Studie wurden über einen längeren Zeitraum 400 freiwillige Kandidaten untersucht, die von sich behaupteten, sie würden ein glückliches oder unglückliches Leben führen.
Einige erzählten zum Beispiel, dass sie genau zur richtigen Zeit am richtigen Ort waren, um einen tollen Job zu bekommen. Oder sie hätten auf einer langweiligen Party, die sie eigentlich gar nicht besuchen wollten, den langgesuchten Lebenspartner getroffen. Andere wiederum klagten, dass sie einen Zug versäumten und dann zu ihrem noch größeren Pech im nächsten Zug einen schrecklichen Unfall hatten. Das „Glück" oder „Unglück" der befragten Personen erklärt sich aber nach Meinung des Wissenschaftlers nicht aus einer Laune des Schicksals heraus, sondern aus der Persönlichkeit jedes einzelnen Menschen.
So zeigten die „Glückskinder" bei den Tests die bessere Menschenkenntnis, die sie gegen lügende und betrügende Zeitgenossen schützte. Der Wissenschaftler kam zu der wenig überraschenden Erkenntnis, dass das alte römische Motto: „Dem Tapferen hilft das Glück" immer noch stimmt. Die „Glückspilze" waren in der Regel optimistische, extrovertierte und risikofreudige Menschen, während sich die zurückgezogenen „Unglücksraben" von frühester Jugend an als Versager betrachteten.

S. 143 Übung 7
Der Weg von Messern und Löffeln hatte schon in vorchristlichen Zeiten an römischen Tischen begonnen, an denen vornehme Esser saßen oder vielmehr lagen. Auf einer niedrigen, gepolsterten Bank ließen sich die reichen Römer von Sklaven bereits zerschnittene und angerichtete Stücke reichen und führten diese per Messer oder Löffel in den Mund. Die Gabel war damals ein selten vorkommendes Essgerät, das nur zum Aufspießen großer Früchte verwendet wurde. Einfache Leute handhaben das schlichter. Sie nahmen nur das eiserne Messer zum Zerkleinern der Speisen, für den Rest gebrauchten sie ihre Finger.
Die stürmische Zeit der Völkerwanderung im frühen Mittelalter ließ die römische Tafelkultur für einige Zeit in Vergessenheit geraten. Erst im 15. Jahrhundert zogen, gemeinsam mit den Tischsitten, die Essgeräte in die mittel-

europäischen Haushalte ein: schlichte Messer aus Eisen mit Horn- oder Holzgriffen, selbstgeschnitzte Holzlöffel oder Löffel aus Messing, Zinn oder Silber.
Die Gabel stach mit königlicher Hilfe unter den Esswerkzeugen hervor. Ausgerechnet Heinrich der Dritte, auch der Sittenlose genannt, verschaffte der
Gabel einen festen Platz an der Tafel. Für die einfachen Leute blieb die Gabel
suspekt, zum einen, weil man auf dem Wege vom Teller zum Mund die Hälfte
der Speisen wieder verlor, zum anderen, weil die Ähnlichkeit der Gabel mit
dem Dreizack des bösen Satans das oft abergläubische Volk erschreckte.
Der französische Lebensstil machte an fast allen deutschen Fürstenhöfen des
18. Jahrhunderts Furore, vor allem am Hofe Friedrichs des Großen (1730–
1789), der ein leidenschaftlicher Anhänger der französischen Kultur war.
Leicht hatte es aber die Gabel trotz aller königlichen Unterstützung nicht.
England und Schottland wiedersetzten sich noch lange dem angeblich sünd-
haften Gabelgebrauch.
Ab dem 19. Jahrhundert übernahm das gehobene Bürgertum die Esskultur
der adligen Gesellschaftsschicht, später folgte die ganze Bevölkerung. Den
steigenden Ansprüchen kam das Anwachsen der Besteckindustrie entgegen,
die bald das Ess-Besteck als Massenware zu günstigen Preisen liefern konnte.
Bis ca. 1950 lagen die Benutzer von Messer und Gabel mit 320 Millionen
hinter den Stäbchen-Essern (550 Millionen) und den Verwendern der gottge-
gebenen handeigenen Werkzeuge (740 Millionen) zurück. Heute liegt das
Verhältnis etwa bei je einem Drittel.

S. 145 Übung 8
1. zahlreiche neue Bücher 2. viele alte und neue Verlage 3. wenigen großen
Verlagen 4. einzelnen hochbezahlten Bestsellerautoren 5. Alle anwesenden
Verlage, die hohen Mietpreise 6. Viele kleinere Verlage, die überhöhten Prei-
se 7. vieler kleiner deutscher, einige große Preisnachlässe 8. aller deutschen
Bücherfreunde

Kapitel 5

5 – A. Lachen und lachen lassen

S. 147 Übung 3
1. waren aufgerufen 2. küren 3. verdächtig vorkam 4. hieb- und stichfest belegt 5. haarklein 6. bei der Sichtung 7. Spaßvogel

S. 147 Übung 4
1. umfangreiche 2. englischer/britischer 3. knochenharter/gründlicher/un-
ermüdlicher/umfangreicher 4. gründlicher/messerscharfer 5. unermüdli-
che 6. allgemeinen 7. letzten 8. witzigen/englischen/britischen 9. umfangreichen 10. lustigsten/witzigsten 11. messerscharfer 12. englischen/briti-
schen

S. 148 Übung 5
1. ... wie wichtig es im Leben ist, wenigstens eine Fremdsprache zu sprechen. **2.** an der Angel hing. **3.** Die ersten fünf Reihen landen nicht in Mallorca. **4.** bis ich mir alle Skier angeschnallt habe, ist der Winter vorbei **5.** Der wartet auf seinen Golfball.

S. 149 Übung 6
1. Meinen Sie, ich könne darüber nicht lachen? **2.** Darf man über die englische Königin einen Witz erzählen? **3.** Man/Jeder sollte dreimal täglich laut und herzlich lachen. **4.** Witze über Schwiegermütter mag ich. **5.** Den besten Witz der Welt soll man übers Internet ermittelt haben./Der Beste Witz der Welt soll übers Internet ermittelt worden sein. **6.** Der beste Witz der Welt muss von einem Engländer stammen. **7.** Wenn man was über deutschen Humor erfahren will, muss man sich im Internet einige Webseiten ansehen. **8.** Ich möchte mal einen geistreichen Witz über Lehrerinnen hören. **9.** Sie meinen, die Düsseldorfer haben Humor? Da sollten Sie aber mal nach Wuppertal fahren! **10.** Sie brauchen jetzt nicht alles komisch (zu) finden, was ich sage.

S. 150 Übung 7b
1. e **2.** a **3.** d **4.** c **5.** b

S. 151 Übung 9
1. wissen **2.** gesehen **3.** töte **4.** zerstöre **5.** verhängten **6.** dürfen **7.** zeigt **8.** verbessert/aktiviert **9.** lockert **10.** lindert **11.** verbessert/aktiviert **12.** erweitert

5 – B. Kritiker und Kritiken

S. 157 Übung 3
Inhalt: Um die Mittsommernacht, also der kürzesten Nacht des Jahres, fliegt ein Schriftsteller von München nach Berlin, um Material für einen Artikel über die Kartoffel zu sammeln. Er verbindet mit dieser Reise auch die Suche nach der Bedeutung der letzten Worte seines Onkels, der ein Kartoffelkenner war. Im Berlin nach der Wende (Wiedervereinigung) trifft er eine Reihe merkwürdiger, verrückter Menschen und erlebt seltsame und komische Geschichten/Situationen.
Aufbau: Das Buch ist kein normal geschriebenes Buch. Es ist mosaikartig aufgebaut. Es werden einzelne Geschichten erzählt, die durch das Kartoffelmotiv lose miteinander verbunden sind.
Vergleiche: Der Roman ist wie ein Schreibtisch, in dessen Schubladen man seit Jahren eine unglaubliche Menge nutzloser und komischer Dinge übereinander legt und sie dann wiederum vergisst. So entsteht ein Roman, der wie ein Mosaik aus vielen kleinen bunten Steinchen zusammengesetzt wurde. Jedes Steinchen hat seine eigenen charakteristischen Typen, Geschichten und seine eigene Atmosphäre. Der Ich-Erzähler bewegt sich wie durch einen Traum.
Beurteilung: Yvonne mittelmäßig, **Sarah** positiv, **Alejandro** positiv, **Serena** positiv

S. 157 Übung 4
- Die persönlichen kleinen Geschichten der Leute werden durch den Autor sehr gut aneinander gereiht.
- Leider fehlt, vielleicht durch diesen Aufbau des Romans, eine wirkliche Geschichte, wodurch der Schluss des Buches ein bisschen unbefriedigend wirkt.
- Der Autor schafft es, die Aufmerksamkeit und Neugier des Lesers zu wecken.
- Dieses vielschichtige Buch würde ich als einen sehr lesenswerten Roman empfehlen.
- Das Lesen macht großen Spaß.
- Von Anfang an bekommt der Leser den Eindruck, dass dieses kein normal geschriebenes Buch ist.
- Die leichte und witzige Prosa von Uwe Timm verwebt die kleinen Geschichten zu einem spannenden Buch, das sich viele Male lesen lässt.
- Rahmenroman mit tiefgründigem Humor und Selbst-Ironie.

Mit herzlichem Dank an die Kursteilnehmer des Vorbereitungskurses auf das „Große Deutsche Sprachdiplom" 2003 am Goethe-Institut Rotterdam.

S. 159 Übung 10
In der Fernsehsendung „Das literarische Quartett", die 13 Jahre **im** Zweiten Deutschen Fernsehen lief, wurden **von** Literaturkritikern 361 Bücher besprochen. **Im** Dezember 2001 lief die letzte der **bei** Verlegern und Autoren gleichermaßen umstrittenen Sendung. Jetzt scheint es, als habe das Absetzen der Sendung **für** den Buchhandel ungeahnte Folgen. Die Umsatzentwicklung **im** ersten Halbjahr 2002 schnitt **im** Vergleich **zum** Vorjahr fast 5 Prozent schlechter ab. **Nach** einer Sendung des „Literarischen Quartetts" konnten 300 000 Exemplare des Romans „Mein Herz ist weiß" **von** dem **bis zu** diesem Zeitpunkt in Deutschland unbekannten Spanier Javier Marías verkauft werden. Ein Göttinger Verlag verkaufte 7 000 Stück **von** Ruth Klügers Jugenderinnerungen „weiter leben" **bei/nach** fabelhaften Rezensionen **in** allen Zeitungen. Dann wurde das Buch **in** der Sendung besprochen und **in** den nächsten drei Monaten verkaufte der Verlag 80 000 Exemplare. Nun wird das „literarische Quartett" **zur** „wichtigsten Kultursendung des Fernsehen" erhoben und Verleger rufen **nach** einer Ersatzsendung **für** „den Streit **ums** Buch".

S. 160 Übung 11
1. c) erscheinen **2.** b) behalten **3.** a) Befragten **4.** b) spielt **5.** c) nach **6.** c) im **7.** a) offenes **8.** b) neuen **9.** c) empfindet **10.** b) obwohl **11.** a) begehrt **12.** c) der größten **13.** b) zur

5 – C. Musik

S. 163 Übung 4
1685 wurde Johann Sebastian Bach in Eisenach geboren. 1695 wurde er bei/ von seinem älteren Bruder Johann Christoph in Ohrdruf aufgenommen/ wohnte er bei seinem älteren Bruder. Von 1700 bis 1702 besuchte er die Michaelisschule in Lüneburg. 1703 bekam er eine Anstellung als Hofmusiker

und Lakai in Weimar. Von 1703 bis1707 arbeitete Bach als Organist an der Neuen Kirche in Arnstadt, 1707 in Mühlhausen. Im selben Jahr heiratete er Maria Barbara in Dornheim. Von 1708 bis 1717 hatte er eine Stellung als Kammermusiker, gleichzeitig ab 1714 als Konzertmeister am Hof von Sachsen-Weimar inne. Von 1717 bis 1723 diente er als Kapellmeister am Hofe des Fürsten Leopold von Anhalt-Köthen. Ein Jahr nach dem Tod seiner ersten Frau im Jahre 1720, mit der er 7 gemeinsame Kinder hatte, heiratete er Anna Magdalena. Sie bringt 13 Kinder zur Welt. 1723 wurde Bach zum Thomaskantor in Leipzig gewählt. 1750 starb er in Leipzig.

S. 165 Übung 7
1. tauchen auf 2. vorweisen können 3. abgetan werden 4. unterzeichnen 5. erteilen 6. vollbringen 7. beklagen 8. erholen

S. 165 Übung 8
1. erforderte 2. gelungen 3. besetzen 4. fiel 5. erteilte 6. gewählt 7. nützte 8. gehörte 9. berufen 10. festgehalten 11. komponierte 12. erklang 13. litt 14. ließ nach 15. verstarb 16. beigesetzt

S. 166 Übung 9
1. **Dank der/den ehemaligen Thomaskantoren** entwickelte sich das Thomaskantorat zu einem überregionalen Aushängeschild der Stadt. 2. **Nach der Absage Georg Philipp Telemanns** fiel die Wahl zunächst auf Christoph Gaupner. 3. **Bei einem Vergleich zwischen Telemann, Graupner und Bach** erschein Bach als minder qualifiziert. 4. **Trotz des hohen Ansehens von Bach als Orgelspieler** war er nicht die erste Wahl der Leipziger. 5. **Mit sehr viel Disziplin, Fleiß und Fantasie** gelang ihm in den ersten zweieinhalb Jahren eine unglaubliche Arbeitsleistung. 6. In einem Brief an seinen Jugendfreund beklagt er sich über den sozialen Abstieg **vom höfischen Kapellmeister zum Kirchenmusikdirektor.** 7. **Wegen des Nachlassens/des langsamen Verlustes seiner Sehkraft in den letzten Jahren** bereitete ihm das Schreiben große Mühe. 8. **Nach dem Tod(e) Johann Sebastian Bachs** wurde seiner Witwe nur noch ein paar Monate Gehalt gewährt.

S. 167 Übung 12
1. c) anders 2. a) auf 3. c) zurückzuführen 4. b) können 5. c) Dauer 6. a) verantwortlich 7. b) darunter 8. a) unter 9. b) nutzen 10. c) damit

1. zugehört/hingehört 2. umhören 3. abhören 4. abgehört 5. überhört 6. anhören 7. einhören 8. hör hin 9. höre weg 10. abzuhören

S. 169 Übung 14
1. c 2. d 3. b 4. e 5. a

5 – D. Ihre Grammatik

S. 170 Übung 1
1. Das ist einer der lustigsten Witze, die ich je gehört habe. 2. Götz George ist einer der bekanntesten deutschen Schauspieler. 3. Elisabeth Taylor besitzt ei-

nen der schönsten Diamanten der Welt. **4.** Sie ging mit einem ihrer besten Freunde ins Kino. **5.** Dieses Bild ist ein(e)s der wertvollsten Bilder des Museums. **6.** Bach ist für mich einer der bedeutendsten Komponisten aller Zeiten. **7.** Er hat bei der theoretischen Fahrprüfung fünf der gestellten Fragen falsch beantwortet. **8.** Er hat kein(e)s der Gedichte gelesen. **9.** Ihr hat kein(e)s dieser wundervollen Geschenke gefallen. **10.** Keiner meiner Schüler ist durch die Prüfung gefallen.

S. 171 Übung 2

1. in der **2.** mit **3.** über, im **4.** Bei **5.** in den, um **6.** gegenüber **7.** am, unter **8.** vor **9.** aus , gegen **10.** im/in, auf **11.** zur **12.** an den, vom **13.** um **14.** Aus, von **15.** über, auf **16.** entlang **17.** Bei/Während/Nach/Vor der, zum, aus **18.** meinetwegen/wegen mir **19.** zufolge/nach, beim/zum, innerhalb der/ unter den/zwischen den/bei den **20.** in **21.** von, auf **22.** über einen, bei den **23.** in einer, von **24.** Nach, im **25.** Auf, aufs/ins **26.** Beim/Zum, zum **27.** von **28.** innerhalb **29.** Statt, von **30.** Wider/Entgegen **31.** von der, gegen **32.** Wegen/Aufgrund/Dank

S. 173 Übung 3

1. Es bestehen gute Aussichten auf (eine) Veränderung der Situation. **2.** Von Seiten der Gewerkschaften gab es ein paar gute Anregungen zur Verbesserung der Arbeitsmarktlage. **3.** Wir gewähren nur Rabatt bei Barzahlung. **4.** Nach Beendigung/dem Ende seiner beruflichen Laufbahn kaufte er sich ein Haus auf den Kanarischen Inseln. **5.** Zur Sicherheit der Autofahrer/Aus Sicherheitsgründen gilt auf dieser Bergstraße Tempo 30. **6.** Trotz einer guten Vorbereitung (der Schwimmer) auf die Olympischen Spiele zeigten sie/die Schwimmer enttäuschende Ergebnisse. **7.** Auf Wunsch können Sie CDs mit Hörübungen ausleihen. **8.** Die Autotür lässt sich schon von Weitem mit einem Knopfdruck/mit der Fernbedienung/mit einem Druck auf die Fernbedienung öffnen. **9.** Zum Schutz vor Grippe kann man sich impfen lassen. **10.** Die Zahlung wird bei Lieferung fällig. **11.** Jetzt musst du die Aufgaben aber mal ohne meine Hilfe lösen. **12.** Bei/Beim Eintritt des Raumschiff(e)s in die Erdatmosphäre können technische Probleme auftreten. **13.** Vor Freude umarmte sie jeden. **14.** Du hättest deine Finanzen mal vor dem Kauf einer Eigentumswohnung überprüfen sollen. **15.** Die Firma muss ihre Umsätze zum/für den Erhalt der/aller Arbeitsplätze steigern. **16.** Nach meiner Information beginnt das nächste Semester erst Anfang Oktober. **17.** Ich hatte zum Glück genügend Geld bei mir. **18.** Er weiß so viel über Musik wie ein Musikwissenschaftler. **19.** Trotz der Ergreifung von Maßnahmen (durch die Regierung) hat sich die Lage noch nicht wesentlich verbessert. **20.** Er konnte sein Können mangels Gelegenheit/aus Mangel an Gelegenheit noch nicht unter Beweis stellen.

Kapitel 6

6 – A. Was heißt Fortschritt?

S. 177 Übung 3
1. c 2. a 3. b 4. a

S. 178 Übung 4
1. Der Mensch versucht Geschwindigkeiten zu erreichen, die eigentlich lebensgefährlich sind. Er probiert, den Vögeln nachzueifern und zu fliegen. 2. Die herkömmliche Meinung ist, dass die Menschen früher nicht so alt geworden sind, denn bei den Römern z. B. galt ein Dreißigjähriger als lebensklug. Sie waren auch kleiner, arbeiteten mehr (gemessen an der Anzahl Stunden) und sie starben zu Tausenden an Seuchen oder Hungersnöten. Der Autor aber meint, dass die Menschen heute mehr arbeiten würden als früher (z. B. gab es im alten Nürnberg im Mittelalter 150 Feiertage, auch die Steinzeitmenschen hätten mehr Freizeit gehabt) und dass die Seuchen noch lange nicht ausgerottet seien. 3. Zu allen Zeiten spielte der soziale Rang für die Lebensqualität eine wichtige Rolle. Aber nicht nur das: besonders deutlich wird der Einfluss der sozialen Stellung in der Dritten Welt, dort hängen auch Krankheit, Hunger und Tod vom sozialen Rang ab. 4. Zeit bedeutet Lebensqualität, aber der moderne Mensch kann seine Zeit nicht sinnvoll nutzen. Um sich die Annehmlichkeiten des Fortschritts leisten zu können, muss er wesentlich länger arbeiten. Er steht unter Zeitdruck, denn nur wer rechtzeitig zur Stelle ist, profitiert. Es gibt keinen Zeitgewinn durch Beschleunigung von Kommunikation und Mobilität, weil der Mensch in der gleichen Zeit jetzt mehr macht/arbeitet.

S. 178 Übung 5
1. Probleme bewältigen 2. wozu zu sagen wäre 3. ausschließlich 4. etwas wichtig finden 5. unsere Situation verbesserte sich ständig 6. das höchste Staatsamt innehaben 7. kleine und hübsche Rüstungen der Ritter 8. arbeitete hart 9. bei der Ausrottung der Seuchen war man (der Mensch) auch nicht erfolgreich 10. die Vorteile des Fortschritts 11. was wir gewinnen, bleibt ohne Nutzen 12. was für den persönlichen Lebensgenuss übrig bleibt

S. 179 Übung 6
a) 1. helfen 2. meistern 3. ermöglichen 4. erreichen 5. vorkommen/vorkämen 6. verbringt 7. aufgewandt/aufgewendet 8. gesunken 9. einzunehmen 10. anzumerken 11. erachtete 12. nachzueifern 13. vorgesehen
b) 1. galt 2. bekleiden 3. Betrachtet 4. entdecken 5. innehatte 6. genießen 7. leisten 8. benötigten 9. versorgen 10. zubereitet 11. angefertigt 12. erleichtern 13. verschaffen 14. verpufft 15. erledigt 16. stopfen

6 – B. Umwelt

S. 181 Übung 1 *(Auswahl)*
A: Abwasser, Abwasserklärung/-reinigung, Abgase, Aufheizung der Erdat-

mosphäre, Artenschutz, Aussterben der Arten, Aufforstung **B:** (künstliche) Bewässerung, Bio-Produkte, Brandrodung, (fossile) Brennstoffe, Bodenerosion **C:** CO_2 = Kohlendioxid **D:** Dioxide, Dünger, Dreck, Deponien **E:** Emissionen, Erwärmung, Elektrizität, erneuerbare Energie **F:** Fangverbot (für Fische), FCKW = Fluorkohlenwasserstoff **G:** Gift **H:** Hochwasser **J:** Jagd, Jagdverbot **K:** Kernkraftwerke **L:** Luftverschmutzung **M:** Massentierhaltung, Massentourismus, Mehrwegverpackung, Monokultur, Müll, Mülltrennung, Müllhalde, Müllberg **N:** Natur **O:** Öl, Ölverschmutzung, Ozonloch **P:** Plastiktüten, Pfandflaschen **Q:** Quecksilber **R:** Radioaktivität, radioaktiver Müll **S:** Schmelzen der Pole, Strom **T:** Tankerunfälle, Tierschutz, Treibhauseffekt **U:** Überdüngung, Überschwemmung, Umweltverhalten **V:** Verschmutzung, Verseuchung, Verkehr, Verpackung **W:** Wald, Waldsterben, Wasserverschmutzung, Wasserkraftwerke, Wiederverwertung, Windenergie

S. 184 Übung 8
1. richtig **2.** falsch **3.** richtig **4.** richtig **5.** Text sagt dazu nichts **6.** falsch

S. 185 Übung 9
1. David Shezi wollte seine Kinder nicht mehr zum Betteln schicken, um Geld für sauberes Trinkwasser zu haben. Er stahl das Wasser und wurde dabei ertappt. **2.** Fünf Millionen Menschen sterben jährlich an den Folgen von fehlendem oder verseuchtem Trinkwasser. 80 Prozent aller Krankheiten sind in den Entwicklungsländern auf schlechtes Trinkwasser zurückzuführen. Prognosen geben an, dass in Zukunft fast drei Milliarden Menschen mit Wassermangel leben müssen. **3.** Der Wasserverbrauch in Deutschland zum Beispiel ist sehr hoch (130 Liter am Tag). Durch Lecks in den Wassersystemen gelangt in Megastädten der Entwicklungsländer die Hälfte des Trinkwassers ungenutzt ins Erdreich. Rund 70 Prozent des Trinkwassers verbraucht die Landwirtschaft. Durch die künstliche Bewässerung verschwinden die Naturreservoirs. **4.** Die meisten Einsparungsmöglichkeiten sehen die Experten in der Landwirtschaft. Einige Gentechniker arbeiten an Getreidesorten, die weniger Wasser verbrauchen. Insgesamt muss aber ein Umdenken stattfinden: Wasser muss wertvoller werden.

S. 185 Übung 9
bewässerte Felder, ungeklärte Abwässer, wachsende Bevölkerung, verschmutzte/choleraverseuchte Flüsse, verschmutztes/choleraverseuchtes/fehlendes Trinkwasser, wachsende/gelöste Probleme

S. 186 Übung 11
1. ohne schlimme Folgen **2.** schwierig **3.** bedrückend negativ **4.** großer **5.** konfliktbeladene **6.** nicht gereinigte

S. 186 Übung 12
a) ungehöriges, faules; Wasser kann nicht gehen und schwimmen
b) 1. gewaschen, c 2. trüben, d 3. hält, b 4. steht, a 5. reichen, e

S. 187 Übung 13
1. Trinkwasser **2.** Wasseranschluss **3.** Flüssen **4.** Zugang **5.** Krankheiten **6.** Folgen **7.** Wasserverbrauch/Wasserbedarf **8.** Wassermangel **9.** Lecks

10. Wasserverbrauch/Wasserbedarf **11.** Landwirtschaft **12.** Getreide **13.** Einsparungsmöglichkeiten **14.** Trockenheit

S. 187 Übung 14 *(Auswahl)*

Wasseraufbereitung, Wasserader, Wasserarm (Arm eines Flusses), Wasserball (Sportart), Wasserbecken, Wasserbedarf, Wasserbehälter, Wasserbett, Wasserdampf, Wasserdruck, Wasserfahrzeug, Wasserfall, Wasserfarbe, Wasserfläche, Wasserflasche, Wasserfleck, Wassergehalt (Gehalt an Wasser), Wasserglas, Wasserhahn, Wassergraben, Wasserkessel, Wasserkraftwerk, Wasserkreislauf, Wasserleitung, Wasserloch, Wassermasse, Wassermenge, Wassermangel, Wasseroberfläche, Wasserpumpe, Wasserquelle, Wasserrohr, Wasserschaden, Wasserschutzpolizei, Wasserspiegel, Wasserstoff, Wasserstraße (von Schiffen befahrenes Gewässer), Wassertemperatur, Wasserzeichen (Echtheitsnachweis bei Banknoten)

6 – C. Neues aus der Medizin

S. 189 Übung 3

Acht Prozent der Deutschen würden sich ein tierischen Herz einsetzen lassen, wenn ihr eigenes nicht mehr schlägt. **Jeder Fünfte** fände es gut, wenn man durch den Einbau eines Chips die Gehirnleistung verbessern könnte. **Jeder Zehnte** begrüßt die mögliche Verpflanzung von Gehirnen. **Vier Prozent** würden sogar ihren Kopf austauschen lassen.

S. 189 Übung 4

das Gehirn, die Stirnhöhle, der Gehörgang, die Lunge, die Rippe, das Schulterblatt, das Schlüsselbein, der Halswirbel, die Wirbelsäule, die Bandscheibe, das Herz, die Schilddrüse, die Luft-/Speiseröhre, der Magen, die Bauchspeicheldrüse, der Dick-/Dünndarm, der Blinddarm, die Gebärmutter, die Niere, die Leber, die Milz, die Blase, das Hüftbecken, der Oberschenkel, das (Knie-)Gelenk, der Ellenbogen, der Knochen, die Achillessehne, der Knöchel, der/die Zeh (e), die Zelle, das Blutgefäß, die Vene, die Arterie, der Antikörper, der Knorpel (festes, elastisches Bindegewebe), das Gewebe, das Blutkörperchen

S. 190 Übung 5

Der Mensch kann: sich den Magen verderben, sich den Knöchel verstauchen, sich den Unterarm brechen, sich die Schulter ausrenken, sich die Bandscheibe einklemmen, sich den Hals verrenken

S. 191 Übung 7a

1. Die Wartelisten für Transplantationen sind lang, nicht für alle Kranken gibt es Organe. Wenn es gezüchtete Organe gäbe, könnte man Menschenleben retten. **2.** Angeführt wird das Beispiel des Nachbaus einer Herzklappe. Schweinen werden Herzklappen entnommen, die Zellen werden abgetötet. Anschießend werden dem menschlichen Bein ebenfalls Zellen entnommen, die nach einer gewissen Zeit an die Struktur der tierischen Herzklappe anwachsen. **3.** Die meisten inneren Organe sind zu komplex, um sie nachbauen zu können. Auch die menschliche Haut lässt sich nicht richtig imitieren.

S. 191 Übung 8

1. stehen 2. überleben 3. bieten 4. vertreten 5. heilen 6. hinauszögern 7. erhofft 8. hergestellt 9. entnommen 10. gelingt 11. nachzuahmen 12. benötigt 13. nachzubauen

S. 194 Übung 13

Asthma: Proust leidet tagsüber unter heftigen Asthmaanfällen, bis zu zehnmal am Tag. Dadurch wird er zum Nachtmenschen. Er verlässt kaum noch das Haus, meidet Licht, Sonne und Sport. **Haut:** Proust verträgt keine Seife, keine Creme, kein Parfüm. Er trocknet sich nur mit Handtüchern ab, die in einer besonderen Wäscherei gewaschen werden. Er trägt nur alte Kleider und Schuhe, weil er meint, die seien besser für ihn. **Höhenangst:** Er empfindet ein starkes Unwohlsein, nachdem er seinen Onkel in Versailles besucht hatte, das nur 83 Meter höher liegt als Paris. **Bett:** Er verbringt die meiste Zeit im Bett, er arbeitet auch darin.

S. 194 Übung 14

1. treiben 2. schließen 3. trockentupfen 4. benutzen 5. hängen 6. gehen 7. beheizen 8. putzen 9. zurückführen 10. verbringen 11. stecken 12. hingeben

S. 195 Übung 17

1. Falsch. Studien zufolge ist es genau umgekehrt. 2. Richtig. Stress ist ein Selbstverteidigungsmechanismus gegen seelische Überforderung. Erst andauernder Stress macht krank. 3. Falsch. Studien zufolge werden 30 Prozent der Stressreaktionen von den Genen bestimmt. 4. Falsch. Stress gab es immer schon, früher z. B. wegen Krankheit, Armut usw. 5. Falsch. Eine britische Studie ergab, dass Angehörige niedriger Hierarchiestufen mehr unter Stress leiden. 6. Falsch. Wissenschaftler empfehlen z. B. Sport, Bewegung, Yoga, autogenes Training. 7. Richtig. Gründe sind unter anderem: Leistungsdruck in der Schule, Ärger mit den Freunden o. ä. 8. Richtig. 9. Richtig. Das Gefühl, Kontrolle über eine Situation zu haben oder unangenehme Dinge einfach weiterleiten zu können, entlastet den Menschen. 10. Richtig. Stressauslösende Faktoren sind: Durst, Hunger, Kälte, Hitze, Reizüberflutung u. ä. 11. Richtig. Das haben Studien ergeben. 12. Falsch. Dauerstress kann auch zu körperlichen Beschwerden führen, z. B. Bluthochdruck, Migräne, Herzstolpern, Magenbeschwerden o. ä.

6 – D. Ihre Grammatik

S. 196 Übung 1

1 genannte 2. betroffene 3. bewiesene 4. festgesetzte 5. ersehnte 6. geeignetes 7. gesprochene 8. genutzte

S. 197 Übung 2

1. steigende 2. bezahlende 3. entwickelnden 4. funktionierender 5. tragende 6. stammenden 7. beherrschende 8. zurückhaltender 9. stammende 10. wirkendes 11. entscheidende 12. beruhigende 13. auftretende 14. dauernden 15. hinausgehenden 16. anfallenden

S. 198 Übung 3

1. Die **in diesem Gebiet lebenden** Tiere konnten ihren Artenbestand in den letzten Jahren verdoppeln. **2.** Die **lange an diesem Problem arbeitenden** Wissenschaftler konnten eine Lösung finden. **3.** Die **alten, von Fachleuten restaurierten** Schränke werden heute versteigert. **4.** Die rasante, **selbst die Fachleute überraschende** Entwicklung schafft eine Vielzahl von Arbeitsplätzen. **5.** Genetiker basteln an **weniger Wasser verbrauchenden** Getreidesorten. **6.** Gegen den **das Leben vieler Menschen bedrohenden** Wassermangel muss auch von Seiten der Industrie etwas getan werden. **7.** Die **ungenutzt versickernden** Wassermengen müssen verringert werden. **8.** Das **früher noch den Sitz der Seele verkörpernde** Herz ist heute ein auswechselbares Körperteil geworden. **9.** Manche Menschen glauben, dass sie mit **von Chirurgen transplantierten** Hirnzellen ihre Gehirnleistung verbessern können. **10.** Es ist möglich, mit **dem eigenen Körper entnommenem** Ersatzgewebe Alterserscheinungen zu bekämpfen. **11.** Versuche zeigen, dass **von Schweinen stammende** Herzklappen die Ausgangsbasis für eine menschliche Herzklappe bilden können. **12.** Die **noch in den Anfängen steckende** Gewebezucht erweckt bei einigen Kranken bereits Hoffnungen.

S. 199 Übung 4

1. durchzuführenden, Alle Reparaturen, die noch durchgeführt werden müssen, sind bis zum Wochenende abgeschlossen. **2.** zu beseitigenden, Die Fehler, die beseitigt werden müssen, wurden im Protokoll aufgeführt. **3.** zu überarbeitenden, Die Textstellen, die überarbeitet werden müssen, habe ich markiert. **4.** zu ergreifenden, Die Maßnahmen, die ergriffen werden müssen, werden heute vom Verantwortlichen für Katastrophenschutz erläutert. **5.** zu untersuchende, Der Vorfall, der von der Staatsanwaltschaft untersucht werden muss, erregte großes Aufsehen. **6.** zu erwartenden, Ein Teil des Gewinns, der erwartet werden kann, geht an die Stiftung für behinderte Kinder. **7.** zu erledigenden, Zu den Aufgaben des Ministers, die als erstes erledigt werden müssen, gehört die Reformierung des Gesundheitssystems. **8.** zu übermittelnden, Ein Teil der Daten, die übermittelt werden müssen, fehlt.

S. 201 Übung 5

a) 1. denen **2.** dem **3.** denen **4.** denen **5.** deren **6.** denen **7.** die **8.** die **9.** denen **10.** dessen

b) 1. denen **2.** der **3.** die **4.** denen **5.** dessen **6.** den **7.** der **8.** das **9.** dem **10.** die

S. 202 Übung 6

1. woran **2.** womit **3.** was **4.** worüber **5.** an dem/wo **6.** was **7.** worum **8.** wo **9.** was **10.** womit **11.** worauf/worüber **12.** was **13.** aus dem/woher **14.** was

Textquellen

S. 18   Das Zwicken der Narbe vor dem Sturm. Nach: GEO 9/2002.

S. 21f.   Weltsprachen. Nach: Der SPIEGEL 44/2000 (G. Raeithel).

S. 30   Lebenswege. Nach: GEO 8/2002.

S. 33   Kluge Frauen leben länger. Nach: Der SPIEGEL 39/2000.

S. 48f.   Der Sprung über die Zeit. Informationen aus: Sport-Bild 51/2000.

S. 61   Bertolt Brecht. Die Lösung. Werke. Band 12. Suhrkamp Verlag Frankfurt/M. 1988.

S.62f.   Unter Druck nach oben. Nach: Der SPIEGEL 28/2002.

S.69ff. Vorstellungsgespräch. BIZZ 10/1999 (Th. Lehment).

S. 84ff. Punktsieg für reale Gräuel. Nach: Der SPIEGEL, 20/2002.

S. 88   Wüteriche glotzen länger. Nach: Der SPIEGEL, 14/2002.

S. 89   Das Fernsehen der Zukunft? Nach: Der SPIEGEL 52/1999.

S. 96   Die Folgen der Evolution. Nach: STERN, 38/2001 (W. Röhl).

S. 100f. Klasse statt Masse. STERN 38/2001 (F. Ochmann).

S. 103   Der große Unterschied. Der SPIEGEL, 49/2000.

S. 122   Täglicher Ansporn aus dem Altpapier. DIE WELT 20.8.2002.

S. 123   Unsere Sinne. Rheinische Post 20.9.2002.

S. 124f. Beschreibungen unserer Sinne. Nach: MADAME, 8/2001.

S. 131f. Obst und Gemüse. FRANKFURTER ALLGEMEINE ZEITUNG 18.7.2000 (F. Meike).

S. 133   Braten vor Gericht. DIE ZEIT 23/2002 (W. Willmann).

S. 136   Wer erfand die Currywurst? AP.

S. 137   So bestellt man in Berlin eine Currywurst. A. Blauhut/K. Mc Aleer: Zwei Amerikaner im deutschen Exil, Kiepenheuer & Witsch, Köln 1998.

S. 143   Es gibt keine Glückspilze oder Pechvögel. Nach: NRZ; Neue Ruhrzeitung 4.1.2003.

S. 143f. Eine kleine Geschichte des Essbestecks. Nach: NRZ; Neue Ruhrzeitung, 5.1.2003.

S. 146f. Die Deutschen finden praktisch alles lustig. Bonner General-Anzeiger 5./6.10.2002 (U. Schilling-Strack).

S. 148f. Witze. Aus: M. Lentz/D. Thoma/C. Howland: Ganz Deutschland lacht. © Deutscher Taschenbuch Verlag München 1999.

S. 151   Sprüche und Zitate. Aus: H. Schöffler: Kleine Geographie des deutschen Witzes. Vandenhoeck & Ruprecht 1995.

S. 153f. Robert Gernhardt: Folgen der Trunksucht. Trost und Rat. Aus: Wörtersee. © Robert Gernhardt. Alle Rechte vorbehalten.

S. 159   Sehnsucht nach Streit. Informationen aus: Der SPIEGEL 35/2002.

S. 163f. J. S. Bach in Leipzig. U. Leisinger: Bach in Leipzig. Edition Leipzig 2000.

S. 167f. CD-Absatz/Downloads retten die Musikindustrie. DIE WELT 20.8.2002.

S. 175f. Vom Mythos, dass alles immer besser wird. B. Brandau, H. Schickert: Der kleine Jahrtausendbegleiter. © Piper Verlag GmbH München 1999.

S. 183f. Wer löscht den Durst? Der SPIEGEL 35/2002.

S. 188f. Ersatzteile gewünscht? Informationen aus: DIE ZEIT 44/2000.

S. 190   Wissenschaftler züchten Gewebe und Organe. DIE ZEIT 23/2001 (W. Bartens).

S. 192f. Die Leiden des Marcel Proust. A. de Botton: Wie Proust Ihr Leben verändern kann. Fischer Taschenbuch Verlag Frankfurt am Main 2000.

Bildquellen

S. 21: Berliner Stadtreinigungsbetriebe (BSR)

S. 48: Heike Drechsler privat.

S. 55: Zahlenbild 86010. Erich Schmidt-Verlag.

S. 56, 122, 181, 182, 192: Globus-Infografik-GmbH.

S. 128: © Volker Kriegel.

S. 47, 52, 97, 180: Fotos aus dem Archiv der Autorinnen.

S. 14, 15, 26, 27, 29, 40, 41, 63, 129, 133, 136, 146, 161, 162, 164, 176, 180, 183: Fotos von Andreas Buscha.